从战略到
执行实战全案

战略

秦杨勇 著

闭环

中国人民大学出版社
·北京·

序　言

　　从管理理论发展的时代背景来看，"从战略到执行"管理议题的兴起是中国企业管理需求演变的必然结果。企业战略管理在实践中可以分为两种模式：隐式与显式。采用隐式模式的企业往往依靠企业家个人敏锐的市场洞察力自发地思考未来如何发展，没有对未来发展战略进行自觉的规划，战略管理也是通过发布日常工作命令的方式推进；采用显式模式的企业则会定期自觉地开展战略分析、战略规划、战略解码，除依赖企业家的个人洞察力外，更加关注严谨的数据分析与决策方法，强调按照科学的战略管理流程来管理战略。

　　改革开放以来我国经济连续增长的奇迹，使大批依靠经验的中国企业获得了阶段性成功，它们绝大部分采用了隐式战略管理模式。然而当今世界经济形势复杂多变，企业经营环境变化加快，战略波动明显，在不确定性增加的时代，隐式战略管理模式再也无法帮助企业免遭淘汰，很多企业意识到只有采用显式战略管理模式，打造卓越的从战略到执行的管理流程，才有更大的机会从充满不确定性的市场竞争中获益。也正因为如此，越来越多中国企业开始更加重视从战略到执行的系统解决方案，将战略闭环视为支撑企业未来生存与发展的关键能力。

自 2000 年以来，我从事管理咨询已经整整 24 年了。24 年中，我和同事们一直没有放弃对企业从战略到执行的研究。在此艰辛历程中，我们对从战略到执行的理解也在不断变化。最初我们把关注的重点放在战略解码上，那时候我们将其称为战略分解，我们尝试学习并为中国企业引入平衡计分卡（BSC），将公司战略转化为关键绩效指标（KPI）与工作目标设定（GS），并在部门、员工之间进行分解。当时我们的咨询服务对象有徐工、华电等多家国有与民营企业。在咨询服务的过程中，我们和企业共同进步、成长。2005 年，我将研究与实践的成果整理成册，出版了第一本个人专著《平衡记分卡与绩效管理——中国企业战略制导》。这本书收获了众多读者并不断再版（2009 年再版时更名为《平衡计分卡与绩效管理——中国企业战略制导》），推动了战略执行理论在中国的传播。后来大量企业实践让我们意识到管理工具的引入是牵一发而动全身的，企业从战略到执行涉及战略规划、业务计划、财务预算、执行监督、绩效评价等多个管理模块的联动，对组织能力提出更高的要求，因此我们开始了企业战略闭环管理的研究与实践。

我们从卡普兰‑诺顿战略管理体系中汲取理论灵感。2007 年，我在第二本个人专著《平衡计分卡与战略管理》中率先提出如何将战略地图融入战略管理的闭环步骤。我们在中石油、长安汽车、潞安集团、康明斯、诺信 EFD 中国、美宜佳等管理咨询项目中获得了实践经验，还参考了华润、华为等优秀企业的成功做法，最终提出了名为"战略闭环管理咨询"（登记号：沪作登字‑2023‑L‑02863269）的从战略到执行的系统解决方案。该解决方案借鉴了业务领导力模型（BLM）、开发战略到执行（DSTE）、6S 管理体系、战略地图与平衡计分卡、目标与关键成果（OKR）的有益思想与经验，在实际运行中将从战略到执行的操作流程分为战略分析、战略规划、战略解码、战略执行、战略评估五个步骤，以战略为主线，强调从战略到执行的整体一致性，确保战略最终落地。我们还结合中国企业的特点，将战略闭环在步骤与工具上进行了简化，在梓橦宫、泰科源、中塑高科等企业推进应用，也取得了很好的实践效果。

本书围绕企业从战略到执行的系统解决方案展开，全面阐述企业如何通过战略闭环的五个步骤运行，实现从战略到执行的无缝链接。本书分为六章：第一章"战略闭环"主要阐述从战略到执行的常见问题与系统解决方案，以及战略闭环管理运行框架与实践；第二章"战略分析"阐述如何开展差距分析、市场洞察、创新焦点等战略分析工作；第三章"战略规划"阐述如何澄清战略意图，开展业务设计，解码关键任务，滚动输出战略规划；第四章"战略解码"阐述如何开展战略解码，如何将战略规划转化为年度业务目标与计划、公司预算、中高层管理者的个人业绩承诺（Personal Business Commitment，PBC）；第五章"战略执行"阐述如何通过组织能力审视、报告追踪、会议追踪、闭环追踪对战略执行进行监督；第六章"战略评估"则阐述如何进行战略评价、战略审计、执行修订、业绩评价、能力评价、回报激励等。

本书的主要读者对象有：

政府经济管理部门（包括国务院国资委、地方国资委等）工作人员；

大型国有和民营集团型企业的中高层管理者；

中小型企业的中高层管理者；

企业战略规划、年度业务计划与预算、组织绩效评价等专业人员；

从战略到执行管理咨询顾问；

大学教授、高级管理人员工商管理硕士（EMBA）、工商管理硕士（MBA）、企业管理硕士、管理研修班学员；

其他从战略到执行的系统解决方案的研究者。

　　我们真诚地期望本书能够给中国企业在发展征途上提供帮助，我们也盼望它能对中国企业的从战略到执行的研究与实操起到一定的推动作用；我们还期待理论界、管理咨询界和企业界朋友同我们就该方面的问题进行深入探讨。www.zuojiaco.com 能够为广大读者提供参考资料和咨询；我的联系方式是 13818415208。

秦杨勇

目　录

第一章

战略闭环

浙江某民营电气集团旗下拥有 24 个全资或控股的子公司。其战略管理部曾在战略管理委员会指导下制定了《战略规划发展纲要》，明确了使命与愿景、战略目标、业务组合，进行了业务设计并明确了关键任务。《战略规划发展纲要》明确指出：必须在近三年内成功实施战略转型，这是确保战略目标实现的最为关键的路径。

　　但是深入调研的结果却让我们深感失望：战略转型在销售中心、研发中心、各子公司层面止步不前、扭曲走样——销售中心团队没有将主要的销售资源配置在战略转型上，基层销售团队关注的是如何提高对现有 C 类代理商的销量；研发中心也没有根据战略转型的要求来开展产品研发；同时，子公司也无法满足战略转型对产品制造的要求，因为生产能力、质量管理没有有计划地同步提升……上述种种现实使得该集团的战略转型即将成为泡影，集团高层十分困惑：为什么战略规划与执行之间会出现大峡谷般的裂痕？

　　有战略无执行，胜利遥遥无期；有执行无战略，失败近在眼前。战略固然很重要，但是执行更为关键！一个糟糕的战略给公司带来的痛苦与灾难是显而易见的，但是好的战略如果遭遇糟糕的执行，最后必然面临失败。华为、华润、美的、长安汽车等优秀的企业都无一例外地构建了卓越的战略管理体系，形成了从战略到执行的闭环管理流程。

　　欢迎参加从战略到执行管理议题的探讨。在本书中，我们将重点讨论两个方面的问题：一是如何构建持续、卓越的从战略到执行的闭环管理流程，即通过战略闭环来确保战略与执行的一致性；二是如何运用 BLM、战略地图等工具，实现战略分析、战略规划、战略解码、战略执行、战略评估的科学性。我们还将研究谷歌（Google）、脸书（Facebook）、华为、华润、美的、长安汽车等优秀企业战略闭环的最佳实践。

1.1　从战略到执行的常见问题

党的十九大以来，中国特色社会主义进入新时代，党领导人民完成脱贫攻坚、全面建成小康社会的历史任务，实现第一个百年奋斗目标。在党领导人民迈向第二个百年奋斗目标的新征程上，我们面临着新的战略机遇和新的战略挑战。每一位企业家都肩负振兴中国民族产业的时代责任，没有任何理由错过将中国企业做大做强的机遇。"战略远见"的特质似乎隐藏在所有企业家能力素质之中，而这种特质只有通过卓越的战略规划与执行的支持，才能最终被充分地挖掘出来。大量案例研究表明，那些持续取得突破性业绩的成功企业，无一例外地通过卓越的战略规划与执行把企业家"战略远见"的特质发挥到极致。中长期战略决策已经成为中国企业家关注的管理话题，因为内外部环境的快速变化使企业家不得不反思自己未来的战略目标与路径。

然而就在中国企业热衷于规划自身战略的时候，欧美的国际级企业似乎更加青睐于另外一个观念：战略执行也极其关键！这些企业认为，如果战略没有在执行过程中得到正确传达，那么任何公司的战略规划都是徒劳的。可以说，战略规划与战略执行的联动是世界上所有公司面临的共同的管理难题，而且这个难题会随着企业规模的扩大、业务的多样化、文化的多元化而加剧。

美国《财富》杂志刊登过文章《CEO失败的根本原因》并公布了一组数据，认为70%的企业失败的原因不是战略规划错误而是执行障碍，并得出结论："战略规划具有不确定性，但是更好地执行战略更具有挑战性。"虽然战略规划与战略执行一致的重要性显而易见，但是在中国却有一部分企业家没有足够重视这个问题：他们没有花足够的精力去理顺战略规划与战略执行的关系。他们错误地认为，无论未来竞争如何激烈，只要有好的思路和想法，就能在竞争中取胜。这种认识看似正确，实际上却是大错特错：虽然好的战略能够使企业走向成功，但是再好的战略如果没有得到正确执行，失败也在所难免。那么忽视战略执行的后果是什么？显而易见，即使战略规划文件头头是道，但如果无法和战略执行链接，那么战略监控、战略评价就会成为无源之水、无本之木，最后的结局必然是战略规划的实现因内部战略执行的问题而遭遇种种困难，企业那些伟大的战略愿景变成虚无缥缈的空中楼阁。企业战略愿景与落地障碍见图1-1。

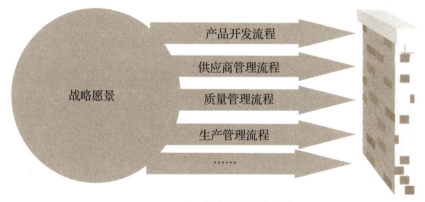

图1-1 企业战略愿景与落地障碍

从战略到执行的落地障碍有哪些常见外在表现？佐佳咨询经过大量研究发现，中国企业在战略执行过程中一旦出现以下五种现象（见图1-2），就一定要寻找从战略到执行的系统解决方案。

1. 战略规划与年度业务计划、财务预算缺乏逻辑关系

很多公司经理没有意识到战略规划是一个实实在在指导战略执行的纲领性文件，甚至想当然地认为战略规划主要是给上级主管部门/母公司或外部利益相关方看的。在这种观点下，公司经理没有主动将战略规划转化为年度业务计划，也没有平衡好年度业务计划与财务预算的关系。战略规划、年度业务计划、财务预算在现实中被人为地割裂成三座孤岛。

事实上，战略规划是指导战略执行的纲领性文件，无论是年度业务

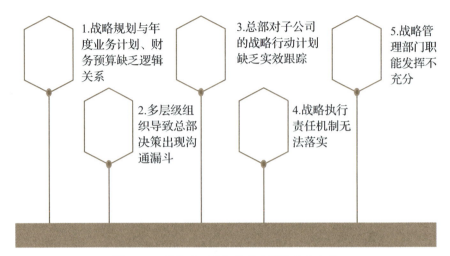

图 1-2 从战略到执行落地障碍的外在表现

计划还是财务预算的编制都离不开战略规划的指导，可以说战略规划是年度业务计划和财务预算的前提，离开了战略规划的牵引，年度业务计划与财务预算就会变得短视，在战略执行中甚至会出现资源错配与执行错位。同样，如果没有年度业务计划与财务预算做支撑，战略规划就只不过是无法落地执行的一纸空文。如果公司战略规划长时间无法落地执行，公司中层管理者与基层员工就会认为战略规划是公司高层领导的事情，从而否认公司战略规划与自己的日常工作是紧密联系的。

2. 多层级组织导致总部决策出现沟通漏斗

与单体公司相比，集团型公司出现了法人主体多元化、组织架构层次化的特征，这一特征决定了集团型公司要克服决策信息在沟通过程中扭曲走样的困难。决策信息扭曲走样，是由于战略闭环管理流程出现问题，从而导致沟通漏斗现象的产生。所谓"沟通漏斗"，是指沟通过程中信息不断被遗漏和损耗的现象。它会导致总部战略决策信息传递失真，造成子公司、部门乃至员工执行走样。具体来看，沟通漏斗可能存在于以下几个战略沟通环节。

（1）传达环节。总部在向子公司、部门乃至员工传达战略决策信息时，首先需要用简单、有效的语言明确地阐述总部的想法。然而，战略规划文件往往篇幅很长，很难让子公司、部门、员工准确地了解总部真实的战略意图，导致最终传达的信息可能只有80%与实际战略意图吻合，另外20%的信息被遗漏掉了。

（2）接收环节。80%的信息在子公司、部门与员工接收的过程中，有可能发生损耗，导致他们可能只能接收到总部战略意图的60%。

（3）理解环节。子公司、部门与员工接收到总部决策信息后，还要进行理解、消化，可能抓错重点、理解错误等，这又会进一步引发决策信息的扭曲走样，导致他们可能只能真正理解总部战略意图的40%。

（4）执行环节。子公司、部门与员工按照自己理解的信息执行战略，但战略执行监控、评估机制的缺失又会导致执行方向可能只有20%与总部的战略意图相吻合。

3. 总部对子公司的战略行动计划缺乏实效跟踪

历史经验告诉我们，公司意欲获得突破性的业绩，就必须保持对战略环境等变化响应的敏捷性，对公司战略实施动态管理，而不是局限于某一时点去看公司战略规划与决策。为此，公司需要完善战略管理职能，梳理统一的从战略到执行的闭环管理流程，为实效跟踪和动态调整提供组织保障。

战略实效跟踪和动态调整的本质是一种战略转移，是用一种新的战略方案代替另一种不适宜的战略方案。因为如果原有战略方案已经不能适应变化的主客观情况，原有战略意图就明显地无法实现，这个时候如果决策者仍坚持原战略方案，必将遭到失败。因此，公司领导层应有清醒的头脑与敏锐的眼光，善于审时度势，及早进行追踪决策，以避免被动。

但让人遗憾的是，很多公司没有意识到战略实效跟踪和动态调整的重要性，总部对子公司战略行动计划缺乏实效跟踪，不能够根据环境变化与战略执行适时、动态地调整战略。缺乏系统的战略实效跟踪和动态调整可能导致以下后果：不能及时把握产业发展的战略机遇期；等到公司即将面临灭顶之灾时才发现危险潜藏在自己的身边；等等。

4. 战略执行责任机制无法落实

所谓战略执行责任机制，涉及绩效与战略之间的联动关系。佐佳咨询掌握的中国企业战略绩效管理调查数据表明了绩效管理与战略执行之间的逻辑关系。其一份相关调查报告对 856 份有效问卷的统计分析显示，在被调查的 856 家中国企业中，有 710 家企业认为自身的战略执行存在一定问题，大约占受调查总数量的 82.9%。进一步的调查分析表明，战略执行与绩效管理呈十分明显的线性关系。在被调查的、已实施绩效管理的 810 家企业中，有 254 家企业根据企业战略的要求，实施战略绩效管理（占 31.4% 左右），这 254 家企业中认为战略绩效管理对战略执行有帮助的有 198 家，占 78.0% 左右；在实施一般绩效管理的 556 家企业中，仅有大约 14% 的企业认为一般绩效管理对战略执行有帮助。

上述调查数据表明，运用专业工具理顺战略与绩效之间的逻辑关系之后，正确实施绩效管理能够显著提高战略执行力，战略绩效管理对战略执行的支持作用十分明显。公司领导层要善于将战略转化为组织各层级的绩效，确保战略执行责任机制的分解、落实。否则，执行就会成为一句空话。

5. 战略管理部门职能发挥不充分

战略管理部门到底应当履行哪些部门职能，是战略管理体系建设过程中绕不开的话题。在现实中，中小企业没有专职的战略管理部门，但是战略管理的职能却不能因此而缺失，它应当分散在组织的各个层级。一个完整的战略管理部门应当履行以下几个方面的职能：

（1）市场洞察。市场洞察是战略管理部门要履行的第一个重要职能，即通过宏观环境分析、产业环境分析、能力与资源分析、战略环境综合分析，进行内外部环境扫描。战略管理部门要围绕市场洞察的需求建立战略数据库，不断收集、更新行业数据、竞争对手数据、客户数据，用数据支持分析判断。

（2）战略专题研究。战略专题研究往往面向未来充满不确定性的课题以及热点事件，为此，战略管理部门要了解公司决策层、各个业务部门对课题研究的需求，关注近期发生的热点事件，一般要筛选、排序并最终形成"战略专题研究清单"。每个战略专题要立项，并在节点进行审视。

（3）战略规划与解码。战略规划与解码也是战略管理部门的重要职能之一。强调战略规划与解码并不是让战略管理部门撰写战略规划、年度业务计划。战略管理部门最重要的是提供战略规划、年度业务计划的模板、工具，提升各个业务部门的战略规划与解码能力。

（4）战略执行监控。战略管理部门还要构建战略执行监控机制，通过报告追踪、会议追踪、闭环追踪等手段对战略执行过程进行监控。所谓报告追踪，是指战略管理部门梳理出经营日报、周报、月报、季报等书面的战略执行报告；所谓会议追踪，则是通过周经营分析例会、月度经营分析会、季度战略回顾会等会议手段对战略执行进行监控；闭环追踪则是通过各种工具，对报告追踪与会议追踪中的临时决议进行闭环管理。

（5）投资业务组合管理。战略管理部门履行投资业务组合管理的职能，需要把握投资方向，寻找合适的投资项目机会；进行投资项目与新业务领域的研究、可行性分析、财务测算、风险预判；进行投资项目的前期沟通与谈判，办理立项手续；进行重大投资项目跟踪、投资业务组合管理；等等。

（6）组织绩效评价。组织绩效是公司等的整体绩效表现，而个人绩效则是员工个人在工作中的表现。战略管理部门要监督并控制组织绩效评价的进行，将评价结果及时反馈给人力资源管理部门。

在现实中，很多企业战略管理部门的上述职能没有有效发挥出来，甚至在战略规划的制定方面都没有发挥决策支持的作用，最多充当了"秘书"的角色。我们曾经给主营业务年收入近 2 000 亿元规模的国有集团型公司提供战略管理咨询服务，让人感到诧异的是其战略管理部门成员竟然全部都是汉语言文学专业毕业的，他们的日常工作就是根据领导的意图去编写战略规划的文稿，甚至进行领导日常对外演讲稿的撰写，其关注的重点也是如何进行"文字润色"。

1.2 从战略到执行的系统解决方案

从战略到执行的落地出现障碍，促使全球的管理理论界与实务界掀起了"战略执行新科学"研究与实践的热潮。华为、华润、长安汽车等优秀企业纷纷引入业务领导力模型（BLM）、DSTE、6S 管理体系、战略地图与平衡计分卡、OGSM（长期目标（objective）、短期目标（goal）、策略（strategy）、衡量（measurement））等战略闭环管理流程与工具，其目的只有一个：实现从战略到执行的一致性，确保企业战略执行力的提升。

1.2.1 卡普兰 – 诺顿战略管理体系

平衡计分卡创始人罗伯特·卡普兰（Robert Kaplan）与大卫·诺顿（David Norton）在其专著《平衡计分卡：化战略为行动》中提到了战略执行，并在他们的专著《平衡计分卡战略实践》中提出了从战略到执行的六个操作步骤（见图 1 – 3）。他们详尽阐述了如何运用战略地图与平衡计分卡将战略转化为组织各层级的 KPI，如何链接销售预测、资源需求、预算。这六个步骤后来被平衡计分卡协会称为"卡普兰 – 诺顿战略管理体系"，该系统与华为公司 DSTE 管理流程有异曲同工之处，都强调战略、计划、预算、监控与考核的一致性，都提到了如何运用战略地图与平衡计分卡开展战略解码。

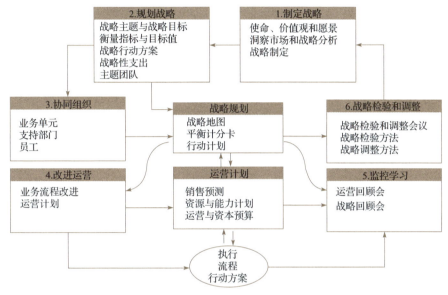

图 1-3　卡普兰 - 诺顿战略管理体系的六个操作步骤

1.制定战略

制定战略是从战略到执行的第一个操作步骤。制定战略涉及三个流程：明晰公司使命、价值观和愿景；洞察市场并进行战略分析；科学并合理地进行战略的制定。在这个步骤中，公司的中高层管理者必须回答以下三个问题：

（1）如何明晰公司使命、价值观和愿景。中高层管理者制定战略的起点是明晰公司使命、价值观和愿景。使命是公司存在的价值与意义；价值观是员工共同遵守的行为准则；愿景则阐明公司要成为什么样的企业。

（2）如何洞察市场并进行战略分析。中高层管理者需要分析现有的战略执行状况并了解经营现状，进行外部环境（政治（political）、经济（economic）、社会文化（sociocultural）、技术（technological）、环境（environmental）和法规（legal），即 PESTEL）和内部环境（关键流程、人力资本状态、运营、创新、技术运用）分析，把握外部环境的机会与威胁以及内部环境的优势与劣势。

（3）如何科学并合理地制定战略。中高层管理者科学并合理地制定战略需要回答下列问题：

- 我们未来在什么样的业务领域内与对手竞争？
- 什么样的客户价值主张可以使我们与众不同？
- 什么样的关键流程会支持战略差异化的产生？
- 战略需要什么样的人力、信息与组织资本？

2. 规划战略

规划战略是从战略到执行的第二个操作步骤。在这一阶段，管理人员需要对战略进行详尽的部署，确定战略主题与战略目标、衡量指标与目标值、战略行动方案和战略性支出，建立主题团队，以此指导行动和资源配置。该步骤主要涉及三项活动：开发战略地图、建立平衡计分卡、制订行动计划。在这个步骤中，公司的中高层管理者必须回答以下五个问题：

（1）如何描述战略（开发战略地图）。战略地图直观地展示了所有的战略主题与战略目标。一张典型的战略地图通常包含 4 ～ 6 个战略主题、15 ～ 20 个战略目标。战略地图能够促进各个支持部门与业务单元高效协同，成功地执行战略。

（2）如何衡量战略（选择衡量指标与目标值）。将战略地图中的战略主题、战略目标转化为平衡计分卡的衡量指标、目标值和差距。整体差距通常来源于战略制定时的愿景表述，它将被分解到每个战略主题中，用 3 ～ 5 年的时间去实现。

（3）如何确定行动（选择战略行动方案）。战略行动方案是为了达成战略主题、战略目标，完成衡量指标与目标值而采取的行动计划。行动方案是互补的行动计划组合，公司想要实现其战略，就必须保证每一个战略行动方案都成功实施。

（4）如何配置资金（明晰战略性支出）。战略执行要求所有的战略行动方案有明确的预算。卡普兰与诺顿认为传统预算只注重将资源分配给支持部门和业务单元，因此公司要针对跨部门、跨业务单元的行动方案制定单独的战略预算，将战略性投资从运营预算中分离出来，由高层管理团队专门管理。

（5）谁来牵头执行战略（建立主题团队）。公司需要引入一种新的责任机制，让中高层管理者成为各个战略主题、战略目标的负责人，由跨部门的主题团队支持他们牵头执行战略。

3. 协同组织

协同组织是从战略到执行的第三个操作步骤。中高层管理者必须将公司、业务单元、支持部门的战略连接起来。员工必须理解公司战略，公司必须激励员工帮助公司实现战略。在这个步骤中，公司的中高层管理者必须回答以下三个问题：

（1）如何确保业务单元对战略理解达成一致（协同业务单元）。公司战略要将各个业务单元整合起来以创造协同优势。战略地图能够清晰地显示出协同优势的来源。管理者可以将战略地图分解到业务单元，让业务单元战略既能够反映自身的战略目标，又能够反映与公司以及其他业务单元相关的协同目标。

（2）如何确保支持部门对战略理解达成一致（协同支持部门）。成功的战略执行要求支持部门能够与公司和业务单元协同一致。因此，支持部门应该和业务单元达成支持服务战略协议，以此为基础开发支持部门的战略地图和平衡计分卡，使每一个支持部门都能够帮助业务单元成功地实施其战略。

（3）如何激励员工积极地执行战略（协同员工）。员工是执行战略的主体，要想让他们将日常工作与公司战略成功地连接起来，那么必须使他们正确地理解战略；同时，公司还需要把公司目标、业务单元目标、员工个人目标有效地关联起来，并将目标实现与激励手段挂钩，以此来促进员工对战略进行持续的关注。培训和职业生涯管理能够帮助员工获得成功执行战略所需的能力。

4. 改进运营

改进运营是从战略到执行的第四个操作步骤。公司需要将运营改进与战略优先事项结合起来进行分析，同时改进运营所需资源的投入必须与战略要求保持一致。在改进运营的过程中，管理者必须回答以下两个问题：

（1）哪些业务流程改进对战略执行最为关键（关键运营改进）。战略主题与关键运营/业务流程改进密切相关。例如，战略主题"以创新促增长"要求新产品研发的流程必须表现突出；战略主题"获得目标客户的高忠诚度"要求客户管理流程必须大幅度改进。在确定需要改进的关键运营/业务流程之后，企业可以建立运营仪表盘来支持业务流程管理。

（2）如何将战略与运营计划链接（制订运营计划）。战略目标的衡量指标、目标值必须对接运营计划。运营计划由三部分组成：销售预测、资源与能力计划、运营与资本预算。

销售预测：公司要将其战略地图中的收入目标转化成销售预测，不断根据外部环境的动态变化对各个季度目标做滚动预测。无论是年度预算还是月度预算，往往都是从销售预测开始的。

资源与能力计划：作业成本法已被广泛地用于资源与能力计划，它以时间作为驱动因素，来估算每一个流程的交易、产品和客户所需的资源的成本。

运营与资本预算：中高层管理者确定了未来所需资源的数量和组合之后，很容易做出运营与资本预算。企业将每种类型的资源成本乘以其使用数量，就得到了所需的每种资源的预算成本。

5. 监控学习

监控学习是从战略到执行的第五个操作步骤。为确保从战略到执行的一致性，公司要对战略执行过程与绩效进行监控，要根据进展采取行动改善运营或调整行动方案。中高层管理者可以通过召开运营回顾会审视日常运营并找出存在的问题，通过召开战略回顾会讨论指标和行动方案并评估战略执行进程和障碍。将运营回顾会和战略回顾会分开，能够使公司避免因短期运营问题讨论而冲淡对战略问题的关注。在这个步骤中，管理者要通过两个会议来解决不同的问题。

（1）运营是否受控（召开运营回顾会）。运营回顾会用来审视短期绩效并处理需要马上解决的问题。许多公司有日会、周会、双周会来回顾运营，包括销售额、订单和出货等情况，以解决短期内的问题，比如重要客户的投诉、延迟交货、次品、设备停机、短期资金短缺、关键岗位缺人、新发现的销售机会等。运营回顾会的典型特点是在部门和职能层面，将员工的专业知识和经验集中起来解决部门的日常问题，比如销售、采购、物流、财务和运营问题。这类会议的特点是简短、数据驱动和行动导向。

（2）战略是否得到了较好的执行（召开战略回顾会）。战略回顾会能够让领导团队聚到一起来回顾战略执行的进程：讨论战略执行是否按规划进行；发现执行过程中存在的问题；挖掘问题出现的原因并提出改进措施；指定解决问题的责任人；等等。如果把从战略到执行看作一个"计划（plan）—实施（do）—检验（check）—调整（act）"（PDCA）的完整循环，那么战略回顾会就是战略执行的检验与调整部分。越来越多的公司的战略回顾会每次深入讨论一两个主题，这样可确保关键的战略主题和战略目标每季度至少有一次被深入细致地检验和讨论的机会。

6. 战略检验和调整

战略检验和调整是从战略到执行的第六个操作步骤。由于外部环境变化、新的机会出现、战略执行进展、运营问题变化，公司要定期或不定期地检验其基本的战略假设是否依然有效。战略检验和调整要解决以下基本问题：

（1）战略是否有效（举行战略检验和调整会议）。中高层管理者应当定期开会审视战略，如果需要的话，可以进行战略检验和调整。我们认为每一家公司每年度或季度（根据其所处行业的竞争、技术、消费者的变化情况）都应该至少召开一次战略检验和调整会议。在这个会议上，管理者要评估战略执行情况，考虑最近一段时期外部环境变化所产生的影响。实际上，检验和调整现有战略应该是战略分析的一部分，也是战略管理体系中的第一个流程。这个旨在检验和调整现有战略的会议能够有效促进战略闭环。

（2）如何检验（战略检验方法）。战略检验应该与实时的外部环境（通过 PESTEL 分析）和竞争环境、现有战略的成败相结合。作业盈利报告提供了不同细项（如产品线、客户、细分市场、渠道、地区等）的盈亏数据。管理者可以清楚地看到，关于现有战略哪些方面做得好，哪些方面做得差。根据这些情况，管理者可以制定新的办法扭亏为盈或扩大已有盈利业务的经营范围。

（3）如何调整（战略调整方法）。高层团队在修订战略的同时也应刷新战略地图和平衡计分卡，开始新一轮战略的规划和执行：新的目标值、新的行动方案、下一阶段的销售和运营计划、流程改进优先项、资源需求以及更新的财务计划。

1.2.2　华为 DSTE 管理流程

华为公司通过独创的 DSTE 管理流程来解决从战略到执行一致性的问题，进而整合各职能部门的管理。DSTE 管理流程包括三大部分：战略分析与战略制定、战略解码、执行监控。如图 1-4 所示，从时间上来看，4 月份开始进行战略分析与规划，9 月份完成战略规划批准；战略分析与战略制定完成后，进入战略解码环节，输出年度业务计划与预算等，这一过程从 9 月底持续到次年 3 月；执行监控全年例行开展。

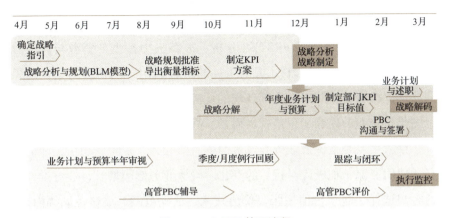

图 1-4 DSTE 管理流程

华为 DSTE 管理流程来源于 BLM（见图 1-5）。BLM 本质上是一个战略思考的框架，在实践中通过 DSTE 管理流程来落实。由于华为的成功应用，DSTE 管理流程目前受到很多公司的青睐。

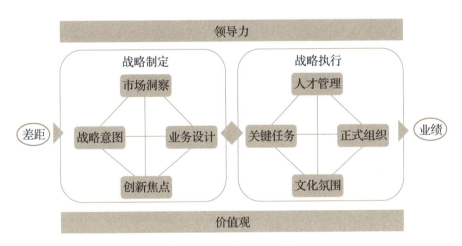

图 1-5 业务领导力模型

BLM 的左边输入的是差距。差距分为业绩差距与机会差距。业绩差距是对现有经营结果和期望值之间差距的一种量化陈述；机会差距是对现有经营结果和新的业务设计所能带来的经营结果之间差距的一种量化评估。差距分析引导华为公司始终如一地关注战略问题，洞察市场，明确战略意图，关注创新焦点，进行业务设计。市场洞察是对内外部环境进行分析，包括 PESTEL 分析、波特五力模型、资源与能力分析、价值链分析、SWOT 分析等工具的组合运用，主要目的是发现外部环境的机会与威胁以及内部环境的优势与劣势，输出战略启示；战略意图是指企业的使命、价值观、愿景、战略定位、指导思想、战略目标等；创新焦点是指保证业务开发资源的有效投入，探索新想法，谨慎投资和使用资源，积极应对行业的变化，确保业务健康增长；业务设计包括客户选择、客户价值主张、价值获取、活动范围、战略控制等内容，始于客户价值主张，探索各种多赢的可能性和选择。关键任务是业务设计的结果。强有力的战略执行举措、战略推进计划，是绘制战略地图的依据。

BLM 是一个非常有效的战略分析与规划模型，其差距分析、市场洞察、战略意图、创新焦点、业务设计等环节的操作，都非常具有实用价值。但是很遗憾的是 BLM 刚刚引入华为的时候，在指导战略执行时不尽如人意：首先，BLM 没有给出比较好的操作指引去指导开发"关键任务"，而"关键任务"恰恰又是指导战略执行的关键起点；其次，"文化氛围""正式组织""人才管理"的应用工具与模板也很少。歌尔也曾经花费重金聘请 IBM 为其引入了 BLM，甚至 IBM 的两个战略顾问还留在了歌尔工作。从应用效果来看，BLM 左边的战略制定部分有很高的应用价值，但是右边的战略执行部分却缺少实战的指导意义，需要歌尔自己去丰富。

华为进行了大量的学习与研究，发现从战略到执行的转化，有一个非常重要的中间过程，那就是战略解码。华为认为：战略解码是通过可视化的方式，将企业的战略转化为每个部门、全体员工可理解、可执行的目标与计划的过程。为了解决这个"过程缺失"的问题，华为公司向三星学习并引入了业务执行力模型（Business Execution Model，BEM）。BEM 主要有两个部分（见图 1-6），其战略解码的大致逻辑是战略澄清、关键成功因素（CSF）、CSF 构成因素、战略 KPI、年度重点工作及目标、组织 KPI、管理者 PBC、重点工作运营，同时还借鉴了六西格玛的部分思想。

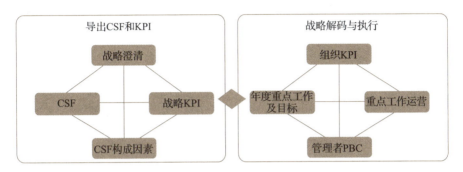

图 1-6　业务执行力模型

应当说 BEM 提供了将战略转化为年度 KPI 与重点工作的几个环节，具有很强的理论指导价值。BEM 在理论上强调将战略解码为可操作的重点如图 1-7 所示，但是在实际操作中却存在两大问题，导致华为很多业务单元逐步放弃了 BEM 的使用。第一个问题是 BEM 借鉴了六西格玛的思想（如关键质量特性（CTQ）），同时也借鉴了项目管理的方法论，在保证严谨性的同时也导致学习门槛较高、不易掌握。很多操作人

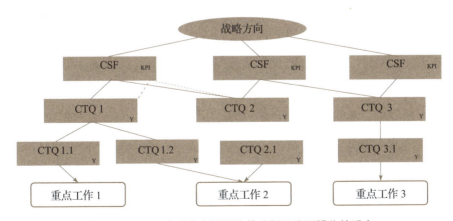

图 1-7　BEM 在理论上强调将战略解码为可操作的重点

员认为 BEM 晦涩难懂，理解往往因人而异。第二个问题是 BEM 无法实现战略解码的"简单、集成与有效"，其操作过程中没有一个核心的文件载体贯穿始终，而这也是其面临的最大的挑战。

所谓"简单、集成与有效"的基本含义如下：

简单，即公司战略进行解码后文件必须是简明、便于阅读的。

集成，是指把公司战略意图有效地集中在一个文件里。

有效，是指将公司战略意图在文件中充分、完整地表述出来。

因此，华为将战略地图与平衡计分卡应用于战略解码，并在公司年报中指出，以平衡计分卡为组织绩效管理工具，通过战略解码，将公司战略目标转变为各层组织的绩效目标，开展战略执行审视，确保公司战略有效落地和执行。华为越来越多的业务单元开始实施战略地图与平衡计分卡，将这两个工具融入战略解码的操作中。它帮助企业将战略转化为组织目标与行动方案，最终与员工目标进行连接。值得我们注意的是，尽管华为将平衡计分卡应用于绩效考核的时间很早，但是真正意识到其战略价值，将其作为战略管理工具还是在 2017 年以后。

今天华为的战略解码以 DSTE 管理流程为基础，以 BLM 为框架，以战略地图与平衡计分卡为核心工具，共分为两次：第一次解码是在业务设计完成后的关键任务环节；第二次解码是在组织能力转化环节。两次解码的结果以战略地图与平衡计分卡作为载体进行展示，并与年度业务计划、全面预算相连接。华为在组织各层级之间进行 KPI 与重点工作的层层分解，形成各层级管理者与员工的 PBC 2.0，在部分业务单元还连接其独特的 OKRA 创意，通过管理者述职等多种手段对执行进行监控。很多人认为战略地图与平衡计分卡只能应用于组织指标分解环节，其实这是一种误解。在战略规划与年度业务计划、组织与个人绩效方面，战略地图与平衡计分卡都可以作为核心工具（见图 1-8）。

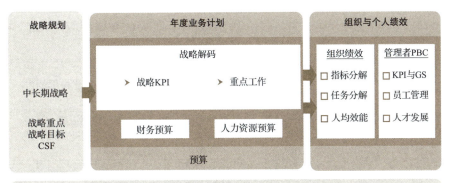

图 1-8 利用战略地图与平衡计分卡连接战略规划、年度业务计划、组织与个人绩效

例如"战略地图的逻辑链"可以帮助我们明确战略重点、战略目标、CSF；战略图卡表文件（战略地图、平衡计分卡、行动计划表）可以作为年度业务计划的重要工具，对预算进行动态平衡；战略图卡表文件还可以帮助我们直接导出组织绩效指标等，连接管理者 PBC。对于战略不清晰的企业，战略地图甚至可以引导高层管理者对战略规划进行主动思考。

1.2.3 华润集团 6S 管理体系

华润集团早在 1999 年就进行过从战略到执行的有益探索，提出了 6S 管理体系的构想。经过 20 多年的演变，6S 管理体系逐步从以预算管理为中心演变为以战略管理为中心，发展为从战略到执行的管理体系。6S 管理体系的发展经历了大致三个阶段。

第一个阶段从 20 世纪 90 年代开始，在这个阶段，华润的多元化经营给"集团管控"带来了一系列的挑战，如图 1-9 所示。为应对多元化业务发展带来的市场挑战，华润引入 6S 管理体系，主要从财务管理的角度出发，围绕一级利润中心，形成了利润中心编码体系、预算管理体系、管理报告体系、内部审计体系、业绩评价体系和经理人考核体系。其间，华润集团 6S 管理体系经历了"基于预算"向"聚焦战略"的转变。

年份	一级利润中心（个）	二级利润中心（个）
1999	24	98
2000	24	100
2001	24	113
2002	25	134
2003	25	155
2004	24	182

- 利润中心各自为政，集团难以有效地把握和指导其战略方向和执行
- 集团缺乏统一的战略管理语言，在对利润中心的战略执行监控中缺乏科学的方法与工具
- 以财务管控为中心，华润集团成为"预算中心型"组织，出现"预算打败战略，战术打败战略"的尴尬局面
- 华润集团总部缺乏"价值创造"的能力，总部在组织功能发挥上呈现出"空心化、机关化"的局面

图 1-9　华润集团 6S 管理体系诞生与发展的背景

第二阶段从 20 世纪初开始，华润集团对 6S 管理体系的战略管理功能进行强化，将 6S 管理体系调整为战略规划体系、商业计划体系、管理报告体系、内部审计体系、业绩评价体系和经理人考评体系，同时引入战略地图与平衡计分卡，强化战略规划目标、指标设定与分解。

第三阶段从 2008 年开始，华润集团开始淡化 6S 管理体系中的预算管理，进一步突出战略主线，兼顾财务结果，同时建立了 5C 价值型财务管理体系作为 6S 管理体系的补充。5C 价值型财务管理体系是以资本、资金、资产为主线，以资本结构、现金创造、现金管理、资金筹集和资产配置为核心的管理体系。

华润 6S 管理体系是华润从自身特点出发探索的多元化控股企业管理模式。6S 管理体系使华润集团多元化控股企业管理模式更科学，整体管理架构变得更加扁平，管理层可以及时、准确地获取管理信息，有力地促进了总部战略管理能力的提升和战略导向型组织的形成。

华润的 6S 管理体系实现了自上而下进行战略、计划、预算、绩效的分解，也实现了自下而上通过信息反馈完成战略检讨与决策、闭环评价。例如对战略规划、商业计划进行战略分解，从宏观到微观，确保其上下的一致性；管理报告、内部审计能够自下而上进行，确保了信息反馈。

如表 1 - 1 所示，华润的 6S 管理体系每年 7 月份完成集团战略滚动制定（修订），8—9 月份集团提出要求，各个业务单元制定（修订）战略，确定业务单元的战略，同时下达通知，要求各单位编制商业计划的初稿，12 月份集团审核小组听取汇报，并于次年 1 月份进行批复，至次年 2 月份完成董事会的终审并同经理人绩效合约一起正式下发；管理报告以月为周期进行编制，跟踪分析各单元的战略执行；内部审计属于定期与不定期相结合的活动，贯穿全年始终，持续进行战略、绩效与内控等审计，监督检查战略执行情况；每半年对战略规划的执行情况进行一次较为系统的正式评价，对各利润中心的负责人进行业绩评价，业绩评价分为 3 年任期评价与 1 年业绩评价；同时 6S 管理体系还包含针对经理人的能力评价，主要分为发展评价与晋升评价，其结果会与业绩评价结合，共同决定经理人奖励与职业发展。

华润 6S 管理体系的各个模块在集团总部有不同的主导部门，集团战略管理部主导战略规划、商业计划、管理报告、业绩评价；集团审计部主导内部审计；集团人力资源部则主导经理人考评。

战略规划体系是 6S 管理体系的出发点，具体由华润集团总部战略管理部负责推进，在这个环节中输出华润集团的中长期战略规划。战略规划与国家五年规划周期保持一致，分为集团、利润中心（含一级利润中心旗下的各个子公司）与职能三个层面的战略规划（见图 1 - 10）。每一个层面的战略规划都有不同的要点。从集团战略规划层面来看，在业务组合上既涉及华润集团第一层面的大消费、综合能源、城市建设运营、大健康、产业金融、科技及新兴产业，也涉及第二层面的华润微电子、华润创业、华润化工、华润生命科学、华润环保，而华润集团科技创新部则与各利润中心共同协作探索第三层面业务；重视"协同效应"，将协同分为产产协同、产融协同、融融协同，例如华润集团战略强调通过组织变革、协同考核等举措进行多元化业务的协同管理。

表 1-1 华润 6S 管理体系运行时间表

6S管理体系	7月	8月	9月	10月	11月	12月	1月	2月	3月	4月	5月	6月
战略规划体系	集团战略滚动制定（修订）	集团提出要求，业务单元制定（修订）战略、确定业务单元战略				战略专题调研						
商业计划体系			下达编制通知	编制商业计划初稿		集团审核小组听取汇报		董事会终审、下发				
管理报告体系						计划编制、执行和监督 每月编制管理报告，跟踪分析战略执行						
内部审计体系					持续进行战略、绩效与内控等审计、监督检查战略执行情况							
业绩评价体系				战略管理部每半年对战略规划的执行情况进行系统评价；对各利润中心的管理者进行业绩评价，业绩评价分为3年任期评价、1年业绩评价。					对经理人进行能力评价（发展评价与晋升评价），并将其业绩评价结合起来进行分析			
经理人考评体系									根据业绩评价与能力评价得分，决定经理人奖励与职业发展			

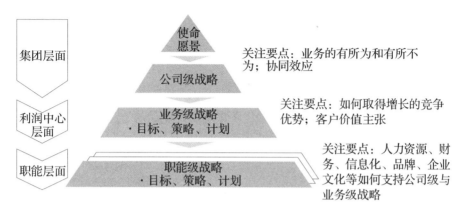

图 1-10 华润集团多层级战略规划

　　商业计划体系是战略分解的切入点，具体由华润集团总部战略管理部负责组织推进。战略地图与平衡计分卡在此环节中同样发挥着重要的作用。华润集团认为商业计划是对战略规划中近期（尤其是下一年）战略举措的细化，这个体系的主要输出成果是年度商业计划书，同时还包括各级经理的绩效合约。华润集团的年度商业计划书主要包括详尽的年度业务计划（通常分解到各个月，有明确的责任人、里程碑、最终成果等）、年度投资计划（含股权投资和重大固定资产投资）和年度财务预算。

　　商业计划应在战略规划滚动制定（修订）完成后进行。一般来说，应先制定年度目标与行动方案，财务预算应看作对目标与行动方案的财务表达；商业计划应有清晰的结构，详细的说明和论证材料可以使用附录形式提交。制订商业计划不是为了工作汇报，而是为了获得股东的支持；商业计划不是财务预算的别称，财务预算是商业计划的组成部分之一；商业计划应当附有相关层级管理者的绩效合约。华润集团年度商业计划书的主要结构见图 1-11。

　　从华润集团年度商业计划书的主要结构可以看出，首先，华润集团的战略分解强调战略导向，即以年度战略检讨作为基础，强调商业计划与战略规划的一致性，将战略目标细化和分解为年度商业计划目标；其次，在商业计划书编制过程中强调市场规模分析、竞争者分析、消费

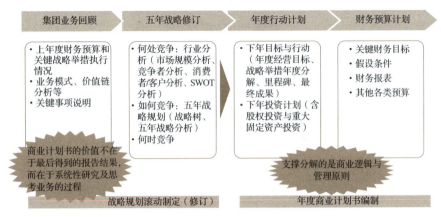

图 1 - 11　华润集团年度商业计划书的主要结构

者 / 客户分析等，发现问题并解决问题；再次，关注年度行动计划的制订和实施，年度行动计划包含目标与行动、投资计划两大内容，基本覆盖业务与管理的各个环节；最后，强调财务预算与年度行动计划的一体化，将财务预算作为商业计划书的一个组成部分。

管理报告体系主要由管理会计报表与战略执行分析两部分组成，由华润集团战略管理部主导运行。管理报告以战略业务单元为单位，按月编制。华润集团利用管理报告进行战略管理分析和行业比较，审视战略执行效果，并将其作为重大决策依据。管理报告涵盖利润中心整体的经营、投资和现金流等情况，突出利润中心业务特点，重视经营利润和经营性现金流；关注行业分析，进行过往对比分析、预算对比分析、标杆比较分析。

管理会计报表分为 T1 共性报表与 T2 个性报表，T1 报表是所有业务单元都可以使用的报表（华润集团 T1 报表目录见表 1 - 2），T2 报表则带有不同行业的属性特征。

战略执行分析是战略执行的监控工具，也是集团重大决策的依据，一般分为六个组成部分。指导思想为战略执行多维度分析、以商业计划为起点、强调行业分析与标杆比较，以及提升利润中心业务分析和管理的能力。

表 1-2 华润集团 T1 报表目录

类别	报表
损益分析	损益表（一般）
	营业额分析表
	毛利率分析表
	营业成本明细表（工业）
	经营利润表
	损益表（明细，按利润中心）
	一般及行政费用表（总表）
	一般及行政费用表（按利润中心）
	销售及分销费用表（总表）
	销售及分销费用表（按利润中心）
	其他经营收入表
	非经营性收入及支出表
	财务收支表
资产负债情况分析	资产负债表
	资金情况表
	应收账款周转天数表（按利润中心）
	应收账款表（按利润中心）
	应付账款表（按利润中心）
	库存周转天数表（按利润中心）
	库存表（按利润中心）
现金流及综合分析	资本性支出表（总表）
	资本性支出表（明细）
	集团内部交易表
	资本承担及或有负债表
	财务比率分析表
	现金流量表
	现金预算表
	研发支出分析表
	库存分类表
	主要材料采购表

内部审计体系是华润集团 6S 管理体系的重要组成部分，内部审计通过对战略的推进实施、预算、管理报告的真实性与可靠性进行审核、检查、评价和监督，为业绩评价和经理人考评提供依据，促进利润中心改善运营效率和效益，协助集团进行有效的战略管理。集团审计部负责组织推进内部审计体系，对所属业务单元的审计部门实施垂直管理。6S 管理体系下的内部审计是多维度的战略综合审计，是战略管理的监督检查环节和管理控制系统的控制环节，具体审计范围包括对集团内各业务单元的绩效审计、内控审计、6S 管理报告的真实性审计、经理人经济责任审计、投资项目审计等，对经营过程中出现的问题及时审查纠偏。内部审计的主要任务包括：审计部和监察部根据集团总体战略，制定内部审计年度工作计划；审计工作完成后形成审计报告，报集团董事会批准后，根据审计结论，向被审计单位下达审计意见（决定）；后续进行审计监督，检查被审计单位对审计意见（决定）的采纳和执行情况。

业绩评价体系是华润集团 6S 管理体系的第 5 个 S。业绩评价在华润的发展历程中经历了感性评价、综合评价、战略评价、创新评价四个发展阶段。20 世纪 90 年代后期以前处于感性评价阶段，主要是就财务结果对中高层管理者进行评价，集团关注利润中心的财务结果，但财务标准不统一，属于典型的事后、滞后管理。20 世纪 90 年代后期到 2006 年处于综合评价阶段，引入平衡计分卡工具，强调突破财务指标的综合评价，以量化指标为主、非量化指标为辅，关注与预算比和与历史同期比，有统一的财务标准。2007—2020 年处于战略评价阶段，集团引入行业标杆企业做对比，关注行业排名，重视战略地图，强调战略的一致性，重视最佳实践经验与数据的分享，引入商业计划以淡化单纯的预算概念，将统一的行业标准与中长期激励相结合。2020 年以后，集团的业绩评价进入创新评价阶段，强调创新驱动，引入 OKR 工具，强调 60% 自上而下的战略分解、40% 自下而上的创新，60% 自上而下运用平衡计分卡分解 KPI、40% 自下而上使用 OKR。OKR 的关键成果（KR）分数不是从 KR 完成度方面进行评价，而是从战略匹配、创新挑战、执行力等方面进行评价。

业绩评价体系是 6S 管理体系的驱动点，它通过确定各项考核指标和权重，对各利润中心的战略执行情况进行评价。华润集团业绩评价的一般操作流程见图 1 - 12。

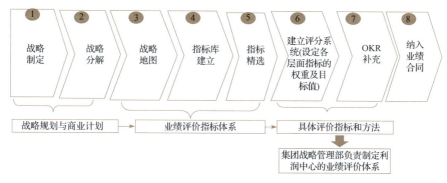

图 1 - 12 华润集团业绩评价的一般操作流程

华润集团的业绩合同（绩效合约）从时间维度上看包含了 3 年任期评价、1 年业绩评价；在原来的 KPI 考核项目外，1 年业绩评价还植入了 OKR，旨在推动"十四五"期间华润集团的产业转型升级，实现高质量发展。

经理人考评体系是 6S 管理体系的落脚点，主要保障战略的细化落实和有效执行，分为业绩评价、发展评价与晋升评价。其中，发展评价是对经理人的持续评价，是促进经理人成长的重要措施，是滚动评价。晋升评价要有业绩支持，要和关键岗位的要求结合起来。

1.2.4 战略管理体系最佳实践的启示

（1）突破性业绩成果 = 描述战略 + 衡量战略 + 管理战略。成功的企业几乎都构建了卓越战略管理体系。

（2）无论是卡普兰 - 诺顿战略管理体系，还是华润集团 6S 管理体系、华为 DSTE 等，从战略到执行的流程框架几乎都是一致的，强调战略分析与规划、经营计划与预算、执行监督、绩效评价的联动。

（3）尽管从战略到执行的流程框架具有较高的一致性，但是各企业所依据的方法论、使用的工具却存在一定差异，例如华润战略规划模型、华为的 BLM。

（4）企业普遍关注战略解码，将战略地图与平衡计分卡作为战略解码工具，以实现战略规划与年度商业计划的无缝衔接。

（5）财务预算必须服务于战略，不能试图将预算凌驾于战略之上，要将预算作为年度商业计划的组成部分，真正将预算作为服务战略的工具。

（6）集团总部必须建立战略执行、监控与反馈机制，管理报告、回顾会议等手段对于提高总部的战略管控能力有着十分重要的意义。

（7）经理人业绩评价不仅要关注当期（年度）表现，还要考虑长期（任期）表现，同时还要对经理人的能力进行评价，综合考虑干部任用与晋升。

1.3 战略闭环管理运行框架

从卡普兰－诺顿战略管理体系汲取理论思想，参考华润、华为等企业的最佳实践，同时结合佐佳咨询的管理咨询实践，我们提出了战略闭环管理运行框架，将战略闭环管理作为中国企业从战略到执行的系统解决方案。从战略到执行的一致性并不单向强调战略引导执行，对于执行的反思也会反向影响战略决策。今天的企业在战略执行中会不断受到技术突破的挑战和面临颠覆性的市场巨变，而幸运的是战略闭环管理可以充当救生系统和业务增长的催化剂。

1.3.1　战略闭环管理流程

战略闭环管理流程分为五大循环步骤，均以战略为主线，具有很强的整体一致性，是一个密不可分的有机整体，以确保战略落地。

如图 1-13 所示，战略分析是五大循环步骤的起点，可分为专项分析与常规分析。专项分析是一种专题分析，如热点事件出现引发的专项分析；而常规分析则是每年必须要去做的分析，包括差距分析、市场洞察、创新焦点等内容，目的是与竞争对手及标杆企业对比，把握自身在能力与资源上的优势与劣势，识别企业在产业、产品/市场、管理等方面的威胁与机会。

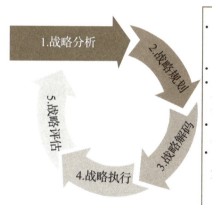

- 战略分析是起点，包括专项分析与常规分析（差距分析、市场洞察、创新焦点等），以识别机会与威胁、把握优势与劣势
- 战略规划需要明晰战略意图、业务设计与关键任务
- 战略解码运用可视化方式分解战略，包括战略转化、制定年度业务计划与目标、链接财务预算、PBC 签订与述职等活动
- 战略执行包括组织能力审视、报告追踪、会议追踪、闭环追踪等活动
- 战略评估分为战略评价、战略审计、执行修订、业绩评价、能力评价、回报激励等内容，包括事前、事中、事后几个阶段

图 1-13　战略闭环管理流程

战略规划是五大循环步骤的第二个步骤。战略规划需要我们对未来的目标与路径进行规划与探索，明晰战略意图、业务设计与关键任务。所谓战略意图是指公司的使命、愿景、价值观、战略定位、指导思想、战略目标；业务设计则包括客户选择、客户价值主张、价值获取、活动范围、战略控制、风险控制；关键任务需要明确任务目标、实施原则、战略推进计划（名称、关键节点、标志性成果）等。

战略解码运用可视化方式分解战略，将企业的中长期战略意图和策略转化为管理团队和一线员工可以理解、达成共识的行动方案。战略解码环节的活动主要包括战略转化、制定年度业务计划与目标、链接财务预算、PBC 签订与述职等，需要召开多轮次的战略解码研讨、共识与宣贯会议。

战略执行环节主要包括组织能力审视、报告追踪、会议追踪、闭环追踪等内容。组织能力审视是指定期与不定期地开展组织诊断、组织设计、人才梯队建设与企业文化梳理；报告追踪是指运用不同周期的经营分析报表、报告追踪战略执行，包括日报、周报、月报、季报等；会议追踪则通过周、月、季等周期的经营分析会议开展；闭环追踪则是通过发出整改工作令的方式对执行偏差进行追踪调整，直至将问题解决，操作中可分为明确问题、界定责任、落实整改、整改验证、考核评价、分析总结六个环节。

战略评估分为战略评价、战略审计、执行修订、业绩评价、能力评价、回报激励等内容，包括事前、事中、事后几个阶段。战略评价分为环境评价、规划评价、战略管理体系评价、专题评价等；战略审计分为环境审计、规划审计、战略管理体系审计、专题审计等。执行修订需要区分运营修订与战略修订。业绩评价主要针对中高层管理者，分为季度评价、年度评价、三年或五年任期评价等。能力评价主要涉及对经理人的发展评价与晋升评价。回报激励则涉及绩效奖金分配、薪酬增长、股权激励、精神激励等内容。

应当指出战略闭环管理流程的各个环节无论在理论上还是实践中，皆没有严格不变的先后逻辑，例如战略意图既依赖差距分析、市场洞察、创新焦点，也可以与公司现状做比较，作为差距分析的依据。

如表 1-3 所示，企业可以在每年 7、8、9 三个月开展战略分析（常规分析）与战略规划；9—12 月初步完成战略解码（次年 1—2 月审批并下发）；战略执行在全年开展；战略评估则根据内容不同在全年不同

表1-3　战略闭环管理的运行时间表

卓越战略闭环管理流程	流程	7月	8月	9月	10月	11月	12月	1月	2月	3月	4月	5月	6月
战略分析	专项分析				战略专题调研								
	常规分析	差距分析与市场洞察											
战略规划	滚动规划		战略规划滚动修订										
战略解码				下达编制通知	编制年度业务计划；审核小组听取汇报			审核小组批复	董事会终审下发				
战略执行	执行监控				组织能力审视、报告追踪、会议追踪、闭环追踪								
战略评价与战略审计	战略审计				战略评价								
	执行修订						运营修订、战略修订						
	业绩评价				对中高层管理者进行业绩评价、业绩评价与发展评价分析								
战略评估	能力评价				对经理人进行发展评价与晋升评价，并将其五年或三年任期评价、年度评价、季度评价等进行分析								
	回报激励									根据业绩评价与能力评价得分，决定奖励、职业发展			

时间段开展。

专项分析是不定期开展的，其可能在全年任何一个时间点上由任意热点、意外事件引发，为此战略管理部门往往会成立进行专项分析的临时小组。在卓越战略闭环管理流程的设计中，常规分析可于7月开始，配合公司中期经营回顾会议而展开；部分企业为了确保常规分析更加充分，会在更早的时间点开始准备工作，例如华为公司在4月就开始每年战略规划滚动修订的常规分析准备工作。

每年战略规划滚动修订一般在8—9月开展，由集团战略管理部门下发通知。战略规划往往可分为集团层面、业务层面以及职能层面，其间为确保集团、业务与职能层面战略规划修订的一致性，各层面战略规划修订小组需要展开多轮次战略规划沟通，避免将战略规划滚动修订变成闭门造车，战略规划环节输出的是每年修订后的战略规划。

每年9月，在战略规划发布后，需要启动战略解码的工作。战略解码一般始于战略转化活动。战略转化会将战略转变为若干个目标与关键任务，形成年度业务计划。为了确保年度业务计划与目标同财务预算的匹配性，这项工作会与集团财务部门预算编制工作同时开展。10月，集团财务部门会召开多轮预算会议，使年度业务计划与目标同财务预算保持高度的匹配性，年度业务计划与目标同财务预算平衡结果将作为管理者个人业绩承诺的输入项。12月或次年1月初，集团召开管理者述职与个人业绩承诺的沟通会议，并最晚在次年2月前完成个人业绩承诺的确认与签订。

战略执行是一个持续不断的实施过程，因此工作会贯穿于全年的始终。组织能力审视可分为定期与不定期的活动，定期的组织能力审视活动一般是配合战略规划滚动修订而开展的，例如在每年7月进行战略分析之际同时开展组织诊断，组织诊断结果既可以作为战略分析（资源与能力分析）的依据，也可以作为动态组织设计的依据，组织设计与组织架构调整一般在每年10月（编制年度业务计划）之前完成；报告追踪、会议追踪则可以按照每日、每周、每月、每季度的时间频度开展；闭环追踪则可能在全年任何一个时间点上由任意战略执行问题引发，直至问题解决。

战略评估则依据活动内容不同来规划时间，例如战略管理部门主导的战略评价可在次年1—2月开展；战略审计可在全年任何一个时间点开展；执行修订分为运营修订与战略修订，运营修订理论上在任意时点上都可以发起，而对于战略修订，很多企业虽然在发起时间上不做限制，但是往往在中期回顾或年度滚动修订时开展；中高层管理者业绩评价可分为三年或五年任期评价、年度评价甚至季度评价；能力评价则在当年年底开始，至次年3月结束；上年度中高层管理者的回报激励的决策工作往往在次年3—4月完成。

1.3.2　战略闭环管理的组织机构

战略闭环管理流程整体的维护、监督部门是战略管理部门，但其各个环节的主导部门还包括财务、组织发展、审计、人力资源等部门（见表1-4），同时相关业务部门在流程推进中也有不可推卸的责任。

表1-4　战略闭环管理流程各环节主导部门

流程	环节	主导部门	说明
战略闭环管理	战略分析	战略管理部门	● 战略分析由战略管理部门组织
	战略规划	战略管理部门	● 战略规划由战略管理部门组织
	战略解码	战略管理部门 财务部门 人力资源部门	● 战略转化、年度业务计划与目标制定由战略管理部门组织 ● 财务预算由财务部门组织 ● 人力预算推进、PBC编制由人力资源部门组织
	战略执行	组织发展部门 战略管理部门	● 组织能力审视归属组织发展部门 ● 报告追踪、会议追踪、闭环追踪归属战略管理部门
	战略评估	战略管理部门 审计部门 财务部门 人力资源部门	● 战略评价归属战略管理部门 ● 战略审计归属审计部门 ● 执行修订归属战略管理部门及财务部门 ● 业绩评价、能力评价、回报激励归属人力资源部门

（1）各环节职能分工。

战略分析的主导者一般是战略管理部门。其根据集团战略决策委员会的指导要求，执行专项分析与常规分析；指导子公司开展差距分析、宏观环境分析、产业环境分析、资源与能力分析、战略环境综合分析等活动。

战略规划也一般由战略管理部门主导。其基于集团使命，提出集团总体战略目标、业务组合及相关资源配置方案；组织制定战略规划并将战略规划提交集团战略决策委员会审议。

战略解码由战略管理、财务、人力资源等部门主导。战略解码过程中的战略转化、年度业务计划与目标制定部分由战略管理部门组织；而财务预算则由财务部门落实；人力资源部门则需要进行人力预算推进、组织中高层管理者的 PBC 编制。

战略执行环节中的组织能力审视由组织发展部门主导，报告追踪、会议追踪、闭环追踪则由战略管理部门主导。

战略评估环节的战略评价归属战略管理部门，战略审计则由审计部门主导，执行修订（含年度业务计划与预算）则由战略管理部门与财务部门主导，业绩评价、能力评价、回报激励则由人力资源部门主导。

（2）战略管理办公室的演进。

卡普兰与诺顿指出，一个能够取得突破性业务成果的企业往往将战略置于组织管理的核心，也就是打造"战略中心型组织"。而"战略中心型组织"发展到一定规模后，几乎都对原来的战略管理部门进行了职能改造，即建立了全新的战略管理办公室。该机构维护并监督战略管理流程的整体运行，从而帮助企业保持对战略规划与执行的持续关注。虽然战略执行主要是基层管理者和员工的责任，但是强有力的证据表明，如果没有高层的指导和协调，关键管理流程运行中常常会忽略战略本质，或者与业务部门的职能不相协调，最终导致战略执行的溃败。

经典案例表明，很多公司将实施战略管理项目而组建的临时团队升级为战略管理办公室。克莱斯勒和美国陆军最初都是为了实施卡普兰－诺顿战略管理体系项目而组建了临时团队，后来临时团队逐步演变为战略管理办公室，负责战略闭环管理整体流程的运行。

以克莱斯勒为例，20 世纪 90 年代后期，该公司的经营业绩呈现下降趋势，2000 年克莱斯勒预计下一年度将亏损超过 50 亿美元。这时，迪特·蔡澈担任公司的首席执行官，他与战略副总裁比尔·罗森组建了一个战略管理临时小组，该小组以削减短期成本（减少了 30 亿美元的财务赤字）和持续投资研发产品为目标。战略管理临时小组和公司管理团队合作，依照新战略构建了卡普兰－诺顿战略管理体系，同时还对标学习了很多跨国公司的战略管理流程。随后该小组帮助克莱斯勒引入了本土化的战略地图与平衡计分卡，因地制宜调整战略执行，使之与公司战略保持一致。在完成战略地图与平衡计分卡设计后，该小组还主导战略地图与平衡计分卡的数据收集和战略回顾报告，牵头准备用来向员工传达公司新战略的材料。在每次管理层会议之前，该小组均会向高层简单汇报通过战略回顾报告发现的战略执行问题以及进一步的纠偏行动。克莱斯勒战略管理的职能随着卡普兰－诺顿战略管理体系的实施而得到了发展，临时小组也演变成正式的战略管理办公室。2004 年，尽管国内汽车市场十分疲软，克莱斯勒却逆势增长，推出了一系列新品，获得了 12 亿美元的经营利润。

美国陆军"战略部署系统"项目也经历了类似的变化过程。美国陆军总部项目组在参谋长的领导下，参考卡普兰－诺顿战略管理体系开发了"战略部署系统"。该项目组还开发了用于战略管理的软件，定期为战略回顾报告提供及时有效的数据信息。在项目组的帮助下，美国陆军总部大指挥部以及位于全球各地的分区指挥部引入了"战略部署系统"。美国陆军总部项目组为各分支项目组提供培训与咨询、软件等支持，以确保目标的纵向一致性；建立了"战略部署系统"专业操作知识的图书馆门户，撰写了关于"战略部署系统"的文章，发行"战略部署系统"双月刊；组织"战略部署系统"年度会议，与管理层定期举行远程会议；还制定了战略宣传的方案，创建了一个网站，分为机密版和非机密版，允许用户在全球根据机密级别登录浏览；进行广泛的战略宣传以赢得士兵和文职雇员对战略的支持。在项目组的推动下，美军陆军总部每个月都对驻扎在全球各地的美国陆军战备情况展开讨论。

随着组织规模不断扩大，集团业务不断多元化，战略管理部门逐渐凸显其角色的重要性。在卓越战略闭环管理流程中，战略管理部门往往是关键的主导部门。战略管理部门的主要职能如下所述。

1. 战略分析与规划

战略分析与规划和战略执行有着千丝万缕的联系，战略管理部门的首要职能就是战略分析与规划。具体而言，要开展专项分析与常规分析，并进行差距分析，对公司宏观环境、产业环境、资源与能力等进行识别与分析；要协助中高层管理者进行战略选择，协助他们明晰战略意图、业务设计、关键任务；要组织年度战略会议，并协助管理团队进行战略选择。战略分析与规划不是五年一次的工作，而是不断更新的过程，战略管理部门应在组织内部进行战略创意的收集与筛选，建议高层管理者采纳员工提出的战略创意，协助高层管理者定期审查现有的战略。

2. 实现战略可视化

战略管理部门要引入战略管理仪表盘实现战略的可视化管理，要让战略执行的呈现变得简单、直观、有效。例如，很多战略管理部门引入了战略地图与平衡计分卡，通过目标、指标、计划的红黄绿灯管理实现战略执行过程的显性化。在月度、季度、半年度、年度战略回顾会议上，战略管理部门可以定期使用平衡计分卡报告呈现战略执行变化，将公司战略执行情况以简单、直观、有效的方式呈现在中高层管理者面

前，实现战略可视化。应当指出，战略可视化是达成战略共识的前提
条件。

3. 达成公司战略共识

在公司内部达成战略共识对战略执行至关重要，战略管理部门应当
组织员工参与战略研讨，召开战略宣贯会议，广泛宣传公司新战略，让
全体员工了解公司的战略意图，熟悉目标与计划。例如在北交所上市的
四川梓橦宫药业股份有限公司每年都会定期召开战略共识会议，公司的
平衡计分卡办公室每月度、季度都会向所有员工进行战略回顾报告，以
促使所有业务部门和支持部门员工深入理解公司战略。

4. 促进组织战略协同

组织战略协同是战略闭环管理成功运行的重要影响因素。遗憾的
是，许多公司战略管理部门没有对组织战略协同进行积极主动管理。一
个称职的战略管理部门应当在公司内部进行组织战略协同。战略管理部
门需要在战略目标、指标与行动计划的编制中主动向中高层管理者灌输
协同观念，引导他们明确组织战略协同重点并监控协同计划实施，促进
相互合作。

5. 推进公司战略监控

月度、季度等的战略回顾会议是战略监控的重要手段，其为评估战
略执行和调整战略执行的行动方案提供了依据。在会议上，管理层对战
略规划与战略执行的基本假设进行检验，了解新的信息并制订新的行动
方案。在会议开始前，战略管理部门汇报最近从战略回顾报告中发现的
战略执行问题。这构成了战略回顾会议的议程，从而使会议专注于战略
执行过程的监控。战略管理部门在会后还会持续跟进以确保会议决议的
有效实施。

6. 跟踪战略行动方案

战略行动方案通常由旨在帮助组织实现战略目标的关键行动计划
构成，战略管理部门应将战略行动方案从日常经营管理中分离出来并实

施单独管理。高管团队通常把战略行动方案作为其战略规划滚动修订的一部分，战略行动方案可能包括卓越产品研发、提升运营效率、客户关系管理等重要举措。战略行动方案的创意可能会在全年的任意时间被挖掘出来。战略管理部门需跟踪所有的战略行动方案，以确保它们被积极主动地实施。战略管理人员要定期在管理会议上报告其进展情况。此外，战略管理部门还要确保它们有足够的资源和关注度并处于优先地位。

7. 链接业务计划与财务预算

销售计划、采购计划、生产计划、设备计划、信息规划、人力预算必须与财务预算链接，如果没有战略管理部门，职能型计划可能会由于缺乏战略导向而过于狭隘，导致整体战略难以执行。战略管理部门应与财务部门合作以确保财务预算目标与战略规划的目标相一致，确保财务预算涵盖了战略行动方案所需的财务资源和人力资源等。一方面，许多战略行动方案是跨业务部门和职能部门的，不能由业务部门或职能部门提供预算资金；另一方面，战略管理部门还要与人力资源部门合作，确保人力资源规划与战略执行的人力需求相一致。此外，战略管理部门要帮助信息化部门鉴定和选择对战略执行最有帮助的数据库、基础设施投资项目和应用程序；战略管理部门还要提醒营销部门的销售计划应与客户价值主张、目标市场定位保持一致。

8. 协调人力资源配置

岗位分析、任职资格、个人绩效管理、薪酬激励和职业生涯管理等都属于人力资源管理专业范畴。当这些方面能够坚持以战略为导向，使得人力资源管理流程与公司战略紧密结合在一起时，人力资源管理将在战略执行中起到不可估量的支持作用。因此，将人力资源管理流程和公司战略联结起来应该是战略管理部门与人力资源部门的共同责任。通过二者的紧密协作，岗位分析、任职资格、个人绩效管理、薪酬激励和职业生涯管理将得以协调。

9. 分享战略执行最佳实践

提升战略执行水平的需求可以在企业的任何地方出现，这些需求可能发生在不同的业务单元或支持部门。战略管理部门应该组织跨业务单元与支持部门的战略执行最佳实践的总结与交流会。在拥有优秀的首席知识官的企业里，战略管理部门在分享战略执行最佳实践中发挥辅助作用。如果企业内部没有设置首席知识官，那么战略管理部门就会担负起推广战略执行最佳实践的任务。

| 案 例 |

华润集团战略管理部

华润集团前身是于 1938 年在中国香港成立的"联和行"，1948 年联和进出口公司改组更名为华润公司。1952 年隶属关系由中共中央办公厅转为中央贸易部（现为商务部）。1983 年改组成立华润（集团）有限公司。1999 年 12 月，与外经贸部脱钩，列为中央管理。2003 年由国务院国资委直接监管，被列为国有重点骨干企业。

截至 2024 年 7 月，华润集团业务涵盖大消费、综合能源、城市建设运营、大健康、产业金融、科技及新兴产业六大领域，下设 25 个业务单元、两家直属机构，实体企业 3 077 家，在职员工约 39 万人。华润集团位列 2023 年《财富》世界 500 强企业第 74 位。所属企业中有 8 家在香港上市，9 家在内地上市，其中华润置地、华润啤酒、华润万象生活和华润电力位列香港恒生指数成分股。

华润集团是一个多元化的集团公司，旗下的六大业务领域产业跨度很大，华润集团坚持"集团公司多元化、利润中心专业化"的原则，强调战略投资型总部的功能定位。通常而言，战略投资型总部强调通过七大功能对子公司进行管控，这七大功能分别是：集团战略规划与监督、重大投资决策与管理、财务管理与审计合规、战略人力资源、品牌与企业文化、智能与数字化管理、组织创新管理。华润集团总部组织架构如图 1-14 所示。

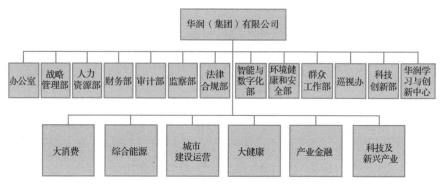

图 1-14　华润集团总部组织架构

作为战略投资型总部，其第一个重要功能就是战略管理，因此，在华润集团总部组织架构的演进过程中，曾经总部大约有 400 人，而仅战略管理部人员就达到近 80 人，大约占总部人数的 1/5。战略管理部是总部的第一大部，下设战略规划处、经营管理处、投资管理处、协同管理办公室、精益办公室（见图 1-15）。

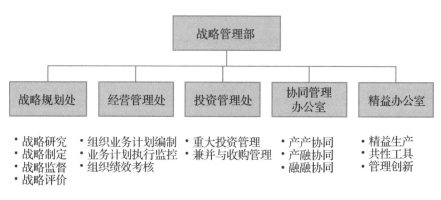

图 1-15　华润集团战略管理部内部设置

战略规划处主要承担了战略研究、战略制定、战略监督、战略评价的职能；经营管理处主要执行组织业务计划编制、业务计划执行监控、组织绩效考核；投资管理处主要监控华润集团及各利润中心的投资、兼并与收购活动，干预重大战略投资项目；协同管理办公室是华润集团战略管理的特色之一，主要监督华润集团旗下各个子公司的产产协同、产融协同、融融协同；精益办公室当时设在华润战略管理部下是出于历史原因，精益生产、共性工具与管理创新的职能由该办公室履行，而随着总部成立华润学习与创新中心，管理创新职能逐步转移到该部门。

华润集团战略管理部根据不同利润中心特点实施差异化的战略管控策略。一是以成熟度综合评价为基础，对利润中心战略管理、投资、并购、年度业务计划、组织绩效考核等实行差异化管控；二是以业务特性为基础，对业务单元的科技创新及EHS（即环境、健康、安全）部分关键事项实行差异化管控；三是对于法律法规、国资监管等要求强管控的事项，实行统一的管控。战略管控作为华润集团总体管控策略，权限划分说明详细罗列在华润集团关键管控事项清单之中。战略管控的授权事项，由业务单元自主决策；非授权事项，经集团战略管理部与领导审核后，由利润中心执行既定决策程序。

华润集团战略管理部的建设能够给予我们较多的启示。首先，战略管理是战略投资型总部的第一大功能，加强战略管理职能建设能够有效地提高集团总部领导层管理多元化产业的能力；其次，华润集团总部的战略管理部将战略规划、业务计划执行监控、组织绩效考核、投资管控等职能整合在战略管理部，有利于实现战略、计划、预算与绩效的一体化，更有利于战略规划与战略执行的一致性；再次，华润集团战略管理部将组织协同置于战略高度，值得借鉴，一个非相关多元化的集团如此重视组织协同，产业布局比华润集团更集中的企业更应当重视组织协同；最后，华润集团战略管理部根据利润中心成熟度、业务特性、国资监管，对利润中心实施差异化战略管控，能够有效地确保利润中心拥有必要的战略管理权限，确保战略执行的灵活与高效。

1.4 战略闭环管理实践

1.4.1 战略闭环管理实践的益处

战略闭环管理实践主要有五个益处，如图 1-16 所示。

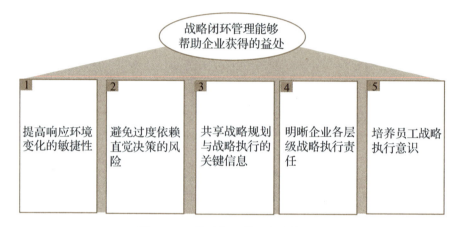

图 1-16 战略闭环管理实践的益处

1. 提高响应环境变化的敏捷性

当今企业处于竞争激烈的数字化环境中，几乎每个企业都面临着来自其他参与者的威胁。与此同时，管理层还必须应对不同利益相关者提出的新的期望，因此企业必须实现组织的敏捷化，打造敏捷性组织，因为敏捷性组织拥有快速应对环境变化的能力。战略闭环管理关注情报系统建设、内外部环境的实时监控，因此可以帮助管理层及时捕捉外部环境变化，以快速制定应对策略。例如，战略闭环管理可以让你预测竞争对手会做什么；可以让你密切关注不断变化的市场趋势并利用机会；可以让你更好地应对潜在与现实竞争对手带来的威胁。

2. 避免过度依赖直觉决策的风险

人类历史上很多发明创造来自直觉。牛顿依赖几何与运动的直觉想象创立了微积分，一些企业家凭借自身的直觉带领企业走向成功。但是我们也应当意识到，过度地依赖直觉进行战略决策，很有可能将企业带进万劫不复的深渊。尤其在企业的业务多元化以后，我们更不能迷信直觉，因为有时候我们会把错觉当成直觉。战略闭环管理可以帮助企业家避免错觉的陷阱，其通过指导战略规划与执行的统一模型与流程，如差距分析、市场洞察等，帮助我们清醒地认知并预测我们已经涉足或想要涉足的行业，帮助我们盘点企业的能力与资源，提高战略决策的科学性。

3. 共享战略规划与战略执行的关键信息

战略执行需要各个部门在行动上的高度协同配合。因此，在战略执行的过程中，组织沟通起到了非常关键的作用。战略闭环管理分为战略分析、战略规划、战略解码、战略执行、战略评估等五个环节，其中战略解码是重要的沟通环节之一，其实际将公司战略规划转化为年度业务目标与计划，并在组织内部各个部门之间进行分解、联结。在此过程中，企业高层需要在组织内部对目标与计划进行充分、清晰的沟通与讨论，并且对组织各级部门制定目标和履行职责进行激励和策略协调；同时对战略执行过程进行适时监控，通过各种手段，充分共享战略执行过程中的信息，适时反向影响战略规划。

4. 明晰企业各层级战略执行责任

企业可以通过战略解码将战略规划转化为年度业务计划，再通过多轮次的预算平衡打通战略规划、年度业务计划与财务预算的关系。在战略解码环节，还需要运用专业工具将年度业务计划与财务预算分解为部门、员工个人的绩效指标，在公司内部形成有效的"指标链"，有效地落实战略执行的责任，将战略规划、年度业务计划与财务预算通过"责任划分"落实到组织的各个环节；同时，还需要积极思考激励与责任的有效结合，将战略执行的利益在组织与员工之间进行有效绑定。

5. 培养员工战略执行意识

战略闭环管理还强调组织各个层级的战略执行意识的宣传，因而，沟通机制在整个闭环管理的流程设计中显得十分重要。多轮次的战略研讨会、务虚会、学习会都具有宣贯作用，是逐步培养员工战略执行意识的有效手段。这些研讨会、务虚会、学习会能够帮助企业在内部形成对战略方向的共识，让员工意识到公司战略与自身日常工作的关联，进而逐步培养员工的战略执行意识，提高他们的全局观念。在知名央企华润集团，多轮次的战略研讨会、务虚会、学习会不局限于管理层或与战略规划相关的某些部门，而是通过"群策群力"的战略执行沟通流程覆盖了公司高、中、基层。通过多层次的战略执行讨论、宣贯、学习，能够培养全员的战略执行意识。

1.4.2　长安汽车战略闭环管理实践

长安汽车 CS15333 战略管理体系致力于帮助长安汽车打造世界一流汽车品牌，打通长安汽车从战略到执行的管理流程。其包含五大环节、三个层级、三大支撑。其中，C 表示长安汽车；S 表示战略；1 指长安汽车的一个愿景，即打造世界一流汽车品牌；5 则指长安汽车战略管理的五大环节，包括战略研究和规划、年度业务计划、战略执行和监控、战略评估和审计、绩效评价和考核；第一个 3 指长安汽车战略规划的三个层级，即公司层、业务层、要素层；第二个 3 是战略管理的三大支撑，包括组织及能力、流程及标准、信息化；第三个3 指三大阶段，即十年战略目标、三年中期目标与一年短期目标（见图 1-17）。

CS15333 战略管理体系的五大环节均以战略为主线，强调从战略到执行的一致性，最终形成闭环，成为一个密不可分的有机整体，确保战略落地。战略研究和规划是起点，确定公司与业务单元的发展方向、中长期战略目标和重大战略举措；年度业务计划涉及对战略举措进行分解，制定行动计划和预算，落实战略举措，并每年进行滚动修订；战略

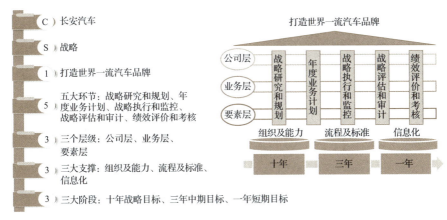

图 1-17 长安汽车 CS15333 战略管理体系

执行和监控是对战略执行过程和结果进行监控和分析；战略评估和审计是对战略执行方向、行动计划与战略一致性、战略执行结果等进行评估与审计，为业绩评价、经理人考核与任免提供依据；绩效评价和考核是依据战略评价结果并结合领导力考核结果等对经理人进行奖惩，目的是驱动战略执行。

战略研究和规划是长安汽车 CS15333 战略管理体系五大环节的第一个环节。其中，战略研究又可以进一步分为月度常态研究和不定期的专题研究。常态研究是为了确保公司对环境变化保持高度的敏感性，以 1 个月为周期进行的短周期扫描，主要包括宏观环境、产业环境、竞争环境、内部条件研究。在实际操作中，长安汽车有其固定的模板，每月长安汽车的战略管理部门会对涉及的相关数据信息进行收集，呈报给企业高层作为决策的依据。不定期的专题研究则包括前瞻性课题研究、热点专题研究，战略研究的具体操作参考长安汽车的战略研究流程。从体系上看，战略研究分为外部体系和内部体系，外部体系包括战略情报体系、战略智库，内部体系则包括研究数据库、内部协同专业团队（见图 1-18）。

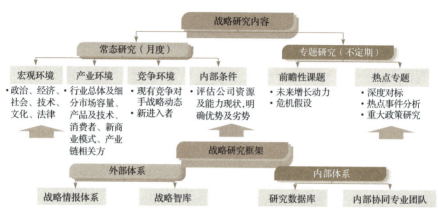

图1-18　长安汽车战略研究内容与框架

　　长安汽车战略制定遵循十年愿景规划、五年回顾调整、三年滚动计划的逻辑（见图1-19）。十年愿景规划包括形势展望、战略回顾、战略目标、战略选择，形成长安汽车"愿景2030"及"十四五"规划，具体操作参考战略制定流程；五年回顾调整是指战略制定的中期（五年）应当进行一次全方位的回顾，形成中期回顾报告；三年滚动计划是指"3+1"的战略分解过程，将十年的战略规划分解为三年滚动计划。此外，每年长安汽车会进行战略规划滚动制定。

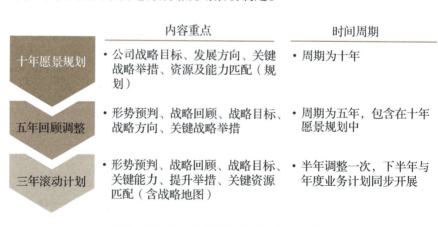

图1-19　从十年愿景规划到三年滚动计划

　　年度业务计划又称年度运营计划、年度经营计划，是长安汽车CS15333

战略管理体系五大环节的第二环节。长安汽车以三年滚动计划为基础,制定次年业务计划,强调与战略的一致性。长安汽车运用战略地图与平衡计分卡,对十年愿景规划与三年滚动计划进行衔接,将目标与计划分解到年度、季度、月度。根据操作手册要求,战略地图与平衡计分卡在每年10月之前要完成初稿,以作为财务预算资源配置的参考依据。年度业务计划包括经营回顾与环境分析、战略规划滚动修订、年度业务目标与计划(含投资计划)、年度人力预算和年度财务预算。年度业务目标与计划的呈现形式是战略地图、平衡计分卡、行动计划表。将战略规划转化为年度业务计划的情况见图1-20。

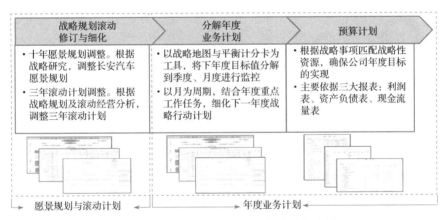

图1-20 将战略规划转化为年度业务计划

战略执行和监控是长安汽车CS15333战略管理体系五大环节的第三个环节,主要通过报告系统、会议系统、追踪机制等三种手段对战略与运营(业务计划)进行监控,以发现偏差、及时纠偏,未达预期时要进行原因分析,提出解决方案。战略执行和监控主要是在战略执行中不断审视外部环境、竞争对手、企业自身,以提升长安汽车的经营质量;坚持战略实施的多维度分析;强调行业分析和同标杆企业比较;以价值创造为切入点,缩减不增值环节;遵循全价值链、全球化视野、全生命周期等原则,形成最优战略管理的PDCA闭环。

报告系统采用日通报、周协调、月追踪、季分析（见图 1 - 21）的方式加强战略监控，以即时发现问题、深入分析原因、精准制定措施为重点，形成 PDCA 闭环管理，从而确保公司战略目标的实现。其中，平衡计分卡战略回顾报告主要应用于季度战略回顾。

监控周期	监控范围	监控原则	监控指标	对比维度
日	公司九大经营单位	即时、准确发布公司产销存数据	生产、批发、零售、库存	计划完成率、同比
周	公司九大经营单位及制造、采购、物流、财务等职能部门	回顾公司上周经营情况，及时通报重要事项，及时预警	生产、批发、零售、库存、行业、重要事项	计划完成率、同比、库销比
月	各经营单位、各职能部门、内外部环境	全面分析评价公司月度经营情况，研判公司内外部环境，明确下月重点工作及要求	KPI体系、行业竞争情况	计划完成率、同比、环比
季	各经营单位、各职能部门、内外部环境	全面回顾评价公司及各单位经营情况，并对评价结果加强运用	平衡计分卡指标体系、行业竞争情况	计划完成率、同比、环比

图 1 - 21 日通报、周协调、月追踪、季分析

会议系统主要分为周例会、月度运营分析会、季度战略回顾会。周例会属于运营会议，由研产供销负责人参加，分析周产销、竞争情况并集中解决研产供销问题；月度运营分析会由运营副总主持，全公司部门、单位负责人参加，主要包括月度产销同比与环比分析、平衡计分卡其他指标实现情况、为确保季度目标实现的月度目标与计划调整；季度战略回顾会由总经理主持，全公司部门、单位负责人参加，依据季度平衡计分卡进行分析，讨论平衡计分卡主要指标的同比与环比分析、主要战略行动计划的节点完成情况、为确保全年目标实现进行的下几季度目标与计划调整等。

追踪机制主要追踪月度、季度会议形成的决议的落实情况，为确保战略与运营会议的决策落地，还可以开展实地调研；战略管理部门根据月度运营分析会、季度战略回顾会的决策事项，给相关单位发出整改

工作令，如该决策事项涉及业务归口管理部门，则联合归口管理部门整改；战略管理部门拥有对决策事项进行调整处置的权力，同时将结论提交人力资源部作为考核奖惩的依据。追踪机制具体实施操作可参考战略监控追踪流程。

　　战略评估和审计是长安汽车 CS15333 战略管理体系的第四个环节，主要分为战略评估、战略审计与战略修订。不同于战略执行和监控主要进行日、周、月、季的监控与回顾，战略评估以半年为周期进行。战略评估对外部环境进行分析，对内部战略执行结果进行定量、定性评价，强调与行业平均水平和标杆企业进行比较，指出下一步关键举措，关注动态目标调整。战略评估内容主要包括：外部环境评估；战略图卡表评估；问题及对策建议（见图 1-22）。

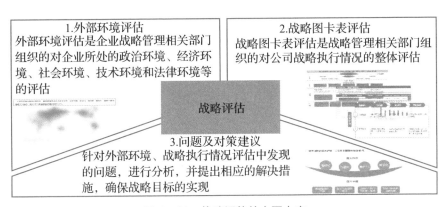

图 1-22　战略评估的主要内容

　　战略审计则是由审计部门主导，审计部门站在第三方角度保持其高度独立性。战略审计以一年为周期，对战略执行情况和管理体系的运行情况进行审计，包括图卡表完成情况、组织人员情况、流程执行、规范执行、工作标准执行五个方面，确保合规、诚信。战略审计主要包括：战略地图与平衡计分卡审计；战略管理相关流程执行情况审计；工作规范执行情况（模板、方法）审计；战略及战略管理体系的优化审计；战略管理成果是否符合工作标准的审计；战略管理资源配置审计等。

战略修订不同于一年一度的"3+1"滚动计划，其仅指年度中的临时例外修订、中期修订。无论是临时例外修订还是中期修订，都可由各单位或战略规划部门结合工作实际情况和能力，对战略图卡表能否完成、资源分配情况、计划安排的合理性提出具体的意见。

绩效评价和考核是长安汽车 CS15333 战略管理体系的第五个环节，主要包含绩效考核、能力评价、激励回报三大内容。绩效考核是指针对长安汽车经理人承诺的组织绩效进行考核，运用 KPI 考核原理，将操作分为绩效指标分解、绩效计划制定、绩效考核等模块，由长安汽车战略规划部门组织实施。能力评价是对长安汽车经理人领导力的匹配度评价，按照长安汽车领导力评价模型分解能力评价指标，由长安汽车人力资源部门组织实施。激励回报由长安汽车人力资源部门组织实施，主要根据综合考评结果提议经理人任免、决定晋升及进行任期管理（见图 1-23）。

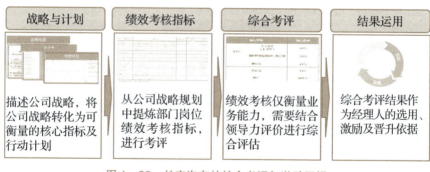

图 1-23 长安汽车的综合考评与激励回报

第二章

战略分析

战略分析是战略闭环的第一个环节，主要分为专项分析与常规分析。专项分析主要是指对未来企业急需了解或急待解决的战略问题进行讨论与研究，其通常由两种情况引发，第一是热点事件，第二则是未来趋势的变化；常规分析则是每年必须要去做的战略分析，包括差距分析、市场洞察、创新焦点等内容，目的是全面识别外部环境的机会与威胁，与竞争对手及标杆企业对比，明确自身在能力与资源上的优势与劣势。

在华为公司业务领导力模型的实践中，一直以来都有市场洞察在前，还是战略意图在前的争论。从经典战略管理流程的先后顺序来看，是市场洞察在前而战略意图在后，但这只是从静态维度看战略管理闭环。现实中战略管理流程是不断循环的过程，即在当前战略意图下我们会开始下一轮市场洞察，再做出战略意图是否调整的决策，如此循环反复、持续滚动，让我们难以分清到底谁先谁后；同时，如果是集团型企业，集团层面战略意图又会引导业务单元市场洞察，然后做出业务单元层面战略意图相关决策。因此，从动态管理的维度来看，市场洞察与战略意图是相互影响的。

2.1 差距分析

所谓差距分析是将实际业绩与战略期望业绩进行对比，同时对过去的机会把握情况进行分析。根据华为公司业务领导力模型的解释，企业之所以要进行差距分析，是因为新战略往往是由不满意激发的，而不满意是企业家对现状和期望之间差距的一种感知，正是因为有差距的存在，所以才需要企业每年识别差距并修订战略规划，同时开展战略解码、执行监控、战略评估、战略审计，最终实现战略规划、年度业务计划、财务预算、绩效评价、战略监控与审计的无缝连接。

在正式进行差距分析之前，需要进行经营业绩回顾。经营业绩回顾可以根据企业实际情况分为总体经营业绩回顾、产品业绩回顾、关键任务达成回顾。总体经营业绩回顾是指对公司在过去特定时间段中的主要经营业绩指标进行回顾，观察主要业绩指标走势、目标值/实际值对比（见表2-1），同时开展与标杆企业的对比分析。

表2-1　主要业绩指标走势与目标值/实际值对比

主要业绩指标		2018 年	2019 年	2020 年	2021 年	2022 年	年均增长率（%）
营业收入（亿元）	目标值						
	实际值						
净利润（亿元）	目标值						
	实际值						
市值（亿元）	目标值						
	实际值						
净资产收益率（%）	目标值						
	实际值						
销售利润率（%）	目标值						
	实际值						
销售费用率（%）	目标值						
	实际值						
研发费用率（%）	目标值						
	实际值						

进行总体经营业绩回顾的标杆对比分析，需要企业选择正确的标杆

企业。很多企业在进行标杆对比分析时不知道选择行业的哪些企业，特别是企业在特定时期内面对许多同类企业的时候。如对标杆企业选择不当，就会产生战略分析错误。那么如何才能在差距分析中准确选择标杆企业呢？一般而言我们需要遵循以下几个原则。

（1）经营品类与本企业相近的优先成为标杆企业。产品与服务品类与本企业越接近的企业，越有可能与本企业产生直接竞争，这类企业应当优先作为差距分析中的标杆企业。值得注意的是品类接近并不是说标杆企业的产品与服务必须与本企业完全相同，它们可能各有自己的设计特点，在质量上也有差异，但使用价值一定是相同的，功能也应是接近的。

（2）产品与服务定位与本企业相同的优先成为标杆企业。产品与服务定位与本企业相同的企业，往往会成为本企业的竞争对手，因此需要将其作为标杆企业进行分析。定位评估在现实中主要通过四个要素来确定，即品质、使用价值、功能、价格。

（3）目标顾客与本企业相同的优先成为标杆企业。如果有一些企业与本企业直面同一类客户，同时在客户争夺中形成了强大的竞争力，那么它们就是差距分析的标杆企业。要分析它们的优势与劣势，正所谓知己知彼，百战不殆。

（4）终端价格与本企业相近的优先成为标杆企业。产品与服务价格越接近本企业的越会成为竞争对手，就越有必要将其作为标杆企业与自身进行对比。产品与服务价格一般指的是销售终端价格，即最终消费者价格，它不仅反映了产品与服务的价值，也反映了目标客户对自己以及标杆企业的产品与服务的接受程度。

（5）销售通路与本企业相同的优先成为标杆企业。因为销售通路其实是企业营销的战场，销售通路相同就意味着对方与自身在同一战场上相互作战。通常企业的销售通路成员有批发商、零售商等，而随着互联网营销兴起，企业的销售通路将会越来越短。

标杆企业对比分析表（见表2-2）可以帮助我们进行总体经营业绩回顾。

表2-2 标杆企业对比分析表

指标	企业	2018年	2019年	2020年	2021年	2022年	年均增长率（%）
营业收入（亿元）	本企业						
	标杆企业1						
	标杆企业2						
	标杆企业3						
	标杆企业4						
	标杆企业5						
净利润（亿元）	本企业						
	标杆企业1						
	标杆企业2						
	标杆企业3						
	标杆企业4						
	标杆企业5						
市值（亿元）	本企业						
	标杆企业1						
	标杆企业2						
	标杆企业3						
	标杆企业4						
	标杆企业5						

产品业绩回顾同样要观察主要业绩指标走势、目标值与实际值对比，并进行与标杆企业的对比分析。在实际操作中可以将上述维度分析深入各个区域、渠道进行对比。产品业绩回顾可以使用重点产品主要业绩指标走势回顾表（见表2-3）、重点产品标杆企业对比分析表（见表2-4）。

表 2-3 重点产品主要业绩指标走势回顾表

产品	指标	2018 年	2019 年	2020 年	2021 年	2022 年	年均增长率（%）
产品 1	销量（万盒）						
	销售额（万元）						
产品 2	销量（万盒）						
	销售额（万元）						
产品 3	销量（万盒）						
	销售额（万元）						
产品 4	销量（万盒）						
	销售额（万元）						
产品 5	销量（万盒）						
	销售额（万元）						

表 2-4 重点产品标杆企业对比分析表

企业	指标	2018 年	2019 年	2020 年	2021 年	2022 年	年均增长率（%）
本企业	销售额（万元）						
	市场占比（%）						
标杆企业 1	销售额（万元）						
	市场占比（%）						
标杆企业 2	销售额（万元）						
	市场占比（%）						
标杆企业 3	销售额（万元）						
	市场占比（%）						
市场容量	销售额（万元）						

产品业绩回顾主要有两个目的。一是看产品业绩的总体情况，了解产品销售业绩的构成、目标是否达成、对手情况等等，以便于为产品组合的总体决策提供重要的数据与信息。二是对特定问题进行分析，比如对某单品销量提升进行回顾分析、对渠道策略选择进行对比分析，以指导市场与开发策略的制定。

产品业绩回顾需要大量数据做支撑，因此我们首先要了解需要哪些数据，列出数据清单，例如产品系列、产品名称、产品价格、销售日期、销售区域、销售渠道、销售额、销量等。除数据外还要熟悉业务背景，比如公司目前所处的市场的状况、重点销售区域、重点关注产品、产品类型、竞品等，这样，数据分析的结果才能够发挥业务价值。本环节可以通过重点产品标杆企业对比分析表来呈现。

关键任务达成回顾是对关键任务的时间节点、任务要求、达成状况进行回顾，关键任务达成分析表（见表2-5）可以帮助我们进行回顾。

表 2-5 关键任务达成分析表

序号	关键任务	实施结果	问题分析
1			
2			
3			
4			
5			
6			

完成经营业绩回顾后就可以开展具体的差距分析。识别差距是卓越战略闭环管理的起点，而消除差距则是卓越战略闭环管理的终点。可以说，差距是卓越战略闭环管理的动力。差距是公司现状与期望达到的目标的差异。卓越战略闭环管理是一个循环往复的过程，每一个步骤都要看能否消除差距，如果所有高效执行的关键任务都消除不了差距，需要

回到战略分析的初始阶段，分析差距动因，开展市场洞察，寻找创新焦点，再从战略意图开始重新审视业务设计与关键任务。

差距分为业绩差距与机会差距。业绩差距是现有经营实际值和目标值之间的差距，可以通过提高战略执行效率来缩小，并且一般不需要改变业务设计。业绩差距分析要求我们将企业关键绩效指标与行业平均水平、标杆企业、自己的预期情况进行对比，分析自身成长性、盈利性与创新性，发现存在的业绩差距。

机会差距分析是对现有经营成果和新业务设计所能带来的经营结果之间差距的一种量化评估。换句话说，机会差距不是仅仅提高战略执行效率就能够缩小的，往往需要公司有新的业务设计。机会差距识别要看新业务的机会、产品与市场的机会、管理创新的机会，反思企业在过去有哪些机会没有抓住。新业务机会是最难以判断和把握的，因为新业务的市场成熟度难以判断、有待考察，表面上看是新业务机会，说不定是新业务陷阱。它的不确定性可能太高以至于无法准确判断。

进行差距分析，首先要寻找与识别差距，明确其属于业绩差距还是机会差距。前面的经营业绩回顾的主要目的就是帮助我们寻找差距，因此我们要仔细进行总体经营业绩回顾、产品业绩回顾、关键任务达成回顾，识别出业绩差距与机会差距，填写业绩差距与机会差距汇总表（见表 2-6）。

表 2-6 业绩差距与机会差距汇总表（部分）示例

序号	差距	业绩差距	机会差距	差距说明
1	营收规模	√		营收规模增长速度较快，但与"十三五"之初制定的目标值有差距
2	市值目标	√		市值目标没有实现，总体差距较大，2020年仅为××亿元

续表

序号	差距	业绩差距	机会差距	差距说明
3	产品	√		①A产品成长性较差,与预期目标差异较大,市场占有率仅为1% ②B产品销量有一定程度提高,但与对标企业竞品相比,仍有较大的销量差距 ③C产品销售增长乏力,2020年总体销量有下滑的趋势 ④D产品增长较快,但总体规模较小,仍需要时间扩大规模
4	B业务与D业务协同发展的机会		√	①在价格下降背景下,B业务增速仍达到8%左右,B业务能够扩大体量,尽管利润率很低,与D业务有供应链协同效应 ②D业务龙头企业纷纷进行连锁布局,行业集中度正在提升,错过了在全国"跑马圈地"的发展时机;目前在区域内发展,体量很小,但存在在区域内扩大规模的机会,建议关注
5	新产品研发进度		√	①三种新品需求量大,但产品实际研发进展缓慢,没有按时推出,错失市场机会 ②竞争情报收集、产品线规划等方面存在严重不足,新产品开发立项迫在眉睫
6	现有产品功能二次开发		√	竞争对手对老产品加以二次开发以提升老产品在新市场的潜力

差距分析要求对差距产生的原因进行深入分析,例如某企业的年度主营业务收入目标值是 15 亿元,年末主营业务收入实际值只有 13 亿元,二者之间相差 2 亿元,如果分析发现需要通过战略执行效率提升来弥补差距,那么这种差距就是业绩差距。此外,我们进行差距分析时不仅要发现差距,更要找出差距形成的根因,以最终找到弥补差距的解决方案。

例如某企业主营业务收入的实际值与目标值之间存在差距,该企业经过分析后发现主营业务收入差距根因是：

（1）新产品开发资源投入不足。准备在 2023 年 6 月初上市的三个新品由于资源投入不足进展迟缓，到 12 月份才上市，至少减少了 9 500 万元的新品收入。

（2）质量事故导致销量下降。质量事故导致海外大客户 2022 年 10 月时没续单，当年 10 月至次年 6 月业绩受到影响，损失的销售业绩大约为 8 400 万元。

（3）行业政策导致业绩下降。在医药集采政策背景下，一个老产品落标造成了当年 1.2 亿元的销售业绩下降，这是该企业始料未及的。

（4）竞品导致对本企业产品的市场需求减少。由于竞争对手推出了采用更新技术的新品，很多客户转购竞争对手的新品，下游市场的客户需求明显减少，造成当年 5 000 万元的销售业绩下降。

差距根因往往是自身能力的不足，通过差距根因分析能更深入地洞察自身：是什么阻碍了我们的发展？公司发展现在最大的障碍是什么？消除这些障碍的策略是什么？具体行动计划是什么？

差距根因分析在实践中分三步：第一步是找出所有差距，列出问题；第二步是运用 8/2 法则选出关键差距；第三步是分析差距产生的根因。在实际操作中可以组织差距分析研讨会，运用价值树工具进行差距根因的挖掘（见图 2 - 1）。

除运用价值树工具以外，开展差距分析时还可以进一步补充相关的数据。例如某物流集团在进行利润差距根因分析时，发现利润差距形成的一个重要根因就是"高质量大客户数量少、规模化程度不高"，为进一步增加说服力，对该根因进行了数据的特别验证说明。

所有的差距分析结果最后都可以汇总到差距分析汇总表（见表 2 - 7）中，这样便于将所有差距产生的根本原因与核心问题集中展现出来，便于公司内部中高层查阅。差距分析的最终结果可以作为下一年度战略滚动修订的依据。

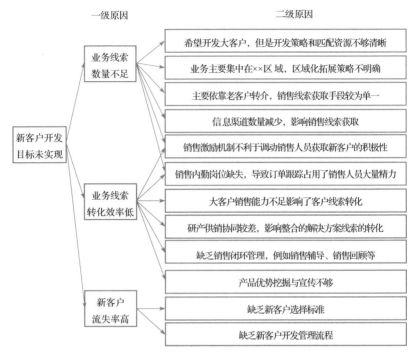

图 2-1 运用价值树工具分析差距根因

表 2-7 差距分析汇总表

差距描述	类别		根本原因 / 核心问题
	业绩差距	机会差距	

|案 例|

M 药企差距分析

M 药企是一家主要从事中西药研发、生产和销售的企业,总部设在广东省。M药企拥有"中国驰名商标"。2006年1月，M药企正式成立，之后几年发展迅速。2009年3月，M药企与药物研究所联合研发的A1和A2胶囊获国家食品药品监督管理局颁发的药品生产许可证，并于同年6月正式上市销售。2012年8月，A1和A2被纳入国家医保药品目录。

M药企现有四个子公司，三个生产基地，拥有数十个药品批准文号，生产片剂、胶囊剂、颗粒剂、溶液剂、乳剂、混悬剂等剂型，同时还生产原料药。多年来，M药企努力提高自身科研能力，先后研发了A1、A2、B1、B2等多个新药品种。同时公司积极与多家高等院校、科研院所合作，建立新药创新研发平台。公司现已获得专利38项，其中发明专利32项。

虽然行业差异较大，但华为公司是M药企对标学习企业之一。2020年底M药企决定引入华为公司的BLM，制定自身的"十四五"规划，以明确公司的战略，输出战略规划文件。

M药企的差距分析是整个BLM的起点，主要包括总体经营业绩回顾、产品业绩回顾、关键任务达成回顾、业绩差距与机会差距分析、差距分析总结等五个方面的内容，要点如下：

一、总体经营业绩回顾

总体经营业绩回顾主要包括总体增长概述、目标实现对比、行业增速对比、行业地位对比、盈利能力对比、销售与研发费用情况对比等六个部分的回顾。要点如下：

（1）总体增长概述：M药企营业收入、净利润、市值、净资产收益率、销售利润率等指标都得到了提高。

（2）目标实现对比：M药企营业收入实现较快增长，但未实现既定目标；市值的实际值与目标值相差较大。

（3）行业增速对比："十三五"期间，M药企营业收入增长率在11%以上，略高于行业的增长率，利润增长率有一定的波动。

（4）行业地位对比：M药企目前体量小，属于行业的追随者，营业收入、净利润、市值与行业优秀企业有较大差距。

（5）盈利能力对比：从净资产收益率、销售利润率等盈利能力指标来看，M药企表现非常优秀，均高于对标企业。

（6）销售与研发费用情况对比：M药企的销售费用率逐年下降，低于行业绝大部分企业；研发费用投入比例逐年提高，达到了11%左右，这在医药行业中不算低，但研发产出不尽如人意。

二、产品业绩回顾

M药企的产品有A1、A2、B1、B2、B3等，产品业绩回顾主要分为A1产品业绩回顾、A2产品业绩回顾、B1产品业绩回顾、B2产品业绩回顾、B3产品业绩回顾。要点如下：

（1）A1产品业绩回顾：过去五年中保持稳定增长，市场占有率保持在20%以上，是市场领先者，A1产品占主营业务收入85%以上，一品独大。

（2）A2产品业绩回顾：近三年增长乏力、市场竞争力不强，IMS 100张以上床位样本医院数据显示，2019年某竞品占据市场90%以上的份额，M药企A2产品市场份额不足1%。

（3）B1产品业绩回顾：近三年销售增长较快，2019年达到了2 000万元的销售额，但市场竞争力不强，与竞品相比仍有较大的销量差距；特别是与全国销量第一的竞品相比，2019年销量仅为其1/6。

（4）B2产品业绩回顾：该产品销售增长乏力，根据M药企提供的数据，B2产品2019年总体销量较2018年甚至出现下滑。

（5）B3产品业绩回顾：B3产品投放市场后，销售数据显示其增长不符合预期，同时主要竞品的行业集中度较高。

三、关键任务达成回顾

M药企过去五年的关键任务有OTC（非处方药）与互联网营销、产品研发与改造、智能制造提升、高屋建瓴培训建设、数字化转型布局、战略执行体系建设等六项，其中 OTC 与互联网营销、产品研发与改造、智能制造提升没有完成预期目标。

（1）OTC 与互联网营销：院外市场销售（OTC 与互联网营销）没完成预期的目标。主要原因是公司院外市场的经验缺乏，团队建设力度不足。

（2）产品研发与改造：新产品研发与老产品改造计划推进缓慢，尤其是抗癌新药、老产品新适应证研究进展缓慢。公司需要规范研发项目管理流程，同时评估合作的研发机构。

（3）智能制造提升：智能制造预算不足，实施经费缺乏，导致未完成预期目标，已经进行纠偏，推迟一年完成。

（4）高屋建瓴培训建设：中高层领导力提升计划按照时间节点推进中，计划推进无偏差，年度人力资本准备实现目标。

（5）数字化转型布局：研供产销系统数字化转型的计划按照时间节点推进中，计划推进无偏差，信息资本准备待评估。

（6）战略执行体系建设：引入从战略到执行体系，计划按照时间节点推进中，计划推进无偏差。

四、业绩差距与机会差距分析

M 药企主要存在营收差距、市值差距、产品组合差距、供应链管理差距、营销管理差距、人力资源管理差距等六个方面的业绩差距。要点如下：

（1）营收差距。营收增长较快，但与战略规划期初制定的目标值有差距，完成了大约 90%。

（2）市值差距。20 亿元市值目标没有实现，实际值与目标值差距较大，2020 年仅为 13 亿元。

（3）产品组合差距。

- A2 产品增长乏力，市场竞争力不强。IMS 100 张以上床位样本医院数据显示，M 药企 A2 产品 2019 年的市场份额不足 1%。

- B1 产品市场竞争力不强。与竞品相比有较大的销量差距。特别是与全国销量第一的竞品相比，2019 年销量仅为其 1/6。
- B2 产品增长乏力。根据 M 药企提供的数据，B2 产品 2019 年总体销量较 2018 年甚至出现下滑。
- B3 产品增长前景不乐观。B3 产品投放市场后，销售数据显示其增长不符合预期，同时主要竞品的行业集中度较高。

（4）供应链管理差距。从 M 药企最新的经营分析报告中可以看出，其十大供应商中排名第一的供应商供应 M 药企很大比例的采购物资，会降低 M 药企在该供应商面前的议价能力。

（5）营销管理差距。

- 产品仍旧主要依靠医院销售，OTC 产品在第二终端与第三终端的渠道建设、销售队伍建设及销售结果均不及预期。
- 市场部组建进程缓慢，资源投入不够，在终端渠道的推广、培训等均不足。
- 互联网营销发展迅猛，对渠道建设、药房零售都产生冲击，需重视并尽快推进。

（6）人力资源管理差距。

- M 药企人才流动性不强，但部分关键岗位（如市场、研发等）可能仍存在人才配置和储备不足的问题，未来可能影响公司的整体战略实施。
- 着眼未来，公司的中层领导力培养较标杆公司仍有差距。

此外，M 药企存在医贸与零售协同、新产品研发拓展、老产品适应证开发、进入原料药领域等四个方面的机会差距。要点如下：

（1）医贸与零售协同：在集采药品价格下降的背景下，医贸业务增速仍达到 8% 左右，尽管利润率很低，但与零售药店有供应链协同效应；零售龙头企业纷纷开展连锁布局，行业集中度正在有效提升，M 药企的大药房业务错过了全国跑马圈地的发展时机；目前在区域内发展，体量很小，但可能存在在区域内扩大规模的机会。

（2）新产品研发拓展：抗癌药物、神经性疾病药物实际研发进展缓慢，没有按时推出，错失市场机会。

（3）老产品适应证开发：需要研究老产品的新适应证，从而挖掘老产品在医院的市场潜力，目前已有滞后。

（4）进入原料药领域：A1 产品的原料药供应制约下游产品的生产销售，如 A1 产品曾经出现过因为原料药供应不及时而缺货，让竞争对手占据了一部分市场。

五、差距分析总结

M 药企总结出四个最重要 / 紧急的差距并提出解决思路，为下一步的市场洞察、战略规划提供参考（见图 2 - 2）。

差距	解决思路
A1 老产品一品独大	①逐步建立产品经理制度，进行产品的全生命周期管理 ②巩固和保持现有产品的市场优势，并对其二次开发，扩充适应症以提升销量
新产品增长乏力	①对现有产品进行筛选，选择有潜力的产品重点突破 ②扩充现有产品销售渠道，开发第三终端，未来伺机进入第二终端 ③加大市场营销力度，通过推广和赋能渠道，提升新产品销量
在研新产品进度缓慢	①建立整合的研发流程和制度，加快研发速度，尽快投入市场 ②寻找新产品机会，通过兼并、收购、合作等方式扩充公司品类资源
多元化发展机会不明	①完善投资管理研究和决策流程，逐步向数据决策方向转变 ②建立投资业务和主营业务联动的机制，使投资业务反哺主营业务

图 2 - 2　差距与解决思路

2.2　市场洞察

市场洞察本身包括宏观环境分析、产业环境分析、资源与能力分析、战略环境综合分析等四个模块的内容。

2.2.1 宏观环境分析

宏观环境分析主要分析国家政治、经济、社会、科技、法律等变化对产业竞争格局与发展的影响，进而对公司发展的影响。我们尤其需要注意的是，宏观环境分析不局限于过去和现在，更重要的是要着眼于未来。应当指出，宏观环境的要素分析不能是孤立的，我们需要看到各种要素之间的相互关系。例如美国人口趋势（人口老龄化）与经济影响因素的关系（税收制度为日益增多的老龄人口带来利益）等。

我们可以运用 PEST（政治（P）、经济（E）、社会（S）、技术（T））工具来开展宏观环境分析。PEST 对于大多数学习工商管理的人来说并不陌生。宏观环境又称为一般环境。进行战略分析一般首先要做的就是进行宏观环境分析。宏观环境分析最常用的工具之一就是 PEST 分析。进行 PEST 分析就是要分析上述环境的现状及未来的发展趋势，以及它们对公司所涉足的产业及产业组合、公司本身会产生什么样的有利与不利影响。表 2 - 8 有利于进行宏观环境直接关联因素的识别。

表 2 - 8　PEST 分析

内容	要素	机会	威胁	备注
政治	● 国际政治关系现状 ● 热点政治事件 ● 国家的税收政策 ● 合同法与消费者相关法律 ● 人力资源相关法律 ● 环保安全相关法律			
经济	● 国家总体经济状况与趋势 ● 利率与货币政策 ● 汇率变化趋势 ● 通货膨胀率 ● 能源供给成本 ● 客户总体实力与结构			

续表

内容	要素	机会	威胁	备注
社会	● 人口数量与结构 ● 劳动力与流动性 ● 社会教育水平 ● 宗教信仰与风俗习惯 ● 社会福利与生活条件 ● 职业态度与企业家精神			
技术	● 政府科技开支 ● 产业技术水平 ● 新型发明专利 ● 技术迭代趋势与速度 ● 技术转化率 ● 信息技术变革			

PEST 分析不是要对表 2-8 罗列的所有要素进行深度分析，而是要选择与自己所在行业相关的一个或几个重要方面进行分析，因此在分析前最好对清单进行一次讨论。进行 PEST 分析并不只是简单地填写表格，还要对 PEST 清单中罗列的各个要素的分析结论进行陈述。很多公司在市场洞察环节还会对政治、经济、社会、技术等维度中的要素或指标进行"二维分析"，最后根据分析的结果填写 PEST 分析表。

2.2.2 产业环境分析

产业环境分析要求分析人员重点把握以下几个问题：各产业现状及未来的发展趋势如何？同行业产业和上下游产业之间的关系如何？各产业的竞争态势与强度如何？在此步骤中可运用波特五力模型和利益相关者分析工具进行产业环境扫描。波特五力模型被广泛运用于是否进入某个行业的决策，也可以运用于战略环境扫描。

由于波特五力模型是一个得到广泛运用的战略决策工具，在此我们不再进行详细介绍。在管理咨询的实战中，有人提出对波特五力模型进行改进，增加其他特殊利益群体（即其他利益相关者）维度，例如汽油行业的变化会影响汽车行业的需求与竞争格局，因而在汽油行业的分析中可将汽车行业的利益相关者考虑进来。运用波特五力模型对产业环境进行详尽扫描，可以参考表2-9罗列的要素，以把握产业竞争力量的关键点，判断企业面临的机会和威胁。

表2-9 波特五力模型分析表

内容	要素	机会	威胁	对策
潜在竞争对手	产业保护政策、资源投入规模、技术壁垒、专有供应与销售渠道			
替代品	替代品转换成本、替代品性能/价格、买方对替代品的偏好			
供方	关键材料的供方集中度、供方的潜在竞争对手、自身对供方的重要性、更换供方的成本等			
客户	客户集中度、品牌影响度、价格影响度、客户自身转换成本等			
现实竞争对手	本产业的集中度、产业产能平衡与增长情况、竞争对手产品差异性、竞争对手退出壁垒			

在运用波特五力模型进行产业环境扫描时，我们同样需要进行定量数据分析或定性决策分析。换句话说，在波特五力模型分析的背后是大量的定量数据分析与定性决策分析。对于波特五力模型分析的结果，除了采用表格形式呈现，还可以直接陈述。

2.2.3 资源与能力分析

资源与能力分析是公司内部环境扫描的主要方法。资源与能力分析的目的在于识别公司资源与能力状况，总结资源与能力的优劣势及其对未来战略规划与战略执行的影响。

1. 资源能力树理论

根据资源能力树（见图 2 - 3）理论，资源与能力是两个相互联系、相互区别的概念。资源是指公司所拥有或控制的有形与无形的有效因素的总和。按照资源基础理论，拥有的资源是公司获得持续竞争优势的基础。能力是指公司配置资源以使其在战略执行中发挥作用的本领。

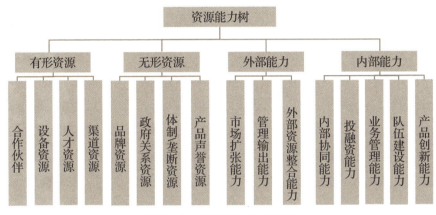

图 2 - 3 资源能力树（示例）

资源能力树中的资源分为有形资源与无形资源。有形资源是指可以看见并基本能用货币度量的资源，可分为合作伙伴、设备资源、人才资源、渠道资源等。公司的土地、厂房、生产设备、原材料、现金与存款、应收账款、有价证券等都包括在有形资源之内。应当指出，对于人才资源到底属于有形资源还是无形资源一直存在争议。有观点认为在强调招聘成本、培训成本等容易量化的指标时，人才资源应归类为有形资源，而当强调人才创新、员工忠诚度和工作热情等带来的运营效率提升等不易量化的指标时，人才资源应当归类为无形资源。甚至有人提出，将人才资源在有形资源与无形资源以外列出。如果竞争对手无法轻易获取有形资源，那么其就是公司核心竞争优势的重要来源。无形资源是指公司拥有的没有实物形态同时无法用货币精确度量的资源，可分为品牌资源、政府关系资源、体制/垄断资源、产品声誉资源等。公司品牌、商誉、技术、专利、商标、企业文化及知识等都属于无形资源。无形资源难以精确度量，一般也难以被竞争对手复制、模仿或替代，因此无形资源往往是公司核心竞争力的重要来源。

在市场洞察环节分析公司拥有的资源时，必须知道哪些资源是有价值的，可以使公司获得竞争优势。其主要的判断标准就是资源稀缺性、不可模仿性、不可替代性、资源持久性，这四个要素决定了资源是否是竞争优势的来源。

资源能力树中的能力分为外部能力与内部能力。外部能力包括市场扩张能力、管理输出能力、外部资源整合能力，内部能力则包括内部协同能力、投融资能力、业务管理能力、队伍建设能力、产品创新能力。管理理论界一直没有放弃对于核心能力的研究。所谓核心能力就是公司在竞争中的强项，是竞争对手无法模仿的能力，是在具有重要竞争意义的经营活动中能够比其竞争对手做得更好的能力。早在 20 世纪 80 年代，库尔（Cool）和申德尔（Schendel）就通过研究发现公司能力是造成公司间业绩差异的重要原因。1990 年，普拉哈拉德（Prahalad）和哈默（Hamel）合作在《哈佛商业评论》上发表了《公司核心竞争力》一文，提出竞争优势的真正来源是"管理层整合技术与技能以促使各业务迅速适应变化的能力"。1994 年，普拉哈拉德与哈默出版专著《竞争大未来》，掀起了关于核心能力研究与讨论的热潮。作为竞争优势的来源，企业独特的资源与能力日益受到人们的关注。

外部能力与内部能力是否属于核心能力需要经过三个关键性测试：它对顾客是否有价值？它与企业竞争对手相比是否有优势？它是否持久地难以被模仿或替代？由于核心能力识别十分复杂和微妙，有时三个关键性测试也很难满足我们识别的需求，因此往往还需要结合资源分析法、系统分析法（如波特价值链）做出判断。

2. 资源与能力分析工具

资源与能力分析工具有几十种，波特价值链、资源能力树、关键因素分析等是众多战略分析人员十分钟爱的分析工具。波特价值链是由著名战略管理学家波特开发的系统分析工具，它得到了最为广泛的应用。

（1）波特价值链。

波特价值链能够帮助管理者明晰公司在战略管理、企业文化建设、人力资源管理、品牌管理、财务管理、信息化建设与管理、物流管理、市场管理、研发管理、采购管理、生产制造、销售管理、售后服务等各个环节上的优势与劣势。这种优势与劣势主要指资源、能力等多方面的内容。应当指出，我们不能想当然认为波特价值链就是单体公司的价值链。集团型企业内部价值链与单体公司的价值链有着巨大不同，即使是多元化经营的公司与单一经营的公司在内部价值链上也存在着差异。

我们首先要明晰波特价值链的扫描清单，对清单罗列的各个项目进行分析，最后得出结论，呈现企业在资源与能力方面的优势与劣势并初步提出可能的对策（见图 2-4）。

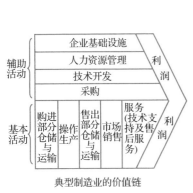

内容	自身状态	标杆企业状态	优势	劣势	可能的对策
财务资源					
人力资源					
品牌资源					
企业文化					
研发资源					
……					

图 2-4　波特价值链

需要注意的是，在运用波特价值链进行内部环境扫描，把握公司在资源与能力方面的优劣势时，我们同样需要运用二维分析法进行内部价值链定量数据分析与定性决策分析。

（2）资源能力树。

资源能力树既是一个理论体系，也是一个分析工具。资源能力树作为分析工具主要对企业各个维度的资源与能力进行排列，与行业一般状况、标杆企业对比，最后进行评分并说明给出此分数的理由。资源评分表与能力评分表见表2-10、表2-11。

表2-10　资源评分表

类别	细分	评分					说明
		5	4	3	2	1	
有形资源	合作伙伴						
	设备资源						
	人才资源						
	渠道资源						
无形资源	品牌资源						
	政府关系资源						
	体制/垄断资源						
	产品声誉资源						

表2-11　能力评分表

类别	细分	评分					说明
		5	4	3	2	1	
外部能力	市场扩张能力						
	管理输出能力						
	外部资源整合能力						
内部能力	内部协同能力						
	投融资能力						
	业务管理能力						
	队伍建设能力						
	产品创新能力						

（3）关键因素分析。

关键因素分析主要分析资源与能力在行业竞争中的重要性以及本企业拥有程度。关键因素分析有两个意义：一是帮助企业判断在这些资源与能力上进行投入能否形成持久的无法被模仿与替代的竞争力；二是帮助企业判断哪些资源与能力是不需要投入大量精力的，需要将关注点从哪些因素中转移出来。现实中该方法经常与三个关键性测试结合使用以判断企业的核心能力。

关键因素分析在实践中分为三个操作步骤：第一步是识别出行业竞争中重要的资源与能力；第二步是分析本企业对资源与能力的拥有程度；第三步是运用矩阵图判断需培育的优势资源与能力。下面我们结合案例来说明关键因素分析工具的运用。

|案 例|

爱思精神专科医院关键因素分析

一、识别出行业竞争中重要的资源与能力

重要的资源与能力是指在竞争中取胜所需的关键资源与能力，例如日化行业的品牌、营销等就是企业成功的关键。可以通过交互式评分矩阵（见表2-12）来识别行业竞争中重要的资源与能力。

表2-12 精神康复医疗行业资源与能力识别的交互式评分矩阵

	技术	市场	服务	品牌	环境	人才	资金	合规	成本	管理	得分
技术	1	1	2	1	2	1	1	1	2	2	14
市场	1	1	1	1	2	1	2	2	1	2	14
服务	0	1	1	1	0	1	1	1	0	0	6
品牌	1	1	1	1	2	1	1	2	2	2	14
环境	0	0	2	0	1	0	0	1	2	0	6
人才	1	1	1	1	2	1	2	1	2	2	14

续表

	技术	市场	服务	品牌	环境	人才	资金	合规	成本	管理	得分
资金	1	0	1	1	2	0	1	0	0	1	7
合规	1	0	1	0	1	1	2	1	2	1	10
成本	0	1	2	0	0	0	2	0	1	0	6
管理	0	0	2	0	2	0	1	1	2	1	9

具体操作是采用集中讨论的形式对矩阵中的每一个格子进行打分，一般采用两两比较的方式，如果 A 因素（见表 2-12 第一列）与 B 因素（见表 2-12 第一行）相比，重要则打 2 分，同样重要打 1 分，不重要打 0 分。在对矩阵的所有格子进行打分后，企业可以进行横向加总，来进行科学的权重分配。一般来说，排在权重前列的资源与能力成为行业竞争中最关键的资源与能力。

从表 2-12 的分析结果中可以看出，在精神康复医疗行业最关键的资源与能力是技术（14 分）、市场（14 分）、品牌（14 分）、人才（14 分）。

二、分析本企业对资源与能力的拥有程度

波特价值链分析的结果可以作为分析本企业对资源与能力的拥有程度的输入项。如表 2-13 所示，对精神康复医疗行业的技术、市场、品牌、人才等关键资源与能力的本企业拥有程度进行分析后，爱思精神专科医院发现技术、人才、服务是其优势所在，品牌、市场、管理则处于劣势。

表 2-13　爱思精神专科医院资源与能力的拥有程度分析

	爱思精神专科医院现状描述	优势（拥有程度高）	平均	劣势（拥有程度低）
技术	在精神康复及心理健康领域拥有先进的技术	√		
市场	目前医院不具备较强的市场开拓能力			√
品牌	在精神康复及心理健康领域，在全国范围内没有任何品牌优势			√

续表

	爱思精神专科医院现状描述	优势（拥有程度高）	平均	劣势（拥有程度低）
人才	与重庆医科大学合作保障人才供应	√		
服务	具有较强的针对高端客户的服务能力	√		
资金	母公司具有一定的资金实力		√	
环境	目前企业的整体环境适中		√	
合规	有一定的合规性		√	
成本	具备一定的成本管理能力		√	
管理	目前管理能力较弱			√

三、运用矩阵图判断需培育的优势资源与能力

汇总各资源与能力在行业竞争中的重要性及本企业拥有程度的结果后，可形成矩阵图（见图 2-5）。其中品牌与市场是未来需要重点改进的领域，在行业竞争中的重要性较高，但本企业拥有程度较低。在资源与能力策略上应保持并利用技术与人才优势，克服品牌与市场劣势。

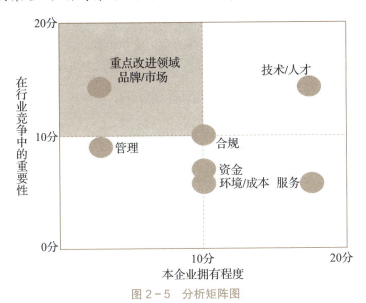

图 2-5　分析矩阵图

2.2.4 战略环境综合分析

完成内外部环境的扫描后，我们需要开展公司战略环境综合分析。在这里推荐使用十分经典的战略环境综合分析工具SWOT分析。该工具既分析外部环境中的机会与威胁，又关注内部条件中的优势与劣势。

SWOT分析工具是一个被普遍采用且比较成熟的战略分析工具，它不仅被运用于公司层战略和业务层战略的分析，还被运用于职能层战略的分析。SWOT中的四个英文字母分别代表strength、weakness、opportunity、threat，意思分别为优势、劣势、机会、威胁。从整体上看，SWOT分析可以分为两部分。第一部分为SW，主要用来分析内部条件；第二部分为OT，主要用来分析外部环境。这样就可以帮助分析者对战略情况形成一个较完整的认识。其具体分为以下三个步骤。

（1）罗列公司的S、W、O、T。

SWOT分析需要罗列公司所面临的机会与威胁、自身的优势与劣势，这些信息来源于前面进行的内外部环境扫描，例如竞争分析时对对标企业进行分析的结果等。

该方法在操作上有一个需要注意的事项，那就是很多操作人员在界定一些问题时，往往不知道将其置于哪个象限内。例如，外部人力资源环境的变化可能对于人才保留是个威胁，而对于人才吸引又可能同时是一个机会。对于类似问题，操作人员要认真细致地分析，以免发生误判。

（2）将S、W、O、T两两组合，讨论SO、ST、WO、WT策略（见表2-14）。

表2-14 SWOT交叉分析表

外部环境	内部条件	
	优势（S）	劣势（W）
机会（O）	SO策略 （发挥优势、利用机会）	WO策略 （利用机会、克服劣势）

续表

外部环境	内部条件	
	优势（S）	劣势（W）
威胁（T）	ST 策略 （利用优势、回避威胁）	WT 策略 （克服劣势、回避威胁）

在完成 S、W、O、T 的罗列后，需要进一步将 SWOT 进行分解，对 SO、ST、WO、WT 等进行分析，并根据不同的分析结果得出相应的战略关键举措。

（3）对 SO、ST、WO、WT 策略进行甄别和选择，确定公司目前应该采取的具体策略。

由于分别进行的 SO、ST、WO、WT 的分析是孤立的，因此在分别确定 SO、ST、WO、WT 的策略后，还有必要从整个 SWOT 的视角进行甄别和选择。在经过了第一轮甄别和选择后，仍需要再次、反复地论证其可行性。

由此我们可以看出，当完成 SWOT 分析后，实际上能够形成一部分关键战略举措的雏形。

|案　例|

爱思精神专科医院 SWOT 分析

爱思精神专科医院针对外部机会与威胁、内部优势与劣势进行的总结如图 2-6 所示。

然后可以总结出爱思精神专科医院的 SO 策略、ST 策略、WO 策略、WT 策略（见表 2-15）。

机会

①政策利好：国家鼓励社会办医等有利政策频出，鼓励引导民间资本投资健康发展

②市场需求：受社会快速发展，社会压力增加等诸多社会因素影响，精神疾病患者群体将会不断扩大

③社会资本：社会资本将会越来越多地进入精神专科医院业务领域，推动精神专科医院的市场化进程

④互联网医疗：互联网医疗推动了在线心理健康与诊疗业务的快速发展

威胁

①盈利能力弱：精神专科医院依赖政府补贴，总体盈利能力不强

②行业壁垒低：行业壁垒不高，潜在竞争对手较多，包括综合性医院及产业链上下游利益相关方

③投资周期长：精神专科医院的投资周期长，盈亏平衡周期一般为3年，部分精神专科医院投资回收期达到7年以上

④应收账款多：受欠费等因素制约，存在较高的应收账款风险

机会与威胁
优势与劣势

优势

①人才优势：爱思精神专科医院拥有精神病领域的权威专家，并且与相关医科大学建立了合作关系

②服务优势：受行业人才特性的影响，具备一定的服务优势

③技术优势：具备较为先进的理论基础及经验，在技术上具备一定的优势

劣势

①品牌知名度：尽管医疗团队具有爱思精神专科品牌，但还未得到市场的认可

②市场能力：爱思精神专科医院尚未形成较强的市场营销能力

③管理能力：爱思精神专科医院的管理能力处于培育阶段，目前较弱

图 2-6 爱思精神专科医院优势、劣势与机会、威胁分析

表 2 - 15　爱思精神专科医院 SWOT 交叉分析表

	优势（S）	劣势（W）
	1. 人才优势：爱思精神专科医院拥有精神病领域的权威专家，并且与相关医科大学建立了合作关系 2. 服务优势：受行业人才特性的影响，具备一定的服务优势 3. 技术优势：具备较为先进的理论基础及经验，在技术上具备一定的优势	1. 品牌知名度：尽管医疗团队具有爱思精神专科品牌，但还未得到市场的认可 2. 市场能力：爱思精神专科医院尚未形成较强的市场营销能力 3. 管理能力：爱思精神专科医院的管理能力处于培育阶段，目前较弱
机会（O）	**SO 策略（发挥优势、利用机会）**	**WO 策略（利用机会、克服劣势）**
1. 政策利好：国家鼓励社会办医等有利政策频出，鼓励引导民间资本投资健康发展 2. 市场需求：受社会快速发展、社会压力增加等诸多社会因素影响，精神疾病患者群体将会不断扩大 3. 社会资本：社会资本将会越来越多地进入精神专科医院业务领域，推动精神专科医院的市场化进程 4. 互联网医疗：互联网医疗推动了在线心理健康与诊疗业务的快速发展	1. 发挥精神领域权威专业人才优势，提升品牌知名度 2. 抓住政策利好、市场需求大的机会，谨慎进入并发展 3. 利用社会资本，结合人才优势，提高自身的服务质量	1. 借助国家鼓励社会办医等政策的有利条件，进行市场开拓 2. 抓住市场机会，利用自身的资源培育企业的管理能力与市场能力 3. 开展互联网心理咨询服务，增加医患接触，进行患者的医院引流 4. 结合网络技术，进行品牌宣传，提升医院的知名度
威胁（T）	**ST 策略（利用优势、回避威胁）**	**WT 策略（克服劣势、回避威胁）**
1. 盈利能力弱：精神专科医院依赖政府补贴，总体盈利能力不强 2. 行业壁垒低：行业壁垒不高，潜在竞争对手较多，包括综合性医院及产业链上下游利益相关方 3. 投资周期长：精神专科医院的投资周期长，盈亏平衡周期一般为 3 年，部分精神专科医院投资回收期达到 7 年以上 4. 应收账款多：受欠费等因素制约，存在较高的应收账款风险	1. 利用民营企业的体制优势，创新商业模式，提高医院的盈利能力 2. 结合人才与技术优势，逐步提升爱思精神专科医院的品牌知名度 3. 谨慎进行重资产投资，把握好爱思精神专科医院资产投入的节奏与时间点 4. 规范内部管理，加强应收账款管理，控制不良账款比例	1. 提高医院的管理能力，打造自身的行业竞争力 2. 通过强化市场营销、管理等手段，将人才、技术优势转化为管理优势、品牌优势

2.3 创新焦点

2.3.1 认识创新

所谓创新，就是成功实施新想法并为公司的客户群与利益相关者创造价值的过程。创新始于新想法、新创意，这些新想法、新创意可以是改进产品或服务的计划、新的经营方法或新兴商业模式。有些人认为创造力和创新是同义词，这其实是一种错误的认知，因为具有创造力意味着只是有能力提出新想法、新创意，但创新是采用新想法、新创意去解决客户问题并创造价值的过程。

创新对公司发展的影响是显而易见的，创新能够使公司拥有强大的客户群、优质的产品、众多的供应商以及运转良好的供应链，进而使得公司的销售额快速增长。如果公司所处的行业正在迅速变化，公司不积极创新就会面临风险，比如产品过时、生产力下降、失去客户甚至破产。因此，想要做出改变的公司必须关注并实施创新。

创新按照强度可以分为渐进式创新、重大创新、颠覆式创新（见表 2 - 16）。

表 2 - 16　按照强度对创新的分类

创新分类	具体内容	举例
渐进式创新	✓ 利用小想法、小创意提高公司当前业务模式的效率 ✓ 中小企业 60% 左右的精力应当置于此 ✓ 短期内就可以完成	✓ 调整流程、增加数字产品、降低成本 ✓ 改变营销模式、渠道结构
重大创新	✓ 创新目标是长期的持续发展 ✓ 探索没有竞争对手的新领域 ✓ 公司要投入 30% 左右的人力与物力 ✓ 往往需要较长时间才能完成	✓ 人工智能领域、物联网领域 ✓ 测试和原型设计 ✓ 商业模式的创新演变

续表

创新分类	具体内容	举例
颠覆式创新	✓ 创造全新商业模式、提供新价值主张的创新 ✓ 发明或重新发明产品或服务 ✓ 公司一般只能投入不超过10%的精力 ✓ 不确定性高，可能需要3～5年的时间甚至更长时间	✓ 原研药的开发 ✓ 全新产品与服务

（1）渐进式创新。

一些小想法、小创意可以提高公司当前业务模式的效率。法国一家公司的创新总监安娜·瓦尔科维亚克（Anna Walkowiak）认为，渐进式创新就是调整流程、增加数字产品、降低成本或升级产品和服务。这种类型的创新通常是持续的，并且可以在短期内完成。她认为中小企业应该将60%左右的精力（无论是人力还是物力）投入渐进式创新中。

（2）重大创新。

这是一种来自探索新想法的创新，重大创新目标往往是长期维持和发展业务。瓦尔科维亚克认为，重大创新就是我们去探索没有竞争对手的新领域，通常与科学技术相关，例如人工智能领域、物联网领域的重大创新。重大创新还涉及测试和原型设计以及商业模式的演变，往往需要较长时间才能完成。瓦尔科维亚克认为一家公司应该将30%左右的精力集中在重大创新上。

（3）颠覆式创新。

颠覆式创新往往会成为头条新闻，它是一种创造全新商业模式、提供新价值主张的创新。瓦尔科维亚克认为，颠覆式创新意味着发明或重新发明产品或服务，它可以带来巨大回报，但这种类型的创新存在很多不确定性，可能需要3～5年的时间甚至更长时间才能完成。大多数公司在这方面投入的精力不应超过10%。

创新按照内容差异可以分为业务组合创新、产品与市场创新、管理创新三类（见表2－17）。其具体内容与创意来源各有所不同，前两个难度大，驱动企业成长；后一个难度小，驱动效能与效率。

表2－17　按照内容差异对创新的分类

创新分类	具体内容	举例	创意来源
业务组合创新	✓ 进入全新业务领域，如进行产业链延伸和实施非相关多元化	✓ 进入 AA 产业 ✓ 进入 AB 产业	✓ 外部机会 ✓ 基于资源协同的思考
产品与市场创新	✓ 开发新产品和新服务，或者产品的新功能 ✓ 进入新市场，寻找新客户	✓ 老产品二次开发 ✓ 研发新产品 ✓ 新产品技术储备	✓ 品类梳理 ✓ 研发立项 ✓ 合作机遇
管理创新	✓ 优化成本结构 ✓ 优化业务流程 ✓ 创新营销管理体系	✓ 使用作业成本分析法 ✓ 生产智能化 ✓ 新营销通路 ✓ 利用平衡计分卡	✓ 内部分析 ✓ 组织诊断

（1）业务组合创新。

业务组合创新意味着企业进入全新业务领域，例如进行产业链的延伸、实施非相关多元化等，其创意来源往往是外部机会或基于资源协同的思考。

（2）产品与市场创新。

进行产品与市场创新的企业没有跳出原来的业务领域，但是开发了产品的新功能，或开发了新产品和新服务以满足客户的需求，或针对新客户群体开展市场营销等。创意来源往往是品类梳理、研发立项、合作机遇。

（3）管理创新。

管理创新主要是指改善核心职能领域的效能与效率的创新。例如公司优化成本结构、优化业务流程、创新营销管理体系等。创意来源往往是内部分析、组织诊断等。

2.3.2 思考创新焦点

创新焦点面向充满不确定性的新业务孵化决策，可能需要改变业务组合，以促进战略目标的实现。华为公司认为思考创新焦点的时候，有三个关键要点：

（1）业务组合。将创新思想融入业务组合是创新焦点最为重要的方面。为此要不断寻找行业的业务创新机会，要分析该业务在公司未来的定位与价值，是否能够与现有的业务产生协同效应。这种创新要有延续性，要对碗里的、锅里的、田里的业务都有贡献。

（2）创新模式。创新业务的具体模式是什么？是通过新产品导入实现创新，还是通过迭代传统的商业模式实现创新，抑或是进行运营管理创新？

（3）资源配置。创新业务需要投入多少资源？需要多少物力与财力？投资回报期多长？在创新业务决策中需要进行新业务的可行性分析，要进行资源配置的评估。

创新焦点在实际操作中可分为四个步骤：第一步是寻找新业务创新的机会；第二步是新业务创新机会决策；第三步是业务规划；第四步是创新资源投入。

创新焦点中使用业务组合创新分析工具战略定位分析（strategy positioning analysis，SPAN）。它从市场吸引力和竞争力两个维度进行分析，如图2-7所示，横轴表示竞争力，越往右竞争力越强，越往左竞争力越弱；纵轴表示市场吸引力，越往上市场吸引力越大，反之市场吸引力越小。

市场吸引力和竞争力两个维度的分析采用指标评分法进行（见表2-18）。市场吸引力维度的评价指标主要包括市场空间、增长性、获利潜力和战略价值；竞争力维度的评价指标主要包括市场份额、产品优势和品牌评估。对各个指标，可以采用5分制进行评价，1～5分

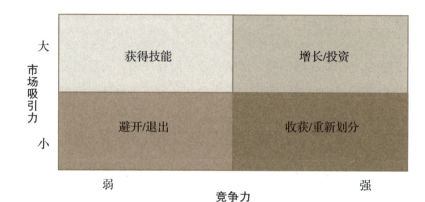

图 2-7　SPAN 模型

表 2-18　SPAN 各维度指标评分表

维度	评价指标	权重	吸引力很强（5分）	吸引力较强（4分）	吸引力一般（3分）	吸引力较弱（2分）	几乎没有吸引力（1分）
市场吸引力	市场空间	30%					
	增长性	35%					
	获利潜力	25%					
	战略价值	10%					

维度	评价指标	权重	绝对优势（5分）	较大优势（4分）	状况一般（3分）	较大劣势（2分）	绝对劣势（1分）
竞争力	市场份额	30%					
	产品优势	35%					
	品牌评估	35%					

表示评价由低到高。每个指标要根据所在的维度分配权重，在实际操作中根据不同业务与产品特点给各指标打分，得出市场吸引力和竞争力两个方面的总得分。与 GE 矩阵类似，SPAN 各维度的指标可以根据需要调整。例如竞争力维度的指标可以运用标杆企业对比法确定并打分，具

体步骤为：

- 结合业内标杆企业进行分析，给出被评估业务或产品的关键成功因素；
- 将被评估业务或产品的关键成功因素转化成评价指标并赋予权重；
- 针对每个评价指标，将公司被评估业务或产品和标杆企业进行对比；
- 根据权重汇总得分，得出公司被评估业务或产品的竞争力维度最终分数；
- 根据权重汇总得分，得出标杆企业被评估业务或产品的竞争力维度分数。

以市场吸引力为纵轴、竞争力为横轴，获得不同分数的不同细分市场落在四个象限中不同位置。根据每个细分市场在SPAN图上的位置可采取不同的行动。

（1）SPAN图右上象限，即"增长/投资"的细分市场（明星类市场）。应当扩大分销渠道，扩大该细分市场的生产，同时严格控制成本，以获取规模增长带来的收益。在研发方面，应当继续进行投资，并增加该细分市场上的产品。也可以增加在该细分市场上营销方面的工作，如促销等。这些行动充分利用较强的竞争力，以从有吸引力的市场中获得最大回报，同时防止新的竞争者进入。

（2）SPAN图左上象限，即"获得技能"的细分市场（问号类市场）。在该细分市场上建立起更强的竞争力之前，应当限制其分销覆盖面，同时严格控制成本。在该细分市场上的主要行动是对生产、研发和人才进行投资，以建立起竞争优势。还应当在市场方面采取积极措施，以获得更大的市场份额。

（3）SPAN图右下象限，即"收获/重新划分"的细分市场（金牛类市场）。产品线应当维持其现有的分销模式。该细分市场的重点是提高运作效率，包括充分利用产能以及降低成本。这些活动能够进一步提升企业在该细分市场上的竞争力，并且防止竞争对手进入该细分市场。

（4）SPAN 图左下象限，即"避开 / 退出"的细分市场（瘦狗类市场）。应当大力削减该细分市场上的固定和可变成本。换句话说，应当尽量减少研发费用、营销活动和运营资本，将资源分配到其他细分市场中。

SPAN 分析能够将业务组合管理清晰化，帮助企业做好业务的投资组合管理，协助企业多路径、多梯次地管理不确定性。但严格来说，SPAN 其实并不是华为公司原创的，而是来源于波士顿矩阵与 GE 矩阵。少数人认为 SPAN 是区别于波士顿矩阵、GE 矩阵的，这种说法是不准确的，因为 SPAN 在操作原理上并没有对波士顿矩阵与 GE 矩阵做任何创新，而是将两种操作方法进行了整合，其绝大部分操作技巧来源于 GE 矩阵。

无论是波士顿矩阵、GE 矩阵还是 SPAN，都有一个缺陷，就是对业务组合的协同关系思考得较少。20 世纪 80 年代，麦肯锡咨询公司的顾问彼得斯（Peters）和沃特曼（Waterman）就提出公司应以核心业务为基础进行业务的延伸与拓展，该理论迅速为当时的企业所接受。1990 年普拉哈拉德和哈默在《哈佛商业评论》上发表《公司核心竞争力》，文章指出核心竞争力才是公司进行业务组合、打造协同效应的出发点。1995 年著名战略管理学家古尔德（Goold）、坎贝尔（Campbell）、亚历山大（Alexander）等人提出的母合优势理论（principles of parenting advantage）进一步论证了核心竞争力对业务组合战略的驱动作用。母合优势理论是一个关于拥有多业务组合的集团如何管理现有业务组合、发展新业务的理论。这类多业务组合集团具有明显的双层组织架构，上层是维系整个集团运作的母公司，下层是业务单元。如果凭借母公司对各项业务施加影响，各业务单元能够创造出比作为单独个体时更多的价值，那么我们就认为该集团具有"母合优势"。

古尔德等人的母合优势理论考察了两个维度，一是业务单元的关键成功因素，二是业务单元存在的大量母合机会。他们的观点是：应当根据母公司的母合优势发展业务，选择适合自己的业务组合；反过来母公司也应当培育适合业务要求的母合优势。具体执行时有两个重点：一是检验业务单元母合机会与母合特征（母公司的特征）的契合度，思考母公司有什么与众不同的技能和特征，使其能够弥补业务单元的不足；二是检验业务单元关键成功因素与母合特征的契合度，审查母公司是否对业务有充分的理解，从而避免对价值的无意毁损。前者重在考察绩效的提升空间，而后者重在确认母公司是否具备特定行业内的核心竞争力。

经过母合优势匹配矩阵分析（见图2-8），我们发现存在以下几种业务类型：

（1）核心区业务：是指那些母公司能够增加其价值而不会损害其价值的业务。公司对其关键成功因素的理解比较彻底。在业务组合中应优先发展核心区业务。

（2）边缘区业务：该业务与母公司部分资源与能力匹配，母公司介入既可能增加价值也可能使价值受损。需要决策层改变母公司的认知、资源与能力，促使其发展为核心区业务。

（3）压舱区业务：是指母公司十分了解但无法提供帮助的业务。关键成功因素具有匹配性但缺乏母合机会，母公司应当寻找母合机会，否则让压舱区业务独立运作可能会更加成功。

（4）陷阱区业务：是指母公司提供的增值服务与所需关键成功因素不匹配的业务。母公司提供增值服务可能会给业务带来更多的负面影响。母公司应对其关键成功因素有深入的理解，否则应避免介入。

（5）异质区业务：是指明显不适合母公司介入的业务。业务单元母合机会与关键成功因素同母公司的特征都有很大的差异。母公司应该从这些业务中退出。

图 2-8 母合优势匹配矩阵分析

如果业务在上图中间的空白区，则需要根据最相邻区域的描述建议进行综合平衡来决策。母合优势理论可以被视为对波士顿矩阵、SPAN、GE 矩阵最有益的补充，因为这三种工具比较关注财务稳健性和业务吸引力，并没有立足于母公司的视角来考虑"1+1>2"的协同效应，没有思考各业务与母公司资源、能力的兼容性，忽略了母公司实施非相关多元化、扩大业务规模、抢占不熟悉赛道的风险等问题。

|案　例|

某国有企业运用 GE 矩阵进行业务组合分析

某国有企业旗下拥有多元化业务十几种，不同业务的发展阶段、集团所拥有的资源与能力等因素决定了对部分业务可能需要退出，对部分业务则需要投入更多资源大力发展。同时随着国家对装备制造业转型升级的政策引导，未来决定经济发展的重要领域，如移动互联网、知识自动化、物联网、云计算、先进机器人、自动驾驶汽车、储能技术、3D 打印、先进材料、可再生能源等领域存在大量创新机会。某大型国有企业战略规划部决定使用 GE 矩阵进行业务组合分析。

某国有企业业务组合分析分为现有产业的评估与定位以及新兴产业

的评估与定位两个部分，具体情况如下。

一、现有产业的评估与定位

如图 2-9 所示，运用 GE 矩阵，从产业吸引力和产业竞争力两个维度出发，能够细分出九大子因素，对现有产业进行分析和评估，提出选择建议和对策。由于核心产业 1 与核心产业 2 是企业已经明确要优先发展的产业，因此不参与打分评估，可直接置于 GE 矩阵右上角（见图 2-9）。重点针对 BA 产业、AB 产业、AC 产业、BB 产业、BC 产业、CC 产业、CA 产业、CB 产业、AA 产业进行打分。我们在本书中展示 AA 产业打分的工作底稿。

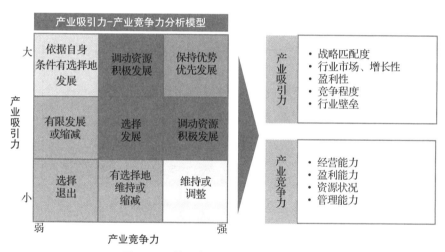

图 2-9 某国有企业现有产业 GE 矩阵

AA 产业吸引力评估（得分 1.95 分，详情见表 2-19）：产业政策和环保政策对行业提出了更高要求；市场增速已连续三年呈下滑趋势，行业进入衰退期；国内行业处于普遍亏损状态。

表 2-19 AA 产业吸引力评估表

关键因素	评判标准	权重	主要特征说明	得分
战略匹配度	战略协同或相关性	0.10	• 虽与企业核心产业在技术方面存在较高的相关性，但两者之间存在替代与被替代关系	4

续表

关键因素	评判标准	权重	主要特征说明	得分
行业市场、增长性	业务发展阶段（生命周期）	0.30	• 行业进入衰退期 • 20××年我国AA产业分别完成产销2 200多万辆和2 300多万辆，比上年下降3.12%和2.56%，产销量为过去三年以来新低；过去三年出口一直保持在300万辆左右，20××年同比小幅增长，达到337万辆。总体上全球市场需求趋于稳定	2
	市场规模			
	需求增长情况			
盈利性	整个市场平均利润率	0.25	• 行业总体盈利水平差，产品毛利率不足15% • 国内同行企业大部分处于亏损状态	1
	标杆企业的盈利水平			
竞争程度	行业集中度	0.20	• 行业集中度不高，民营企业进入导致竞争加剧 • 国内以××竞争对手为主；国际品牌以日本品牌为主，竞争激烈 • AB、BA等产品未来替代AA的可能性大	2
	区域内竞争对手实力			
	可替代业务在当地的发展状况			
行业壁垒	政策壁垒	0.15	• 政策壁垒偏高，相关法规逐步完善，如环保政策等对行业提出了更高要求 • 资金投入需求一般 • 低端技术普及	2
	资金壁垒			
	技术壁垒			
	进退壁垒			

AA产业竞争力评估（得分2.15分，详情见表2-20）：单体企业、品牌相对市场占有率不高，产品以低端市场为主，盈利能力差；优质客户少，品牌影响力逐年下降。

表2-20　AA产业竞争力评估表

关键因素	评判标准	权重	主要特征说明	得分
经营能力	主要战略指标完成情况	0.25	• 销量、收入等持续下滑：20××—20××年，AA产业月均收入从8.4亿元下降到5.35亿元，年均亏损1亿元 • 单体企业、品牌相对市场占有率不高	3
	相对市场占有率			
	业务增长情况			

续表

关键因素	评判标准	权重	主要特征说明	得分
盈利能力	净资产收益率 运营成本控制能力 原材料成本控制能力 产品定价能力	0.30	• 产品以低端市场为主 • 盈利能力差：产品毛利率不足 8%，低于行业平均水平 • 由于销量下滑较大，制造成本高，运营成本控制能力较差	1
资源状况	专业人才储备情况 设备设施情况 资金实力情况 客户、公共关系及品牌资源情况	0.20	• 专业领域领军人才缺乏，人员结构有待进一步调整优化 • 设备利用率较低且大量资产闲置：产能利用率仅为 23.6%，无效和低效资产共计 17.9 亿元 • 资金实力一般，历史债务沉重 • 优质客户少，品牌影响力逐年下降	3
管理能力	战略管理能力 组织运行效率 产品质量与服务 制度与流程 协同能力	0.25	• 发展思路有待明晰 • 体制机制不灵活，市场反应慢 • 产品品质有待提升，研发能力本质上没有提升	2

某国有企业 BA、AB、AC、BB、BC、CC、CA、CB、AA 等产业的产业吸引力与产业竞争力评估得分如表 2 - 21 所示。

表 2 - 21 某国有企业现有产业 GE 矩阵评估得分汇总表

序号	现有产业名称	产业吸引力		产业竞争力	
		分数	评价	分数	评价
1	BA 产业	4.35	吸引力较强	2.6	竞争力一般
2	AB 产业	3.15	吸引力一般	3.20	竞争力一般
3	AC 产业	3.10	吸引力一般	3.00	竞争力一般
4	BB 产业	3.15	吸引力一般	2.55	竞争力一般
5	BC 产业	3.70	吸引力较强	1.80	缺乏竞争力
6	CC 产业	3.25	吸引力一般	1.55	缺乏竞争力
7	CA 产业	2.65	吸引力较弱	1.7	缺乏竞争力
8	CB 产业	2.75	吸引力较弱	1.25	缺乏竞争力
9	AA 产业	1.95	几乎没有吸引力	2.15	缺乏竞争力

如图 2-10 所示，某国有企业结合产业吸引力 - 产业竞争力矩阵，可得出现有产业组合定位的最终结论：除了事先明确要优先发展核心产业 1 与核心产业 2 以外，还要积极发展 BA 产业、BB 产业、AC 产业、AB 产业；维持观察或择机退出 BC 产业、CC 产业、CB 产业、CA 产业、AA 产业。

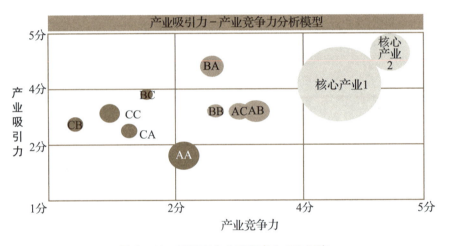

图 2-10 某国有企业现有产业 GE 矩阵

二、新兴产业的评估与定位

前文提到未来决定经济发展的重要领域。其中，物联网（智慧城市、车联网）、先进机器人、自动驾驶汽车、3D 打印、先进材料 1、先进材料 2 这几个领域与某国有企业现有产业相关性较强，因此将其作为重点评估与定位分析的对象。

新兴产业评估与定位仍旧使用 GE 矩阵，但是考虑到对新兴产业的关注与现有产业有较大差异，某国有企业对 GE 矩阵的评价指标进行了调整。如图 2-11 所示，市场吸引力主要看行业市场与增长性、进入壁垒；战略匹配度主要看能力与资源、风险控制。某国有企业新兴产业 GE 矩阵评估汇总见表 2-22。

表 2-22　某国有企业新兴产业 GE 矩阵评估汇总

产业	① 行业市场与增长性	② 进入壁垒	③ 能力与资源	④ 风险控制	综合
智慧城市	20xx—20xx 年政府主导的智慧城市项目进入第二轮实施周期，总投资接近 3 万亿元规模。预计三年后，安防产品与服务的产值将超 6 000 亿元	国家政策：大力扶持 技术壁垒：在资金投入、技术上存在较高壁垒	掌握了一定的摄像机、投影机等产品研发技术 目前已介入安防产业，并逐步从产品提供商向系统集成供应商转变	技术与商业模式相对成熟，风险基本可控	●
车联网	汽车市场繁荣发展，相关政策落地，车联网将带来千亿元市场价值	国家政策：大力扶持 技术壁垒：在资金投入、技术上存在很高的壁垒	从价值链上看，目前有一定市场优势（整车厂优势），可以与通信运营商强强联合，形成集成优势	没有明显的技术与商业模式风险	●
先进机器人	20xx 年我国工业机器人市场规模约为 650 亿元，国际机器人联合会预计，到 2024 年全球机器人市场规模将达到 660 亿美元，增长潜力巨大	国家政策：大力扶持 技术壁垒：在资金投入、技术上存在很高的壁垒	工业机器人在生产技术、设备和原材料方面与现有产业有一定相似度 机器人目前应用于汽车等产业较多，与主业协同度较高 具有多年智能装备制造产业管理经验，集团进行管理复制相对容易	存在过度投资造成产业无序发展的风险 因产业化未形成、目前尚缺乏比较成熟的盈利模式	●

续表

产业	① 行业市场与增长性	② 进入壁垒	③ 能力与资源	④ 风险控制	综合
自动驾驶汽车	• 据麦肯锡预测,到2025年,自动驾驶汽车的产值将达0.2万~1.9万亿美元	• 国家政策:大力扶持 • 技术壁垒:技术存在很高壁垒	• 与现有核心产业协同性强,可延伸	• 有一定经验,风险可控在范围内	◖
3D打印	• 据估计,2023年全球3D打印市场规模为223.9亿美元,行业增长性较好	• 国家政策:大力扶持 • 技术壁垒:在资金投入、技术上存在较高壁垒	• 集团公司下属二级单位有智能装备制造经验基础,存在一定技术优势 • 拥有多年装备制造生产与管理经验	• 过度投资造成产业存在无序发展的风险 • 3D打印目前尚缺乏有效的业务和盈利模式	◕
先进材料1	• 预计数年后全球市场价值将达到33亿美元。我国尚处起步阶段,未来增长方向在风力发电、汽车、航空航天等领域,增速快于全球水平	• 国家政策:大力扶持 • 技术壁垒:在资金投入、技术上存在很高壁垒	• 集团公司技术水平和产品性能在全国先进材料行业处于领先地位,为进入先进材料1市场奠定了基础	• 技术壁垒高,产业集中度较低,高性能先进材料1仍未取得突破性进展 • 存在较大的技术和商业模式风险	◔
先进材料2	• 先进材料2具备多种优秀特质,未来下游市场价值有望达到万亿元,是未来最有前景的先进材料之一	• 国家政策:大力扶持 • 技术壁垒:在资金投入、技术上存在较高壁垒	• 集团公司技术水平和产品性能在全国先进材料行业处于领先地位,为进入先进材料2市场奠定了基础	• 目前正处于产业化攻坚阶段,存在较大的技术、市场和商业模式风险	◖

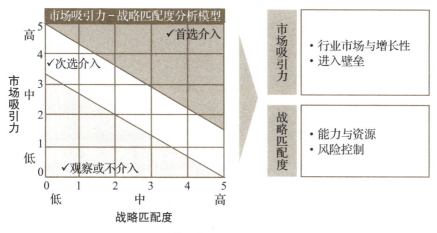

图 2-11 某国有企业新兴产业 GE 矩阵

根据 GE 矩阵分析，结合产业协同效应的判断，某国有企业最终将智慧城市、车联网、先进机器人、3D 打印、自动驾驶汽车作为首选介入，将先进材料 1、先进材料 2 作为次选介入（见图 2-12）。

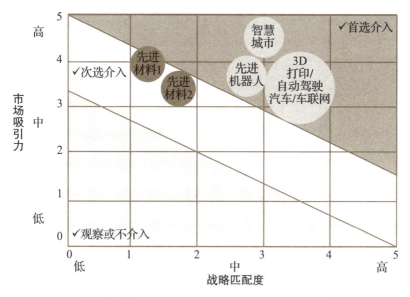

图 2-12 某国有企业新兴产业 GE 矩阵评估结论

第三章

战略规划

战略规划是战略闭环的第二个环节，是明晰使命与愿景并制定未来的战略目标、关键战略举措与行动计划的过程。出色的战略规划明确了公司的终极目标、发展方向、经营策略、资源配置与行动计划。差距分析、市场洞察、创新焦点的输出成果则可以作为战略规划的输入项。

在战略规划环节，我们首先要澄清战略意图，包括对使命与愿景、价值观、战略定位、指导思想、战略目标进行深度思考；同时还需要开展业务设计，认真地考虑客户选择、客户价值主张、价值获取、活动范围、战略控制、风险控制；最后要解码关键任务，进行关键任务识别与筛选、确定关键任务目标、明晰实施原则、编制行动计划。战略规划环节的输出文件是战略规划报告。

3.1 澄清战略意图

哈默和普拉哈拉德研究了众多世界级的行业领军公司，发现它们有一个共同的特点：它们在处于成长期的时候，就已经树立了成为世界级领导者的远大目标，它们把这个远大目标叫作"战略意图"（strategic intent）。1989 年哈默和普拉哈拉德在《哈佛商业评论》上发表了一篇题为《战略意图》的文章，在这篇文章中首次提出了战略意图的定义，即"战略意图是一个雄心勃勃的宏伟梦想，它是企业的动力之源，它能够为企业带来情感和智能上的双重能量，借此企业才能开启未来的成功之旅"。他们认为公司若想获得成功，必须在内部大力宣传以让每一位员工知晓公司的战略意图。

而华为在 BLM 中将战略意图定义为公司未来的战略方向与目标，它主要包括终极目标、中期目标、近期目标三个部分（见图 3-1）。

终极目标	中期目标	近期目标
· 愿景与使命，它是企业对于长远未来美好蓝图充满激情的大胆设想 · 持续并占优势的业务领先地位，展示长期、可持续的获利能力	· 有效的、合理的、灵活的运营模式，赢得现有市场的增长机会 · 包括财务目标（营业收入、利润等）、市场目标（市场份额、新市场开发）和管理目标	· 受到终极目标和中期目标制约的目标，是终极目标、中期目标的细化 · 近期目标通常以一年为周期，可明确其责任人，大体规定时间进度以及制定衡量其成果的标准

图 3-1　华为的终极目标、中期目标与近期目标

如图 3-1 所示，华为的终极目标主要就是愿景与使命。2006 年，华为的愿景是"丰富人们的沟通和生活"，使命是"聚焦客户关注的挑战和压力，提供有竞争力的通信与信息解决方案和服务，持续为客户创造最大价值"。近年来华为对愿景与使命进行了合并，华为公司官网的描述是："华为的愿景与使命是把数字世界带入每个人、每个家庭、每个组织，构建万物互联的智能世界。"

华为的中期目标是战略目标，包括具体的财务目标如净资产收益率、营业收入、利润、成本费用、资金周转率等，也包括市场目标如市场份额、新市场开发、客户满意度等，还包括管理目标如能力提升、体系建设、管理改善等。

华为的近期目标通常以一年为周期，可以明确具体的责任人、时间进度与衡量标准，年度目标是对终极目标与中期目标的细化。年度目标可以通过进一步的战略解码分解到季度与月度。

战略意图到底由哪些内容构成？每个研究人员与公司给出的答案可能都不一样。但是有一点是明确的，那就是使命与愿景应当都被包含在战略意图之中。佐佳咨询在大量的管理咨询实践中总结出了战略意图应当包含的六大内容（见表 3-1）。战略意图的六大内容也表明了战略意图的思考逻辑，即使命、愿景、价值观、战略定位、指导思想、战略目

标的思考顺序。

表 3-1 战略意图的构成

序号	战略意图的构成	说明
1	使命	①表明企业存在的价值与意义，对股东、社会等利益相关者的承诺 ②着眼于 50 年甚至百年的时间跨度，描述应当简洁、务虚
2	愿景	①重点描述要成为什么样的企业 ②着眼于经营范围、行业地位进行描述 ③着眼于未来 10～20 年进行简洁、具体的描述
3	价值观	①员工共同遵守的工作与生活行为准则 ②描述应当简洁并且便于员工记忆
4	战略定位	①企业在战略规划周期内的总体业务定位 ②企业服务于什么市场和扮演什么角色
5	指导思想	①企业在战略规划周期内针对战略管理的态度 ②企业在战略规划周期内对人才等的态度
6	战略目标	①财务目标：营业收入、利润、市值等 ②市场目标：市场份额、新市场开发、客户满意度等 ③管理目标：获得和培养可持续的核心资源和能力

1. 使命

笔者在五年前为一家知名集团的中国总部提供战略管理培训。培训现场的讲台两边放置的展架上的宣传语引人注目：左侧为"我们的使命：成为最优秀的××零售商"，右侧为"我们的愿景：让人们感受舒适与快乐"。笔者当时怀疑是印刷错误，而该集团人力资源总监却很确定地回答：那是董事会会议讨论的结果。

这个案例反映了很多公司的使命与愿景存在的一个问题：似乎需要花一定的精力才能够将二者区分开来。尽管很多公司高层管理者都表示自己很了解使命与愿景到底是什么：使命是公司存在的价值与意义，愿景是公司对未来的期望与憧憬。但是在实践中他们还是难以准确把握，因而在描述中可能混淆两个概念。

现实中使命很容易与愿景产生混淆，原因在于对于它们定义的理解不同。有人认为愿景是公司追求的终极目标，使命则说明如何去实现这个目标，所以使命是服务于愿景的；但是也有人给出了不同的答案，认为使命就是要回答公司存在的价值与意义，愿景则回答要成为什么样的公司，愿景必须服务于使命。在实践中使命和愿景甚至被少数公司整合在一起，前面提到的华为的愿景与使命就是典型的案例。对于使命与愿景的时间跨度，看法也不尽相同。例如有人认为愿景是长期的（20～30年），使命的时间跨度应当短于愿景（10年）；但是也有人认为使命是长期的（甚至可以100年不变），而愿景则是可以变化的。对于令人眼花缭乱的使命与愿景描述，我们更应该认可哪种观点呢？

笔者更加倾向于管理大师德鲁克（Drucker）的观点，他认为，公司不是由其名称、章程来定义的，而是由其使命来定义的。公司使命是"优先事项，是战略、计划和工作任务的基础"。德鲁克撰写了大量关于使命的文章，他特别强调使命应该"传达公司存在的理由"。

德鲁克的观点对使命的阐述产生了重要影响。20世纪70年代以后，很多欧美公司都明确了自己的使命，以与利益相关者沟通它们是谁，以及它们为什么要存在。例如埃克森美孚强调要创造股东价值；福特表示要为股东提供卓越的回报；AT&T清楚地认识到客户和股东的重要性，在其使命宣言中指出其目标是丰富客户的个人生活，在此过程中实现股东价值；美国铝业公司走得更远，它在其使命中表示致力于为客户、员工和股东创造价值；默克表示它试图为员工提供有意义的工作和晋升机会。

在21世纪的今天，商业组织的利益相关者沟通更加重要，将使命作为战略意图的起点，比将愿景作为战略意图的起点立意更加高远，更加能够明确公司的立命之本，更加容易获得利益相关者的青睐，更加具有宏大视角。因此，战略意图应当从有效的使命开始，清晰地向员工传达公司雄心和抱负。

由此可以给出公司使命的定义：公司使命就是公司区别于其他类型的公司而存在的根本原因或目的。它不是经营活动具体结果的表述，而是公司战略与运营应当坚持的初心。使命曾经有广义和狭义之分。狭义的使命是以产品为导向的。例如一家准备进入房地产咨询领域的公司可以将其使命阐述为"为客户提供房地产服务"。这种表述虽然明晰了公司的基本业务领域，即生存的目的，但是也限制了公司的活动范围。如果公司未来严格按照使命来经营，可能会剥夺其战略发展机会。广义的使命则是从公司实际条件出发，从公司提供的经营范围开始不断地去问为什么：为什么要提供房地产咨询服务？"为了创造美好家园。"

一个好的使命应当具备以下四个方面的特征：

- 明确公司生存的价值与意义；
- 较宽泛以允许公司创造性发展；
- 区别于其他公司并长期有效；
- 语句简单、清楚并容易理解。

在战略规划活动中，正确地描述使命的真正意义在于，可以检查战略目标是否与使命保持一致，比如如果某公司使命提倡"用创新的方法解决尚未解决的问题"，那么就有可能设置"创新类战略目标"来使它的使命得到落实，而"削减研发开支"可能就违背了使命的要求。

2. 愿景

如果说用使命来定义公司存在的目的，那么我们还要用愿景来指明未来的方向。愿景是对公司未来10年甚至更长时间想成为什么样子的描述，它和使命同等重要。确定愿景的一个挑战就是如何不混淆使命与愿景。二者可以从两方面进行区分。

首先，时间着眼点不同。使命可能50～100年都不会变化，而愿景是经过10～20年就可以调整的。既然50～100年可能都不会发生变化，使命的描述就不能限制公司未来的业务范围。如果把使命描述成"为人们提供最优质的机电产品"，那么使命就限制了公司未来的业务范围——机电产业。因此，相比于愿景来说，使命更加宽泛、务虚，比如迪士尼的使命就是"使人们感到快乐"。

其次，承诺对象不同。使命是针对战略利益相关方的承诺，一个大型的集团型企业更加关注对社会、国家、政府、客户等利益相关者的价值创造；而愿景则是对自己未来地位的承诺，即成为行业中什么级别的企业，例如，"保持在中国热感应加热设备制造领域的领导者地位"。

愿景是对使命在特定时期的反映，它应当与使命保持一致。在实践中愿景应该具备以下特征。

（1）具有分层组合特性。集团型企业的愿景是对集团在 10～20 年发展目标的陈述。由于集团型企业是由若干独立法人组成的特殊经济体，因而集团型企业的愿景与单体公司大有不同。集团型企业既要考虑集团整体情况，还要对子公司乃至业务单元进行考虑，同时还要考虑集团整体愿景与子公司乃至业务单元的愿景的关系，即它们之间应当是相互支持、相互协同的。

（2）鼓舞人心并可实现。愿景应当是鼓舞人心的，它是一个展现在集团全体员工面前的目标。愿景要使人不由自主地被它的力量所感染。愿景的力量在于它既是可实现的，又具有挑战性，是宏伟的且激动人心的。

（3）描述简洁明了。对愿景的描述应当尽量简洁明了，便于集团所有的员工记忆和理解，从而产生认同感。如果集团让员工面对的是令人生厌的、长篇大论的愿景，他们还会有激情吗？他们会花几个星期的时间去背诵这样的"杰作"吗？所以应当尽量用简洁的句子去描述集团的愿景，让它简单、可记忆并且能切中要害。

（4）能吸引利益相关者。企业不关注利益相关者就能获得股东价值最大化的日子一去不复返了，集团的愿景应当能够有效地吸引集团利益相关者的注意力。如果集团的愿景能够让利益相关者热血沸腾，不难想象他们会提供多么大的支持。

3. 价值观

价值观是为实现使命而提炼出来并予以倡导的，是指导公司所有员工行为的准则。它是一种深藏在员工心底的东西，决定、影响着他们的日常行为，并通过员工日复一日的行为而表现出来；价值观也是用来判断企业行为和员工个体行为正确与否的标准，它表明了公司要提倡什么、反对什么。例如，宝洁公司的价值观是：领导才能（leadership）、主人翁精神（ownership）、诚实正直（integrity）、积极求胜（passion for winning）和信任（trust）。

事实上所有的组织都应当有自己的价值观。无论是非营利组织还是营利性的商业组织，无论是创业型的小公司还是大型企业集团，都需要回答这样的问题：是什么样的信念与精神支持着我们？当公司在不同地区进行快速扩张的时候，意味着我们将面临不同的文化环境。当我们面临成功与挫折的时候，什么是我们永恒不变的信条？无论我们的员工在哪里，我们都要让他们知道什么可以做，什么不可以做；应当弘扬什么，应当抑制什么。只有明确了这些，才有可能凝聚和引导全体员工向着公司设定的愿景迈进，履行自己的使命承诺；也只有明确了这些，才有可能使员工在不良文化的挑战之下，避免陷入文化信仰危机。因此，价值观必须符合如下标准。

（1）具有多元文化包容性。

企业文化对于公司整体运行的影响是全方位、全系统、全过程的。因为文化本身是某一群体拥有的信念、规范、态度、习惯以及普遍的生活方式。企业是一个有机体，管理的主体和客体都是人，无论主体还是客体都受文化的影响。

对于大型企业集团来说，强调价值观的多元文化包容性显得尤为重要。跨产业、跨地域的兼并与收购往往是集团业务组合战略实现的重要手段，因此集团价值观的设计必须考虑多元文化的包容性：既考虑集团整体价值观对子公司的支配性，又要让子公司的文化保持独特的差异性。

（2）为员工所认同并与发展阶段协同。

价值观不是挂在公司办公室与生产车间墙上，或者锁在文件柜中的口号。它是记在员工心中且指导员工行为的准则，这就要求价值观必须能被公司全体（至少是大部分）员工接受并认同。所以价值观应当由公司高层去倡导并身体力行。

同时我们还需要考虑价值观与不同发展阶段的协同性。我们需要根据公司所处的不同发展阶段提出适应公司的新价值观。尽管价值观需要保持一定的稳定性，但是客观环境发生变化后，也要做相应的调整。

（3）基于传统并与战略相一致。

价值观不应追求时尚，简单跟风、模仿，它应当来源于公司传统的积淀。公司从其组建的第一天起就开始了其价值观形成与发展的历程，所以说价值观是公司在产生、发展过程中自然形成的。在价值观的提炼过程中，一方面要善于广泛征求员工意见，收集公司历史上的"英雄人物"事件并仔细分析；另一方面，必须考虑公司的使命、愿景，要使价值观能够支持公司最为根本的存在目的与追求的目标。

价值观在公司战略规划中的意义在于：一方面，战略目标与指标的设定不能与公司所倡导的价值观相违背，而应与其保持一致；另一方面，价值观引导着公司员工设定并实现合理的目标、制订行动计划，从而使自己的行为与价值观保持高度一致。

最后我们要注意的是，价值观建设中重要的不仅仅是提炼出标语，还包括如何真正地将价值观贯彻下去。公司在价值观的建设上应当避免陷入这样一个误区：只重视做表面文章，却忽视了价值观的践行。一些公司互相抄袭价值观，却没有真正挖掘自己多年的积淀。更加常见的是"墙头价值观"的现象——把价值观挂在墙上，做的却是另外一套。

4. 战略定位

为了清晰地表达战略意图，在明晰了使命、愿景与价值观以后，我们需要明确公司的战略定位。所谓战略定位是公司在战略规划周期内的总体业务定位。战略定位描述公司服务于什么市场和扮演什么角色。战略定位要明确的三大内容是业务组合、协同效应、发展动力。明确业务组合，是指结合创新焦点明确公司未来业务发展的边界，特别是明确公司业务的主次关系；明确协同效应是指结合创新焦点明确公司业务在产业中聚焦的领域，明晰这些领域之间是否存在相互配合、相互支持的关系，是否能够产生"1+1>2"的协同效应；明确发展动力则是弄清打造业务组合与协同效应的关键成功因素。

战略定位与创新焦点之间有着十分密切的关联，在创新焦点中运用波士顿矩阵、SPAN、GE 矩阵等工具对公司现有业务、潜在创新业务进行分析决策后，会输出公司未来业务组合的进退取舍战略；同时还要结合协同效应分析说明业务细分领域之间的协作关系，进一步明确业务组合与协同效应的关键驱动因素。如果说创新焦点是分析过程，那么战略定位描述则是要呈现的结果。

|案 例|

M 药企战略定位

通过评估分析，M 药企的战略定位是"一体两翼、双轮驱动"（见图 3-2），即以 A 业务为主体，以 B 业务与 C 业务为两翼，以产品、创新作为双轮驱动，把 M 药企打造为极具创新活力与成长动能的医药科技公司。

对于战略定位的描述，我们还可以用三层面理论进一步解释，描述业务之间的协同关系、关键成功因素等。麦肯锡的资深顾问同梅尔达德·巴格海（Mehrdad Baghai）、斯蒂芬·科利（Stephen Coley）与戴维·怀特（David White）对处于不同行业的 40 家公司进行了调研，提出

战略定位

一体两翼	双轮驱动
· 以A业务为主体 ①主要聚焦于AA、AB细分业务 ②介入配套原AC、AD细分业务 ③稳定发展AE领域，提升主体产业规模 · 以B业务与C业务为两翼 在周边地区发展BBA、BBB，同时尝试CCA、CCB的业态模式	· 产品驱动 ①保持并持续提高现有产品的竞争力 ②加速打造具有持续增长能力的销售额过亿元新品 · 创新驱动 ①进行技术创新，提升研发效率，加速研发成果落地 ②培育与创新企业文化，鼓励试错并加大针对产品与市场创新的考核与激励 ③持续推进管理创新，不断创新企业管理方法与工具，提升管理能力

图3-2　M药企战略定位

了三层面理论。他们认为良性发展的公司都在不断追求持续增长，每一段时间都会进步，每一次进步都会有新的业务组合；成功的持续增长的公司都强调业务组合的近期与远期的平衡，并追求进一步的增长。三层面理论的核心思想是提倡公司在确保第一层面业务发展的基础上，发展第二层面业务，使其迅速发展为第一层面业务，同时要为未来长远发展储备第三层面业务。三层面理论（见图3-3）把公司业务持续发展的进程分解成三个阶段，这三个阶段具有不同水平。

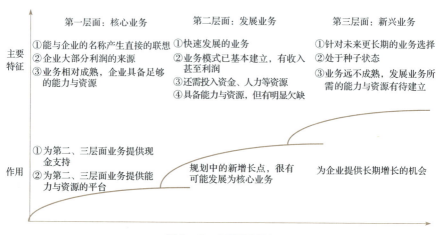

图3-3　三层面理论

第一层面是核心业务。该类业务属于公司需守卫并拓展的业务。公司积累了大量技能与经验，需要在各业务单元挖掘潜力，在各个赛道中创造鼓舞人心的营业收入与利润。第一层面业务要为其他层面业务的增长提供现金流。

第二层面是发展业务。该类业务是公司期待的近期增长点，经营概念已发展成熟、业务模式已经确立，已经有收入甚至是利润，但技能与经验仍旧需要积累。需要投入大量资源促进其快速增长。

第三层面是新兴业务。其又称机会业务，包含了未来更长远业务选择的种子。它们可能是公司的创投项目、在研项目、联盟项目，公司正在投入少量资源进行尝试。

实际操作中可以借助表3-2和表3-3对三层面理论进行应用。

表3-2　三层面业务规划表

业务层面	解释	业务名称	业务描述	备注
第一层面 （"碗里"）	核心业务，现金流的来源，需要守卫和拓展			
第二层面 （"锅里"）	发展业务，已决定要投入资源大力拓展			
第三层面 （"田里"）	新兴业务，符合未来发展方向，着眼于长期发展，但仍旧需要测试			

表 3-3　业务协同表

业务协同目标	涉及的业务单元	协同管理的策略	备注

5. 指导思想

指导思想是公司在战略规划期内针对未来长远发展的观点，是指导公司战略闭环管理流程的基本准则。对指导思想的理解可概括为如下七点。

（1）全局观。战略规划具有全局性特征，因此指导思想强调培养全员尤其是中高层管理者的战略思维，使他们擅长把握全局的发展规律，运用系统的方法论把公司运营的各个环节有机地联系起来进行思考。

（2）竞争观。公司进入任何一个赛道，几乎都会遇到强劲的竞争对手，所谓的蓝海也会演变为红海。赛道上的每一个选手都必须遵循优胜劣汰的法则。因而，公司要想取胜，就必须培育竞争意识，不断地打造自身的核心竞争力。

（3）危机观。市场竞争就是优胜劣汰，因此公司的指导思想必须强调全员危机意识的建立，要求中高层管理者时刻关注战略环境的变化动向，寻找外部环境中的机会、明确自身的优势和劣势，以扬长避短。

（4）客户观。客户是公司存在和发展的前提条件。公司必须以满足客户需求并为客户提供最大利益为目标，求得自身的持续发展。特别是随着全球经济一体化，各国的公司也越来越相互影响、相互依存。因此，公司必须在更大的地域范围内考虑客户的需求。

（5）组织观。战略规划决定组织，组织影响战略执行。战略与组织要匹配。指导思想要回答公司对组织的态度，因此公司战略决策中应该把组织当成一个重要影响因素来考虑。

（6）文化观。战略与企业文化也是相互影响、相互匹配的，产业转型升级、创新型战略实施都需要创新文化的匹配。战略与企业文化若是不匹配，战略就无法实现。因此，指导思想需要阐明战略对企业文化匹配的要求，为企业文化的培育指明方向。

（7）人才观。人才是公司的第一资源，无论战略决策还是战略执行都是由人来完成的，指导思想必须自上而下调动所有人力、物力、财力，以保证战略方针的贯彻和战略行动的落实。

|案　例|

M 药企的指导思想

M 药企在完成差距分析、市场洞察、创新焦点分析的基础上，开始思考公司战略意图，初步确定了使命、愿景、价值观、战略定位，并明确了其指导思想，如图 3-4 所示。

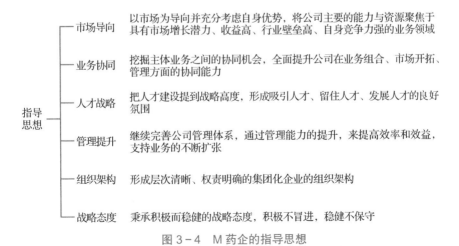

图 3-4　M 药企的指导思想

6.战略目标

相对于使命与愿景而言，战略目标是中期目标，大多着眼于未来
5～10年。战略目标分为财务目标、市场目标与管理目标，其设定方法
可以分为自上而下和自下而上两类。所谓自上而下是根据使命、愿景，
结合外部环境、行业趋势、竞争分析、能力与资源等因素，综合考虑，
制定总体战略目标；自下而上则是通过对公司每个业务的细分市场进行
详尽分析，汇总总体战略目标。自下而上往往是对自上而下战略目标设
定的验证。

战略咨询顾问在实践中往往会运用一定的方法与工具来帮助自己进
行战略目标设定。常见的有（但不局限于）以下方法与工具。

（1）3×3矩阵。

3×3矩阵为人熟知，该方法一开始应用于短周期指标设计，后逐步
运用在长周期的战略目标设定中。其在具体操作中将公司发展划分为成
长期、保持期、收割期等。

当公司处于成长期时，由于产品或服务有着较大的增长潜力，公司
战略目标设定特别关注规模增长，如提高销售增长率、提高新增客户的
比例、提高人均营业收入、提高投资回报率、增加研发投资比例等。当
公司处于保持期时，公司会更多地关注获得丰厚利润与寻找新业务增长
点，对于老业务会更多地考虑如何维持，在战略目标设定上关注获利能
力，例如获得经济增加值、利润，提升新业务收入增长的速度等。当公
司进入收割期，公司会更加关注前期的投资收益与转型突围。一般情况
下针对老业务的大部分投资基本已经停止，即使仍有一些投资项目，其
投资回收期也往往很短，因为现金流需要实现回流最大化，具体方法有
实现盈利最大化、降低单位成本、实现投资回报率、控制投资金额等。

（2）杜邦财务模型。

杜邦财务模型是由美国杜邦公司提出的一种最早用于财务分析与评
价的工具，该工具也能够帮助我们确定财务目标。杜邦财务模型是以净

资产收益率为核心财务指标的模型，通过财务指标的内在联系，系统、综合地分析、评价企业的盈利水平。杜邦财务模型将净资产收益率的影响因素进行层层分解（见图 3 - 5），具有很鲜明的层次结构，是典型的利用财务指标之间的关系对企业战略财务目标进行综合分析、评价的工具。

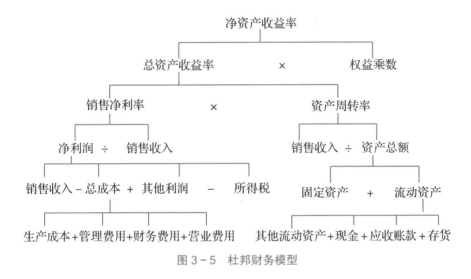

图 3 - 5　杜邦财务模型

（3）经济增加值。

经济增加值（economic value added，EVA）是 20 世纪 90 年代末期在中国得到广泛运用的一种财务绩效指标。据称，EVA 评价体系被可口可乐、西门子等世界 500 强企业采用，这些企业取得了非凡的财务业绩。EVA 是从税后净营业利润中减去投入资本的成本后的剩余价值。与大多数其他绩效指标的不同之处在于：EVA 考虑了带来企业利润的资本的成本。

EVA 的假设是：作为一个职业经理人，如果你经营的企业所创造的价值不能够冲抵资本成本的话，实际上你没有为股东创造任何价值。事实上，EVA 遵循的基本原则是股东价值最大化，它倡导针对股东价值的集中管理。EVA 是一个有效度量股东价值创造的短期指标，也可以在公司战略规划中将其设计为长周期的财务战略目标。

（4）时间序列分析。

时间序列分析主要应用于公司战略目标值的预测。它强调过去和未来的战略目标值都是时间函数，也就是说战略目标值是随着时间的推移而变化的。时间序列分析由两个数列构成：一是时间数列，二是战略目标值数列。它根据过去的战略目标值的变动轨迹来预测未来的目标值，比较适用于公司中经营环境比较平稳或变化程度不大的业务。

运用时间序列分析进行战略目标值的预测需要建立预测模型，经典的预测模型根据变动因素可分为四种：直线趋势变动型、循环变动型、规律变动型、偶发变动型。

（5）相关分析法。

相关分析法用于分析指标值之间的对应关系。该方法主要是依据某项指标同相关指标的对应关系来判断未来的指标值。使用该方法时，有两个重要控制点会影响分析的准确性：一是变量选择的准确性；二是因果关系模型设计。所谓变量选择主要是指对自变量的选择是否正确，比如鉴于主营业务收入与成本等财务目标之间存在正相关关系，就有可能根据主营业务收入增长的目标来设定成本目标。相对于主营业务收入，成本则属于自变量。所谓因果关系模型设计是指事先设计出一个表现因变量与自变量之间关系的模型，例如公司成本占主营业务收入比重的公式。

预测战略目标值的方法还有很多，例如盈亏平衡分析（量本利分析）；再如在子公司进行财务指标设计时，可以在市场细分基础上进行销售收入预测等。

战略目标通常包括总体战略目标与业务战略目标。

总体战略目标指整个公司在未来规划期（通常为5年）内在财务、市场、管理等方面应当达到的状态，呈现形式一般为文字说明、图形、表格。其中，文字说明是指用一句话或一段话对规划期末的目标进行描述。例如 2025 年公司的主营业务收入达到 150 亿元，规划期内保持 20% 的年复合增长率，净利润目标达到 12 亿元，等等。

业务战略目标是企业为不同的业务领域制定的具体、可衡量的长期发展目标。这些目标明确了各业务领域需要努力达到的状态。业务战略目标同总体战略目标一样，可以包含财务目标、市场目标与管理目标，例如财务业绩提升、市场份额增长、产品技术创新、成本控制优化、客户满意度提高等，每个业务领域可能有其独特的目标和重点。

3.2 开展业务设计

在战略规划阶段，澄清了战略意图以后，就要做业务设计了。战略意图的实现最终要落在业务设计上。可以说，业务设计是战略规划的落脚点。业务设计的过程一定是围绕客户展开的，或者说是围绕满足客户需求展开的。业务设计包含六个方面，分别是：客户选择、客户价值主张、价值获取、活动范围、战略控制、风险控制。

1. 客户选择

客户选择是业务设计的第一个环节。无论是老业务还是新业务，我们都需要持续地思考并适时迭代客户选择。说得简单一点就是：谁是我们需要聚焦的目标客户？他们有什么需求？我们应为他们提供什么样的产品与服务？所以说必须想明白要将产品"卖给谁"。其中的一个重要关注点就是这个客户群对我们有什么价值，而我们对客户有什么价值。可以这么说，客户选择是所有战略规划、市场营销、产品方案中要考虑的核心要素。因为只有正确地选择客户，我们才能够开发出符合客户需求的正确产品与服务。华为手机有 Mate 系列、P 系列和荣耀系列（后来分离出去）等。Mate 系列的目标客户为商务人士，因此在产品设计上强调大屏幕、长续航，以符合商务人士的消费特性；P 系列强调时尚、科技，因此突出了拍照、摄像的功能；荣耀系列在分离出去之前主要目标客户为年轻人，满足他们性价比优先的偏好。

尽管客户选择十分重要，但是很多公司在客户选择方面仍然会犯致命的错误。很多公司管理者没有将目标客户选择同自身资源与能力匹配起来，在战略执行过程中盲目地扩大客户数量。而事实上公司的资源与能力是有限的，每增加一个客户群体都需要相应的资源与能力匹配。任何一家公司都不可能满足所有客户的所有需求。因此公司必须在复杂的客户群体中进行细分，寻找匹配自身资源与能力的目标客户群。

华为公司有一句经典的话："不在非战略机会上消耗战略性资源。"华为业务在其发展历程中经历了几次十分重要的战略转型，在初涉通信领域时，面对诺基亚、爱立信、摩托罗拉等国际巨头，华为基于自身的资源与能力选择了国内的农村消费者，满足该目标客户群体性价比最优的偏好；华为十分注重资源与能力的培育，在产品技术、人才储备、管理能力、品牌影响力等方面都有了更多的积累后，华为开始选择全球运营商作为其客户；之后，华为在产品技术、解决方案、供应链资源、品牌影响力、管理能力、人才储备等方面又进一步得到了提升，华为不断推出新的通信类产品以获得运营商以外客户。可以说华为的几次战略转型都取得了成功，这与其对客户选择的高度重视是密不可分的。

客户选择主要涉及两个关键问题的思考：一是开展市场细分，划分客户群类别；二是确定快速增长的目标市场。在实战中，市场细分图及产品 - 市场分析矩阵可以帮助我们进行思考。市场细分概念是由美国营销学家温德尔·史密斯（Wendell R. Smith）于 1956 年提出来的，是指根据客户需求的异质性，把客户划分成不同群体。对于公司而言，对产品、市场、地理位置和自己独特的竞争力进行分析，是客户选择中的一个重要环节，而这种分析不能过粗也不能过细。我们要做的首先是进行业务分类，然后进行市场细分。由于市场是特定需求的集合体，市场细分本质上是对市场需求的细分。市场细分的维度众多，但是综合起来主要有五大类：地理特征、人口特征、心理偏好和生活方式、利益追求、消费行为。

（1）地理特征。对于部分客户群体来说，地理范围不同，市场需求可能有很大差异。例如北方市场消费者和南方市场消费者对女靴的市场需求就存在很大差异。

（2）人口特征。人口特征，包括年龄、性别、收入、职业、受教育水平等因素，也会影响需求的变化，例如对于保险种类的需求，不同年龄段呈现明显的差异性。

（3）心理偏好和生活方式。心理偏好和生活方式也是市场细分的一个重要维度。在物质丰裕的社会，需求往往从低层次的功能性需求向高层次的体验性需求发展，消费者除了对商品的物理功能提出更高要求外，对品牌所附带的价值内涵也有所期待。消费者心理偏好和生活方式上的差异，会导致对价值内涵需求的差异。

（4）利益追求。客户购买某种商品是为了满足某种需求。不同类别的消费者存在不同的利益追求，有的追求价格便宜，有的追求性能优越，有的追求完善的服务。影响购买的利益追求不同，会导致不同的人对同一件商品做出完全不同的评价和购买决策。

（5）消费行为。消费行为包括对商品的重复购买频率、忠诚度等。例如根据消费者对商品的使用量及其重复消费的情况，可把消费者分为重度用户、中度用户和轻度用户，也可把消费者分为忠诚用户和摇摆客户等等。

市场细分图根据所涉产业中客户需求的异质性进行市场细分，以便确定自己的目标客户。图 3-6 与图 3-7 是 ABC 集团市场细分的操作实例。如两图所示，无论是对 IM 业务还是 IS 业务，ABC 集团都是从国家、销售渠道、应用领域、客户属性这几个维度进行市场细分。

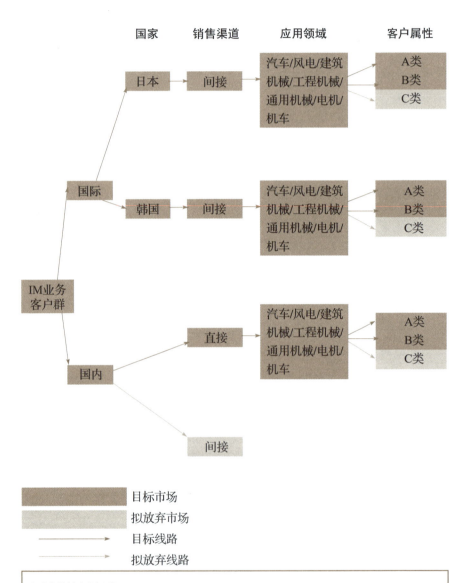

图 3 - 6 ABC 集团 IM 业务市场细分图

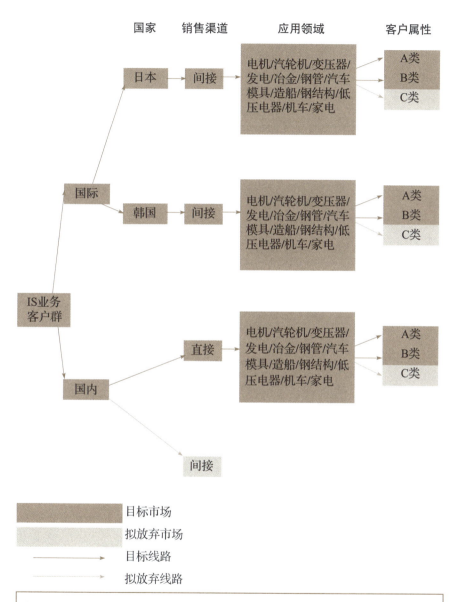

图 3-7 ABC 集团 IS 业务市场细分图

如果说市场细分图能够帮助我们进行客户群划分，产品－市场分析矩阵则可以帮助我们进行目标客户选择以识别增长路径。根据产品－市场分析矩阵，主营业务收入增长有四种策略可供选择（见图 3－8）。

	老市场	新市场
老产品	市场渗透	市场开发
新产品	产品开发	多样化

图 3－8　产品－市场组合策略

- 新产品、老市场——产品开发，为现有客户群提供新产品；
- 新产品、新市场——多样化，为新客户群开发、提供新产品；
- 老产品、新市场——市场开发，为现有的产品寻找新的客户群；
- 老产品、老市场——市场渗透，提高现有产品在现有客户群中的市场份额。

我们可以看到进行市场细分确实不是一件容易的事情，其中最主要的还是市场细分维度的选择。但是为了明确业务单元的战略，我们别无选择，只有坚持不懈地努力才是最好的办法。为了实现产品与市场的最佳组合，我们必须认真做好相关分析。如果发现一个细分市场需求比较大，公司具有进入该细分市场的资源与能力，可以考虑进入。一般来说可进入的细分市场必须满足以下几个条件：

- 市场需求达到一定水平；
- 目前或未来竞争预见性强；
- 本公司在该细分市场拥有绝对或相对竞争优势。

在此我们可以选择一个分析工具辅助我们完成产品与市场的组合分析，它就是我们经常使用的定向决策矩阵。该分析工具参考了 GE 矩阵

的思路，从两个综合的维度分析细分市场是否具有吸引力，进而决定是
否进入。第一个维度是"市场吸引力"。它旨在考察我们的产品是否占
据了具有吸引力的细分市场。该维度由一系列因子构成（这些因子需要
反复讨论其重要性并确定权重）。第二个维度是"市场竞争力"。这个维
度将帮助我们判断公司在各个细分市场是否具备内部优势。它由若干因
子构成，我们可以结合具体的产品来调整因子以及因子的权重。定向决
策矩阵分析表见表 3 - 4。

表 3 - 4　定向决策矩阵分析表

维度	因子	因子权重	得分（1 ~ 10）
市场吸引力	现有容量		
	增长潜力		
	进入难易度		
	投资情况		
	……		
	合计	100%	
市场竞争力	市场份额		
	品牌		
	价格		
	服务		
	经验		
	……		
	合计	100%	

利用表 3 - 4 对每一个产品与市场进行分析后，你可以将得分情况
绘制成分析图（见图 3 - 9），以展示你的产品与市场的组合分析结果。

定向决策矩阵既可用于现有产品的客户选择（细分市场选择）决策，
也可以用于新品的客户选择决策。使用定向决策矩阵进行分析后，我们
可以将其分析结果与产品 - 市场分析矩阵的分析结果相结合。可在

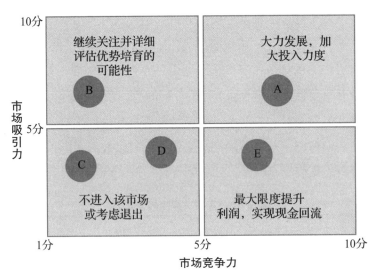

图 3-9　定向决策矩阵分析图

Excel 表的列里列出产品系列，在行里列出所有的细分市场，然后对每行与每列的交叉矩阵进行分析，确定每一个产品在每一个细分市场中的策略。策略可分为五种：

■市场吸引力大，已经达到饱和，可予以维持

▲市场吸引力大，但未完全开发好，需加大力度进行开发

△市场吸引力小，可作为非重点市场或放弃

★市场吸引力大，但一直未进行开发

☆市场吸引力大，需要开发产品或延伸产品

表 3-5 和表 3-6 反映了 ABC 集团在两大业务（IM 业务、IS 业务）市场细分基础上，进行客户选择，寻找快速增长的市场的过程。

表 3-5　IM 业务的产品 - 市场分析矩阵

	国内							国际	
	汽车	风电	建筑机械	工程机械	通用机械	电机	机车	日本	韩国
驱动	▲	△	△	△	△	△	△	★	▲

续表

	国内							国际	
	汽车	风电	建筑机械	工程机械	通用机械	电机	机车	日本	韩国
转向	▲	△	△	△	△	△	△	★	★
发动机	▲☆	△	△	★	△	△	★	★☆	★☆
传动	▲	△	△	★	△	△	△	★	★
回转齿轮、OFF-ROAD 专机	△	▲	▲	▲	△	△	▲	★	★
	△	△	★	★	△	△	△	★	★

表 3-6　IS 业务的产品－市场分析矩阵

	国内												国际	
	电机	汽轮机	变压器	发电	冶金	钢管	汽车模具	造船	钢结构	低压电器	机车	家电	日本	韩国
Minac	▲	△	▲	▲	★	△	△	△	△	★	★	★	▲	▲
Weldac	△	△	△	△	△	▲☆	△	△	△	△	△	△	▲☆	▲☆
模具淬火机	△	△	△	△	△	△	▲	△	△	△	△	△	▲	▲
Terac	△	△	△	△	△	△	★	△	△	△	△	△	▲	★
叶片淬火机	△	★☆	△	△	△	△	△	△	△	△	△	△	★☆	★☆

　　在进行上述分析后，我们就可以描述客户选择的目标线路。同时我们还可以对快速增长的目标市场进行进一步描述，包括但不局限于目标市场容量、竞争对手所占份额、期望的目标市场份额等。

　　2. 客户价值主张

　　客户价值主张（customer value proposition）涉及公司如何满足客户需求，传达其附加好处的具体信息，并说明其优于市场上类似产品的原因。理解这个概念要把握以下三个要点。

- 客户价值主张是描述公司鼓励更多购买的关键卖点的声明。
- 客户价值主张关键部分包括标题、简短说明、要点和视觉组件。
- 客户价值主张基于客户偏好及自身资源与能力。

客户价值主张很重要。首先，它可以将你的产品与同类产品区分开来，可以通过呈现具体差异并展示你的产品的优越性，说服客户购买你的产品而不是竞争对手的产品。客户价值主张要足够简洁，以使这些差异被客户快速获知。

其次，它可以鼓励更快的购买。客户价值主张直接说明你的产品与同类产品的差异，能推动更快地实现销售线索的转化，说服客户更快地购买。如果能通过客户价值主张的传达，让客户相信你的产品或服务可以满足他们的需求，他们就没有理由进行比较或等待购买。更快转化通常会在更短时间内带来更多销量，从而使公司能够产生更多的收入。

最后，它能够表明你的产品有竞争力。良好的客户价值主张可以帮助你向客户专业地展示产品，并鼓励将你的产品与竞争对手的产品进行直接比较。你的竞争对手的一些客户可能会决定购买你的产品，这可以帮助你赢得更高的市场份额。这种方法对于还没有良好的声誉来帮助它们进行销售的新企业特别有用。

在业务设计环节开始客户价值主张分析，不仅要考虑价值主张的内容，更重要的是分析客户需求。平衡计分卡创始人卡普兰和诺顿在其专著《战略地图》中给出了一般公司客户价值主张分析的分类元素。卡普兰和诺顿强调，要想使股东满意，必须使客户满意；要使客户满意，必须了解客户需求。了解并满足了客户需求，就意味着为客户创造了价值。不同公司会以不同的方式来为客户创造价值或者传递价值。这种创造或传递价值的方式就是其客户价值主张。客户需求与价值选择涉及三类内容：第一类是产品与服务属性，如价格、质量、可用性、功能等；第二类是形象，如公司的品牌形象、广告等；第三类是关系，即公司与客户以及公众的关系等。不同公司在满足客户需求与价值选择上有不同侧重点，但是不管公司选择怎样的战略，采取什么样的客户价值主张，都能以这三个方面作为分析的起点。明确客户价值主张之后，公司就知道应该向客户提供什么样的产品。

在实践中，一些公司强调它们的产品与市场上的其他产品不同，而另一些公司则强调其卓越的功能。在实际操作中，分析起点是客户选择产品或服务时的几项关键指标。如客户在采购大型设备时主要关注性能、质量、售后服务、品牌等，其满足程度将直接影响客户满意度。确定公司的客户价值主张需要分析者充分地考虑竞争对手：和竞争对手相比，有哪些更好的差异点。B 新能源汽车客户需求与价值选择分析见表 3 - 7。

表 3 - 7　B 新能源汽车客户需求与价值选择分析

		中国		日本	
		城区	乡镇	城区	乡镇
客户需求	应用需求	代步工具	代步工具、载物	代步工具	代步工具
	产品需求	品类：中庸（55%）、进取（35%）、保守（10%）	品类：中庸（60%）、进取（30%）、保守（10%）	品类：中庸（40%）、进取（50%）、保守（10%）	品类：中庸（45%）、进取（45%）、保守（10%）
		①轻便性；②外观；③品质；④速度；⑤续航里程；⑥动力；⑦服务	①价格；②速度；③载物；④续航里程；⑤动力；⑥外观；⑦品质；⑧服务	①动力；②速度；③载物；④续航里程；⑤品质；⑥价格；⑦服务	①续航里程；②动力；③速度；④载物；⑤价格；⑥品质；⑦服务
价值选择		①品牌；②购买便利性；③性价比；④口碑；⑤促销；⑥服务；⑦外观；⑧功能	①购买便利性；②性价比；③客情关系；④口碑；⑤促销；⑥功能；⑦服务；⑧品牌	①品牌；②购买便利性；③功能；④外观；⑤口碑；⑥性价比；⑦促销；⑧服务	①购买便利性；②功能；③口碑；④性价比；⑤客情关系；⑥促销；⑦服务；⑧品牌

续表

	中国		日本	
	城区	乡镇	城区	乡镇
B 新能源汽车优势	①品牌；②外观；③购买便利性；④续航里程	①购买便利性；②客情关系；③品牌；④续航里程	①品牌；②购买便利性；③续航里程	①购买便利性；②客情关系；③品牌；④续航里程
B 新能源汽车劣势	①功能；②服务	①功能；②性价比；③服务	①外观；②功能；③口碑；④服务	①功能；②服务；③口碑

为满足客户需求，确定自身客户价值主张，我们可以参考著名管理学家迈克尔·波特提出的竞争战略。

- 总成本领先战略；
- 差异化战略，又称别具一格战略；
- 集中化战略，又称聚集战略、专一化战略。

第一种战略尽最大努力降低成本。通过满足客户在价格上的需求维持其低成本的竞争优势。要做到成本领先，就必须在管理方面对成本严格控制，尽可能降低成本。采用这种战略的公司往往具有高于行业平均水平的利润率。在与竞争对手进行竞争时，由于自身的成本远远低于竞争对手，因此一旦打起行业价格战，当价格突破竞争对手的底线时，就意味着对手出局。

第二种战略能够使产品或服务别具一格。这种战略往往强调产品或服务在性能、质量、功能、技术参数等方面的领先性或差异性。这种战略一旦实施成功，往往会使企业获得超常收益，因为它能利用客户对品牌等的忠诚而获得竞争优势。

第三种战略使企业聚焦于某个特定的客户群，或某产品系列中的一个或几个，或某一个地区市场，实施该战略的前提是：企业拥有以更高效率、更好效果为某一客户群体服务的能力，超过在更广阔领域内的竞争对手。实施该战略往往能够使企业拥有很多获得超过行业平均水平收益的机会。

波特的竞争战略理论对我们满足客户需求有着十分重要的启发。我们应当明确，所罗列出的所有客户需求中，哪些是我们的优势与短板。所谓优势就是在满足客户需求中已经达到或可以达到行业一流水平的方面，如价格、售服。所谓短板是指在满足客户需求中我们做得不好的、低于行业一般水平的方面，如产品功能、品牌。B 新能源汽车满足客户需求情况分析详见表 3－8。

表 3－8　B 新能源汽车满足客户需求情况分析

	外观	续航里程	动力	品质	产品／服务设计说明		
					需继续发挥优势	需保持一般水平	需弥补短板
目标客户群 1							
目标客户群 2							
目标客户群 3							
目标客户群 4							
目标客户群 5							
目标客户群 6							
目标客户群 7							

客户价值主张的分析可以通过填写表 3－9 来完成，进而得到最终答案。

表3-9 客户价值主张分析表

步骤	问题描述	答案
第一步	我们的客户的需求是什么?	
第二步	客户需求的优先顺序是怎样的?	
第三步	资源与能力重点满足哪些客户需求?	
第四步	重点满足的客户需求应如何归类?	
第五步	如何进行客户价值主张描述与A/B方案测试?	

描述客户价值主张有以下几个注意事项。

（1）简单、易记并易懂。客户价值主张必须足够清晰，让客户能够轻松理解。要使用清晰的语言和易于理解的措辞，不要过多使用行业术语。

（2）强调与竞品的差异。有效的客户价值主张针对你的目标客户，因此必须强调产品的特性，将你的产品与客户可能考虑的竞品区分开来。例如如果你销售日常消费品，那么产品质量、购买便利性等可能对你的客户很有吸引力。

（3）全面展示、醒目、有效。客户价值主张是公司宣传自身产品区别于竞品的工具，因此公司的产品宣传不能与价值主张相背离。为了使其尽可能有效，请将其置于客户更有可能接触到的地方，例如网站主页和登录页面、App最醒目的位置等。这样客户就可以快速确定你的产品的独特之处，而无须进行广泛的研究。

（4）区别于愿景与广告。愿景展示了公司未来想要成为的样子，广告则传达了产品形象和基调。而客户价值主张可以指导你的公司的广告并将你的公司与行业中的其他企业区分开来，同时介绍产品。

（5）包括提升价值的短语。当设计展示客户价值主张的登录页面或广告时，可以考虑以较小的字体提及企业提供的价值的其他方面，例如定制服务、免费送货、免费礼品或折扣和质量保证。这样，你可以通过为客户提供选择你的产品而不是竞争对手产品的更多理由来吸引客户的注意力。

（6）测试你的客户价值主张。最大限度地实现客户价值主张以提升销量的最好方法，是测试和收集有关其有效性的数据。测试客户价值主张的一种方法是 A/B 测试。它需要我们确定测试的客户价值主张的两个版本，然后衡量每个版本的点击量或吸引的潜在客户数量以及销量，以了解哪个版本能带来更多客户。

|案　例|

客户价值主张

示例 1：100 Bean Street 是一家新的咖啡店，专注于定制、移动订购和配送。它在其应用程序和网站澄清了自己的客户价值主张："你的咖啡，更近一些"。100 Bean Street 让客户可以更轻松地在蒙马特街区买到最喜欢的咖啡。当开设旗舰店时，100 Bean Street 致力于让每一份订单都准确无误。100 Bean Street 拥有专业的咖啡师以及该地区最多的咖啡豆加工方法。100 Bean Street 能将订单快速准备就绪并送货上门。

示例 2：Lit Works 从事工业照明行业已有 30 年历史。该公司开发了新的客户价值主张来进行品牌重塑：长期照明。30 年来，该地区的客户一直信赖 Lit Works 在企业、工厂和仓库中构建和维护的全面且可持续的照明解决方案。Lit Works 的设计师和技术人员始终致力于创建适合各个企业的预算、劳动力和环境的照明解决方案。

3. 价值获取

价值获取涉及公司在满足客户需求时，如何让自己获得回报，也就是通常所说的盈利模式。它是探求公司利润来源、获取收入的所有可能的手段。换句话说，价值获取就是明确我们要卖什么、卖给谁、目标是什么以及有什么好处。这需要回答以下问题：

- 提供什么产品、服务、系统解决方案？
- 与竞争对手相比，附加值是什么？
- 目标是什么？如何实现？
- 应该采用什么手段来提供产品或服务？
- 该活动产生的主要费用和收入有多少？

价值获取分为自发和自觉两种。自发的价值获取是指公司对如何盈利、未来能否盈利并没有进行系统思考，而是不断试错、纠错。公司虽然实现了盈利，但盈利的方式并不明确。该价值获取方式具有隐蔽性、缺乏系统性等特征。自觉的价值获取是指公司通过理论学习与实践总结，对盈利模式加以自觉调整和设计，它具有清晰性、系统性特征。公司在初创期与成长期的价值获取大多是自发的，而随着公司进入成熟期，公司开始重视价值获取的研究。实践证明无论是初创期、成长期还是成熟期的公司，都需要对其价值获取进行主动思考，因为实践证明自觉思考价值获取的公司，其成功的概率远远大于自发进行价值获取的公司。

美世咨询前副总裁亚德里安·斯莱沃斯基（Adrian Slywotzky）等人在《发现利润区》一书中提出了客户选择、价值获取、战略控制、业务范围四大战略要素。他们指出，公司要想获得成功，其设计必须基于客户需求并关注盈利能力。客户选择、价值获取、战略控制、业务范围之间必须互相促进，以确保业务设计能够作为一个内部互相协调与促进的整体发挥作用。亚德里安·斯莱沃斯基等人认为价值获取是一种极为复杂的现象，关于利润为什么能够产生以及如何产生，不同行业之间或者不同公司之间有着很大的区别，至少有 22 种盈利模式。在某些行业中，两种或者更多模式的相互作用才能很好地帮助公司产生利润。这 22 种盈利模式如下。

（1）客户解决方案模式。为了解客户，前期投入大量成本，通过净投入帮助客户设计解决方案，成功后往往会与客户建立良好的客情关系，具有较高的客户黏性，能够为自身持续地带来较高的利润。应用客户解决方案模式的著名公司有通用电气（从硬件到服务，到解决方案）、USAA（金融服务）和诺德斯特龙（零售业务）。

（2）产品金字塔模式。产品金字塔模式中，公司重点关注满足客户对产品或服务本身的偏好，例如加大关于客户对产品价格、性能、风格、颜色等偏好的研究，以获得更高的客户满意度。不同客户群体的偏好促使公司形成了自身金字塔式的产品组合，金字塔底部是低价位、大批量生产的产品，金字塔顶部是高价位、小批量生产的产品。绝大部分利润来自金字塔顶部，底部产品具有重要的"防火墙"作用，能够阻碍竞争者进入，保护利润丰厚的金字塔顶部产品。在汽车、钟表、电脑、手机等行业中，产品金字塔模式往往应用得极为广泛。

（3）多种成分系统模式。不同的销售系统具有不同的获利特征。可以低利润系统争取市场，以高利润系统提升整体利润。譬如可口可乐靠冷饮店和自动贩卖机获得较高利润，靠杂货店保有市场占有率，建立强势品牌；酒店业的常规业务利润相对较低，但公司会议租用业务利润非常高；书店本身零售的利润较低，但对机构的销售利润较高。

（4）交换机模式。在某些市场中，供应商与客户的交易发生成本很高。这就会导致出现一种高价值的中介业务，为多个供应商及客户提供一个交易平台，降低买卖双方的成本。参与交易的买家、卖家越多，通信成本和交易成本将越低，中介业务的收入将越高，譬如 eBay 拍卖网站。

（5）时机模式。时机模式是指比竞争者提早进入市场，在关键的时机获得最高利润。一旦模仿者进入市场，利润便开始下滑，公司就会不断地进行创新迭代来维持高利润和领导地位。采用时机模式的公司必须比竞争对手在产品或服务独特性方面拥有更多创新的先天优势，拥有不断迭代的能力，从而获得超额回报。应用时机模式的成功者是英特尔公司。英特尔在竞争中总是比同行先行两步。应用时机模式的行业包括软件行业、消费电子产品行业等。

（6）热门产品模式。热门产品模式多用于研究与开发投资大、产品推介成本高、产品寿命周期有限的行业。此种模式依靠增加产品销售数量提高利润，产品销售规模决定了利润水平。公司几乎所有的利润都来自热门产品，该种产品的收入十分可观，有可能是开发成本的数倍。例如，某公司的一种药品的开发成本为 5 000 万美元，而药品带来的收入累计达 5 亿美元。譬如皮克斯不断推出动画片，总有动画片是"黑马"；医药行业开发产品，总有热门产品可以持续盈利。

（7）利润乘数模式。利润乘数模式是指从同一产品、特色、商标、能力或服务中，重复地获取利润。譬如迪士尼公司让其卡通人物出现在电影、书籍和主题乐园中，而且大量授权给服饰、手表、文具等周边商品。如果公司的品牌足够强势，利润乘数模式是一个强有力的赚钱模式。一旦投巨资建立了一个品牌，消费者就会认同这一品牌。但采用利润乘数模式的公司要慎重地将品牌应用于没有影响的领域。例如迪士尼一直控制米老鼠、唐老鸭等形象的使用，避免将其应用于威胁其价值的领域。

（8）创业家模式。公司规模扩大后很容易患上大企业病，出现部门林立、山头主义、效率低下、决策缓慢等问题。创业家模式强调公司的创业精神，通过重组等手段，保持与客户的直接联系，维持利润水平。譬如热力电子公司（Thermo Electron）不断成立子公司，和客户保持密切联系，每个子公司都是独立的利润中心。

（9）专业化模式。专业化模式强调利用自身的技术专长和专家队伍，在某一特殊产品或客户群中建立良好的声誉，获得比一般公司高的利润。譬如电子资讯系统公司（Electronic Data Systems）专注于医疗、保险、制造和银行等领域的电脑化作业，获利不菲。采用专业化模式的公司，其盈利能力可能是"万金油"型公司的数倍，获利丰厚的原因是：低成本、优良的声誉、较短的销售期、更高的现金流入。

（10）基础产品模式。在许多采用基础产品模式的公司中，基础产品的销售额或利润并不高，但其衍生产品的利润极有吸引力。这样的业务包括复印机、打印机、剃须刀、电梯等。开发具有高潜力的基础产品能够带来更多的后续产品销售收入和利润。

（11）行业标准模式。行业标准模式是指建立业界标准，吸引其他企业（从设备制造商到应用开发商，到用户）进入。该模式最引人注目的是它的规模收益，进入的企业越多，产生的价值就越高。随着价值增加，行业标准制定者可以得到更大的规模收益。典型例子包括微软、甲骨文等。而在行业标准的竞争中失利的公司不得不靠边站，利润不断下降。

（12）品牌模式。多年来，应用品牌模式的公司投入巨额营销费用，以增加公众对自己产品的了解、认同、信任。反过来，用户使用"品牌"公司产品和服务的经历可以增强这种品牌效应。当客户愿意为品牌产品支付高价时，品牌便转化为利润。由于品牌产品的价格远远高于具备同样功能的其他产品的价格，因而成为品牌持有人盈利的主要来源。

（13）独特产品模式。当企业开发了新的独特产品，就有可能从这种产品的溢价中获利。在竞争对手开始效仿之前，独特产品获利丰厚。可以应用独特产品模式的行业包括制药业和化工业。在这些行业，随着时间的推移，由于专利到期或竞争等因素，独特产品的收益开始下降。于是，这些企业的关键任务就是研究与开发新项目，准备明天的独特产品。采用独特产品模式的公司有默克、Hercules 和 3M 等。

（14）区域领先模式。采用区域领先模式的公司，业务几乎完全是区域性的，一个区域接一个区域地进行"地毯式轰炸"，有序投资，建立自己的区域优势，成为区域领导者，以此增加盈利。典型领域包括上门医疗、零售。突出案例是在欧洲家喻户晓的快客电梯，该公司并不急于在全球发展业务，而是建立了自己的区域优势，利用区域优势来增加自己的利润。

（15）大额交易模式。在投资银行、不动产、商业贷款、长距离运输、长途旅行等行业，每多完成一笔交易，成本和利润并不是以同样的速度增加，利润集中在大额交易上，控制大额交易的公司将得到最多的回报，超大额交易的利润可以达到收入的90%。该模式的关键是识别大客户，争夺最好和最大的交易。

（16）价值链定位模式。很多行业的利润集中在价值链某些环节，而其他环节利润较少。例如计算机行业，利润集中在微处理器和软件领域；在化工行业，利润集中在生产领域，而不是销售领域。价值链定位模式认为把业务集中在产业价值链的某些环节可以获得更高回报。

（17）周期利润模式。许多行业都具有独特的、明显的周期，利润受行业周期变化的影响。公司虽然无法改变行业周期，但可以在了解周期的基础上提升自己的市场地位、销售收入。公司采用该模式，若管理得法可以带来成本优势或定价优势。例如，陶氏化学公司（Dow Chemical）就掌握了在不同行业周期的定价方法。当生产能力达到满负荷时，陶氏化学公司提高价格；当生产能力利用不足时，陶氏化学公司则降低价格。

（18）售后利润模式。售后利润模式是指公司不主要依靠销售产品来获利，而是主要依靠售后服务等来获利。通用电气是一家成功应用售后利润模式的企业。通用电气的航空发动机和内燃机事业部提供售后服务和融资业务，以便客户得到更多的价值。尽管售后利润模式与基础产品模式较为类似，但二者存在根本区别。一家公司即使没有基础产品，也可以利用售后利润模式获得收益。例如，软银虽然没有生产计算机方面的基础产品，但通过它的子公司向个人电脑用户出售附加存储器，获得了很高的利润。

（19）新产品利润模式。新的高利润产品推出之后，发展将会很快，而一旦产品成熟，利润就会下降。取胜的关键是时刻关注客户需求，准备下一代高利润产品并取得领导地位。经典例子是台式电脑市场成熟并无利可图时，笔记本电脑、服务器仍然有利可图。适用新产品利润模式的包括汽车、复印机、机械设备、电脑、乐器等行业。

（20）相对市场份额模式。在许多行业，市场份额高的企业较其他企业盈利能力更强。由于大型企业拥有较多的产品制造经验和批量购买原材料的条件，因而具有成本和定价方面的优势。较大的销售量也相对降低了广告费用和单位固定成本。相对市场份额是针对同行业竞争对手来说的，而不是指绝对的市场份额。在相对市场份额模式下，相对市场份额越大，企业越能够盈利。

（21）经验曲线模式。经验曲线模式是指企业在制造产品或提供服务方面积累了更多的经验的时候，每笔交易的成本就会下降。与没有经验的企业相比，一个积累了许多专业经验的企业将会更多地盈利。该模式的理论依据是经验曲线理论（experience curved shape theory），即随着生产某种产品或从事某种业务的数量的增加，公司经验不断积累，其生产成本将不断下降，并呈现出某种规律。管理咨询行业具有典型的经验曲线模式的特征，很多咨询公司按照客户所在行业进行组织划分，咨询案例积累得越多，项目运营成本就会越低，越容易获得客户青睐。

（22）低成本模式。一些企业采用低成本设计来战胜过去的经验，从而使行业现有对手的经验失去价值。纽柯公司在钢铁行业就应用了低成本模式。西南航空公司也采用低成本模式，凭借"点对点"航运模式等取得优势。面对采用低成本企业设计的供应商，重视常规方式和经验积累的供应商往往处于劣势。

如何设计公司的价值获取方式（盈利模式）？公司可在业务设计环节召开战略研讨会，事先确定好需要进行盈利模式研讨的业务，并组织公司管理者重点思考下面关于盈利模式的两个关键问题，填写表3-10。

- 公司各业务的理想盈利模式是什么？和现在相比有哪些创新？
- 基于盈利模式创新，我们的产品/服务设计需要做哪些创新？

表 3-10　价值获取（盈利模式）分析表

	盈利模式	盈利模式的创新点
业务 1		
业务 2		
业务 3		
业务 4		
业务 5		
业务 6		
业务 7		
……		

4.活动范围

活动范围是指业务价值链的经营范围和角色。企业在活动范围这个模块要做的工作是，确定经营活动中自己的角色和范围，并且基于角色和范围进一步确定"我们做什么、合作伙伴做什么"。也就是说，公司要想清楚在业务价值链中与合作伙伴的协作关系及自己位置，比如，哪些外包出去，哪些自己运营，等等。因此，活动范围问题就是自己与战略合作伙伴在业务价值链各个环节的参与问题。公司既可以从所在行业的单一或少数价值链环节入手开展垂直整合或横向整合，也可以只重点参与少数环节。

活动范围设计要求我们首先学习价值链分工的专业理论。20 世纪中后期，美国战略管理研究者纷纷开展价值链分工的实践研究。其中具有权威性的是迈克尔·波特的价值链理论。波特不但研究了公司研产供销的整个运营流程，还深入剖析了从研发设计到采购、生产加工、市场营销的整个价值链活动，形成了其独特的价值链理论。他还从全产业链出发，创新性地提出价值系统（value system）这一概念，认为公司竞争力不是体现在公司的一个或几个产品上，而是表现在整个产业价值链上，因此公司在价值链各个环节的影响力才是公司竞争力的主要体现。

布鲁斯·科格特（Bruce Kogut）在 1985 年提出了价值增值链（value added chain）的概念，其比波特的价值链更加具有影响力。他认为价值链是"技术与原材料以及劳动力进行组合，经过一系列加工活动最终生产出产品，通过市场上的交易、购买、消费等环节，最终形成产品的价值循环"。科格特扩大了波特价值链的范围，将价值链视角拓展到地区、国家乃至全球。他认为由于资源与能力的有限性，单个公司可能仅能参与价值链的某些环节。此外，科格特指出全球价值链的分工是由国家与公司的竞争优势决定的，而制定全球化战略应该以国家、公司的竞争优势为依据。

格莱菲（Gereffi）等人提出了"全球商品链"（global commodity chains，GCC）框架，指出在全球价值链中起主导作用的跨国集团公司协调整合全球各地处于价值链不同环节的公司，形成了"全球商品链"。格莱菲后来将"全球商品链"升级为"全球价值链"，后者指在全球范围内整合研发设计、采购供应、加工生产、市场营销、售后服务等的跨国公司网络组织。全球价值链更能反映商品价值创造的全过程。

从公司内部视角看，价值链的增值活动可以分为基本增值活动和辅助性增值活动两大部分。基本增值活动即一般意义上的"生产经营环节"，如材料供应、产品开发、生产运行、成品储运、市场营销和售后服务。这些活动都与产品实体的加工流转直接相关。辅助性增值活动包括组织建设、人事管理、技术开发和采购管理。这里的技术是广义的，既包括生产性技术，也包括非生产性技术，例如决策技术、信息技术、计划技术；采购管理既包括生产原材料管理，也包括其他资源投入的管理，例如聘请有关咨询公司为企业进行广告策划、市场预测、法律咨询、信息系统设计和长期战略计划等。

价值链的各环节之间相互关联、相互影响。一个环节经营管理的好坏可以影响到其他环节的成本和效益。例如，如果多花一点成本采购高质量的原材料，生产过程中就可以减少工序，少出次品，缩短加工时间。

　　虽然价值链的每一环节都与其他环节相关，但是一个环节能在多大程度上影响其他环节的价值活动，则与其在价值链上的位置有很大的关系。根据产品实体在价值链各环节的流转程序，企业的价值活动可以被分为"上游环节"和"下游环节"两大类。在企业的基本增值活动中，材料供应、产品开发、生产运行可以被称为"上游环节"；成品储运、市场营销和售后服务可以被称为"下游环节"。上游环节经济活动的中心是产品，与产品的技术特性紧密相关；下游环节的中心是顾客，成败主要取决于顾客特点。不管是生产性还是服务性行业，企业的基本活动都可以用价值链来表示，但是不同行业价值的具体构成并不完全相同，同一环节在各行业中的重要性也不同。例如，在农产品行业，由于产品本身相对简单，竞争主要表现为价格竞争，一般较少需要广告营销，对售后服务的要求也不高，与之相对应，价值链的下游环节对企业经营的整体效益的影响相对次要；而在工业机械行业以及其他技术性要求较高的行业，售后服务往往是竞争成败的关键。

　　价值链不同环节所创造的附加值不同。以制造业为例，往往研发、设计、市场营销等在价值链中创造较高的附加值。很多跨国公司根据各环节的附加值不同进行全球价值链分工。它们为了获得竞争优势，会按照不同地区的资源特征，使产品研发、设计、生产、组装以及销售分布在不同国家和地区，打造全球化的研产供销平台，从而实现利润的最大化。在全球价值链体系中，参与产品价值创造及其利润分配的不再是一国或几国之内的企业，而是资源协同的来自全球的企业。但是我们应当注意的是，各个环节、各个国家、各个公司在价值链中的地位有很大差异，有些是价值链的领导者，有的则只是参与者。

　　以华为公司为例，其对待活动范围的基本原则与态度非常明确，即根据自身资源与能力选择价值链的介入环节，并专注于能增强核心控制力的环节。华为作为全球通信行业的领导者之一，高度重视价值链中其他企业在产品设计、质量控制等环节的参与。例如华为 Mate 60 系列的麒麟 9000S 芯片就是华为自主研发设计，并由其他企业生产制造的。

|案 例|

美国 Threadless 的活动范围设计

Threadless 是活动范围设计的受益者。它的总部位于伊利诺伊州芝加哥，其主要发展历程如下。

2000 年，联合创始人杰克·尼克尔（Jake Nickell）和雅各布·德哈特（Jacob DeHart）创立了 Threadless。杰克·尼克尔和雅各布·德哈特最初在网上举办 T 恤设计竞赛，邀请用户将他们的 T 恤设计发布在线上，然后 Threadless 将最好的设计印在 T 恤上进行销售。

第一批衬衫印完后不久，两位创始人为 Threadless 建立了一个网站，并引入了投票系统，浏览者可以对各个 T 恤设计方案进行评分，以分数高低来评估设计方案的优劣，并作为生产与否的依据。

2002 年，杰克·尼克尔辞去了全职工作，专门经营 Threadless。前一批 T 恤售完后，Threadless 又生产了新一批 T 恤。

2004 年，Threadless 由 2000 年每隔几个月生产新 T 恤发展为每周都会生产新 T 恤。2004 年，利润约为 150 万美元。

Threadless 将绝大多数价值链环节外包。2006 年，公司利润达到 650 万美元。

2008 年，Threadless 被《公司》杂志评为"美国最具创新力的成长型公司"。虽然杰克·尼克尔没有透露销售额，但《公司》估计销售额为 3 000 万美元，利润率为 30%。"Threadless 完全模糊了设计者、生产者、消费者的界限。"评论文章引用了哈佛商学院教授卡里姆·莱克哈尼（Karim Lakhani）的观点："客户最终在其所有运营中发挥着关键作用：创意生成、生产、营销、销售预测。"

2010 年，阿布拉姆斯映像（Abrams Image）出版了杰克·尼克尔的著作《Threadless：来自世界上最鼓舞人心的在线设计社区十年内的 T 恤》。这本书介绍了 Threadless 十年的设计历程以及对许多设计师的采访。该公司战略被称为"共创"，即让客户成为产品开发者或设计师。

2017 年 10 月，Threadless 宣布收购一家名为 Bucketfeet 的鞋业公司。Bucketfeet 同样按需生产产品，并拥有自己的艺术家网络，其净资产为 5 000 万美元。Threadless 将把 Bucketfeet 及其艺术家整合到 Threadless 的网站中。

2020 年夏天，当口罩因新冠疫情变得紧缺时，Threadless 开始销售带有其艺术社区形象设计的口罩，并表示销售所得将捐给非营利组织 MedShare。

Threadless 的商业成功主要源自其活动范围设计，如图 3 - 10 所示，Threadless T 恤业务价值链上的设计、生产、物流等通过互联网工具采用了"共创"和"众包"的模式，为设计师与消费者提供了沟通平台；同时 Threadless 采用的是一种平台型组织架构，CEO 在后台，市场营销、IT 技术、售服是共同的资源中台，前台则是共创的设计师、消费者、生产商、物流商等。Threadless 将设计、生产、物流等职能互联网化、众包化、共创化，极大地降低了设计师的固定薪资成本，同时保持了源源不断的、新的设计创意；此外，控制了小批量生产的成本。

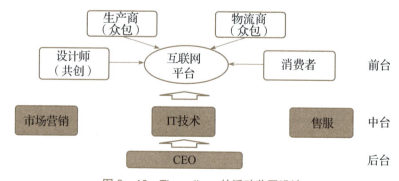

图 3 - 10 Threadless 的活动范围设计

当有人问成功秘诀是什么时，杰克·尼克尔总是说："我觉得很简单，我们提供了共创与众包，设计并生产顾客自己想要的产品。"

在活动范围设计中要思考以下两个最为基本的问题。第一个是我们在价值链中的定位：哪些我们做？哪些我们的合作伙伴（供应商、分销商、其他合作伙伴）做？第二个是选好合作伙伴：与什么样的合作伙伴合作？对合作伙伴的要求是什么？合作伙伴为我们提供什么价值？企业要沿着一个业务的价值链来划分活动范围，可以只做产业链中的某个或某几个环节，其他环节交给合作伙伴去完成。实际操作中，活动范围设计可以分为四个步骤。

（1）划分业务价值链各个环节。

活动范围设计的第一步是划分业务价值链各环节。我们可以运用迈克尔·波特的价值链理论。20世纪80年代，价值链理论是作为一种战略分析方法而提出的。其提出者迈克尔·波特指出，任何公司的价值链都是由一系列相互联系又相互分离的活动构成的，他列举了典型制造业公司的价值链活动（包括产品的研发、采购、制造、物流、营销、销售以及对产品价值创造起辅助作用的其他活动），同时指出不同行业的价值链有很大差异。一些行业的价值链如图3-11所示。

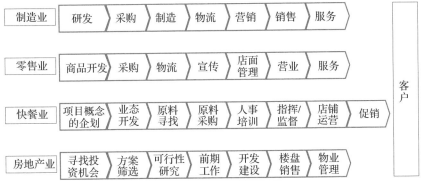

图 3-11 一些行业的价值链

（2）分析各环节状态以及资源与能力要求。

该步骤是为了明确价值链各环节状态以及对公司资源与能力的要求，进而找出支持公司竞争优势的关键增值环节。例如制造业公司可以从研发、制造、物流、销售等环节分析企业所具备的资源与能力。虽然价值链的每项活动以及与供应商、分销商、客户之间的互动都是公司成功所必需的，但它们对公司竞争优势的影响是不同的，在价值链关键环节建立和强化竞争优势更容易使公司获得成功。

我们可以运用表3-11帮助我们分析各个环节状态以及资源与能力要求。在分析过程中我们还可以使用资源能力树等工具进行分析，明确价值链各环节对公司资源与能力的要求。

表3-11　价值链环节状态以及资源与能力要求

价值链环节	基本状态描述	资源与能力要求描述	本公司优劣势

（3）评估在价值链不同环节参与的必要性。

迈克尔·波特认为，价值链的各项活动一方面创造出有价值的产品或服务，另一方面产生成本，而公司经营的目标是获取客户对产品或服务所愿支付价格与所耗成本间的差额，即利润。所以，价值链分析的目的是确定公司活动中哪些由自己经营是增值的，哪些由自己经营是不增值的。活动范围设计要求把不增值环节外包出去，让更擅长的合作伙伴去做。

评估在价值链不同环节参与的必要性，要求我们分析本公司在各个环节上是否能够为整个价值链增值。这能够帮助我们提高整个价值链的产出或降低成本。

（4）进行价值链环节取舍并确定活动范围。

最后我们要进行价值链不同环节的取舍，确定活动范围。我们可以借助活动范围设计表（见表3-12）做出决策。该表的填写规则如下：

- 列出价值链各个环节；
- 分析价值链每个环节对能力与资源的要求；
- 分析本公司在该环节上的优劣势；
- 分析本公司自主经营是否能够增值；
- 选择自主经营、控股/参股、外包等多种模式；
- 明确活动范围设计的实施要点，明确关键控制点。

表3-12 活动范围设计表

价值链环节	资源与能力要求	本公司优劣势	是否增值	活动范围设计			实施要点与关键控制点
				自主经营	控股/参股	外包	

5. 战略控制

战略控制是指分析公司业务的竞争壁垒，设计战略控制点，以打造自己的竞争优势。华为公司认为只有根据竞争壁垒设计战略控制点，才能构筑起有效针对竞争对手的"竞争门槛"，避免竞争对手对公司业务产生冲击，保护自己的地盘不被竞争对手侵蚀。战略控制适用于处于不同商业周期的公司。处于初创期的公司在路演时，投资人往往会问：你的竞争对手是谁？你防止竞争对手冲击的"护城河"是什么？你有什么样的竞争优势？而要想回答好这几个问题，就要分析竞争壁垒并设计战略控制点。

如何有效地构筑起公司的竞争壁垒？我们可以从以下几个方面来讨论。

（1）形成服务壁垒。当服务成为价值链活动范围设计的增值环节时，我们就可以将客户服务差异化作为重要的战略控制点，要求员工进行客户调查，明确服务要求，建立优质客户服务系统，提供满意服务，从而提高客户忠诚度，吸引新客户，扩大市场份额。

（2）形成品牌壁垒。品牌在不同行业的重要性有所差异，但无论如何，在战略控制设计时如果能够建立强大的品牌形象，往往能够赢得客户。为此，公司必须进行品牌定位与设计，通过各种传播途径增强公司品牌的知名度，例如投放多样性广告，定期参与品牌展示活动，抢占在客户心目中的最佳位置，给他们留下良好的品牌印象。

（3）形成技术壁垒。加强公司的研发和创新，提高产品的质量和性能，甚至形成产品技术标准，就能减少竞争对手进入市场的机会和可能性，满足客户的需求，提高竞争力，赢得客户的认可，实现公司的利润最大化。

（4）形成营销壁垒。公司应根据市场动态及时调整营销策略，采用不同的营销组合，建设强有力的营销通路，抢先进入新兴市场。公司应采取有利于吸引客户、留住客户的营销政策，比如提供质量保证、及时交付、给予优惠等；同时定期推出新的促销活动，吸引客户的注意力，在营销通路与终端客户上形成营销壁垒。

（5）形成专利壁垒。公司应有专利意识，避免竞争对手仿造公司的产品并获取更大的市场份额。公司应运用专利法规来加大对本公司产品的保护力度。

（6）形成价格壁垒。随着成本成为行业价格竞争的关键要素，公司要致力于形成规模化效应、完善供应商布局、实施生产运营精细化管理，以控制成本，打造自身的成本优势。拥有成本优势的公司，能够进行有效的价格管控，打造"价格护城河"，从而战胜竞争对手。

（7）形成资质壁垒。部分行业对公司资质有严格要求，国家控制这些资质的获得，这种情况下拥有资质等于构筑起"资质护城河"。例如我国一直对工程咨询行业实行资质管理，颁布一系列市场准入制度和法律法规，对从事工程咨询业务的公司资质做出规定。申请从业资质的公司需在注册资本、专业技术人员等方面满足相应要求，并在资质许可的范围内从事业务活动。

（8）形成人才壁垒。对人才队伍的素质提出更高要求，积极打造人才壁垒，能够使企业在激烈的市场竞争中脱颖而出，还能促进企业内部的持续创新和长远发展。这种壁垒是企业成功的关键，也是企业进一步吸引、培养和留住顶尖人才的有力保障。

一旦形成了竞争壁垒，竞争对手要想打破壁垒就要付出惨痛的代价，这些代价意味着增加它们进入的风险系数。企业打造的竞争壁垒越高，就会有越多竞争对手难以达到进入的条件。如果相同区域和市场内的竞争者较少，公司就有更多可能获得持续的产品或者服务利润。

|案 例|

竞争壁垒分析

一、零售连锁药店的竞争壁垒

品牌壁垒、规模壁垒、资金壁垒往往是新进入者或挑战者面临的三大难题（见图 3-12），从而提高了行业的准入门槛。

品牌壁垒	①零售连锁药店品牌认知是消费者基于产品质量、服务体验、门店形象、规模实力等因素形成的一种认知，需要持续投入资源以提升品牌形象 ②对于新进入者或挑战者而言，品牌壁垒是无法在短期内跨越的巨大障碍
规模壁垒	①零售连锁药店的关键成功要素之一就是在行业对抗中形成规模优势 ②对于新进入者或挑战者而言，如果无法快速形成规模优势，就很难形成竞争力
资金壁垒	①规模优势决定了需要大量资金的支持，如此才能快速实现自营门店扩张、门店经营软硬件条件的提升 ②对于新进入者或挑战者而言，资金壁垒也是面临的主要难题之一

图 3-12　零售连锁药店的竞争壁垒

二、精神专科医院的竞争壁垒

精神专科医院的竞争壁垒如图 3-13 所示。

品牌壁垒	①精神专科医院的品牌认知是患者基于医疗技术、服务体验、就诊环境、规模实力等因素形成的一种社会认知，需要持续长期经营以提升品牌形象 ②某些民营医院依托知名高校在地区甚至全国形成品牌优势后，在患者中建立了很高的信任度 ③对于新进入者或挑战者而言，品牌壁垒是无法在短期内跨越的巨大障碍
人才壁垒	①医疗技术首先体现在人才资源上，我国精神病医疗人才严重不足，因此高技术水平的医疗团队成为该行业的重要进入壁垒 ②相对于知名公立医院，由于在科研立项、职称晋升、户籍政策等方面存在劣势，民营医院即便开出数倍于公立医院的年薪，也不易吸引业务骨干 ③对于新进入者或挑战者而言，人才壁垒是需要应对的问题之一
资金壁垒	①品牌壁垒决定了需要大量资金支持，如此才能快速形成品牌的影响力 ②对于新进入者或挑战者而言，资金壁垒也是面临的主要难题之一
技术壁垒	①卫生部门对医疗技术进行分类管理，有些技术需要经过严格审批，准入门槛高，部分医疗技术只有少数高等级医院才能利用，低等级医院无法利用，技术壁垒高 ②对于新进入者或挑战者而言，如果无法获取技术优势，就很难形成品牌竞争力

图 3-13　精神专科医院的竞争壁垒

　　完成竞争壁垒分析后，我们就可以寻找战略控制点。一流公司做标准，二流公司做品牌，三流公司做产品，结合行业竞争壁垒与自身能力去选择战略控制点，就会成就不同段位的公司。例如华为公司将战略控制点按照控制能力从弱到强分为 10 个段位（见表 3 - 13），依次为产品成本有劣势、产品成本情况一般、产品成本有 10% ～ 20% 的优势、产品开发领先 1 年、产品开发领先 2 年、拥有品牌 / 版权 / 专利、拥有卓越的客户关系、在价值链某些环节拥有超主导地位、管理价值链、拥有标准等。

表 3 - 13　战略控制点设计的 10 个段位

控制能力	段位	战略控制点
强	10	拥有标准
	9	管理价值链
	8	在价值链某些环节拥有超主导地位
	7	拥有卓越的客户关系
中	6	拥有品牌 / 版权 / 专利
	5	产品开发领先 2 年
弱	4	产品开发领先 1 年
	3	产品成本有 10% ～ 20% 的优势
极弱	2	产品成本情况一般
	1	产品成本有劣势

　　（1）产品成本有劣势和产品成本情况一般。产品成本有劣势、产品成本情况一般（平均水平）是控制能力最弱的两个段位。处于这两个段位的公司和品牌有很多，众多平庸公司都处于这两个段位。

　　（2）产品成本有 10% ～ 20% 的优势。产品成本有 10% ～ 20% 的优势能够让公司有更大的攻城略地的操作空间。在行业进入成熟期时，成本领先的公司可以利用其性价比优势争夺市场空间，进而收割更大的市场份额。

（3）产品开发领先 1 年。产品开发能力相对较强的公司，可以做到让自己的产品在品质、性能、功能等方面比竞争对手领先 1 年，可以给自己建立起"护城沟"，形成一定程度的竞争壁垒。

（4）产品开发领先 2 年。产品开发领先 2 年的公司拥有绝对的技术优势，采用该战略控制点的公司会利用自身绝对的技术优势，让产品的品质、性能、功能领先 2 年，给自己建立起竞争壁垒的"护城河"。

（5）拥有品牌／版权／专利。品牌可以将公司／产品与竞争对手区分开来，而版权／专利可以限制其他竞争者进入市场或复制创新产品，它们是由国家授予的独占权利，让发明人或创新者拥有在一定时间内对其发明或创新成果进行独立使用的权利。

（6）拥有卓越的客户关系。卓越的客户关系能够让客户最终选择该企业。拥有卓越的客户关系要求企业在分析客户、开发客户、满足客户需求、维系客户方面具备很强的能力。分析客户／开发客户是项目开启的关键，满足客户需求则是进行全面市场拓展的基础，维系客户是企业长远发展的前提。

（7）在价值链某些环节拥有超主导地位。很多企业聚焦于行业内某一个或某几个业务。例如手机芯片设计与生产商，若能持续不断地开发领先的芯片产品，就可以在整个行业价值链里占据超主导地位。

（8）管理价值链。领跑企业的竞争会走向基于价值链的竞争，强有力的竞争也是基于价值链的竞争。采取这种战略控制点设计的往往是大型企业集团，它们控制了整个价值链的上游、中游和下游的关键业务。例如飞鹤奶粉，从奶源到生产和营销，每个环节的关键业务都由飞鹤集团管控。

（9）拥有标准。跨国公司往往会影响国际标准化组织，以使自己的标准发展为行业标准。如果某公司的标准就是行业标准，该公司将处于战略控制点的最高段位，因为公司拥有标准，也就拥有了行业话语权。

总结战略控制点的经典案例十分容易，但是设计和构建战略控制点却十分具有挑战性，因为企业需要利用战略控制点打造竞争对手不易构建、模仿、超越的竞争壁垒。企业需要结合自身资源与能力的优劣势去设计战略控制点，也可以组织战略控制点设计的研讨会。以下借助表 3-14 完成整个分析过程。

表 3-14　战略控制点设计过程分析表

段位	战略控制点	竞争对手 1 的当前水平	竞争对手 2 的当前水平	本企业当前水平	本企业目标水平
10	拥有标准				
9	管理价值链				
8	在价值链某些环节拥有超主导地位				
7	拥有卓越的客户关系				
6	拥有品牌／版权／专利				
5	产品开发领先 2 年				
4	产品开发领先 1 年				
3	产品成本有10%～20%的优势				
2	产品成本情况一般				
1	产品成本有劣势				

如表 3-14 所示，首先我们根据行业竞争壁垒特点，分析竞争对手、本企业在战略控制点中的段位，然后选择本企业目标段位。完成表 3-14 所示的分析后，企业还要进一步分析战略控制点的关键成功因素，并根据关键成功因素采取相应措施。

6. 风险控制

风险控制是指公司通过准确识别其在战略转型升级过程中可能面临的各种风险，并采取有效的防范措施，对接后面的关键任务的过程。佐佳咨询将公司的风险按照来源划分为三大类（见图 3-14）。

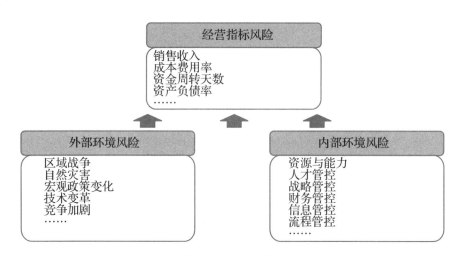

图 3－14　风险分类

（1）经营指标风险。

经营指标风险是指内外部因素变化所导致的重要经营指标发生异动的风险，如公司成本费用率上升、资金周转天数出现异常等。从严格意义上说，经营指标风险并不能单独作为一个风险类别，因为经营指标风险是由外部环境与内部环境造成的。但是为了便于理解和管理，我们将其单独作为一类。

从战略视角来看，经营指标风险识别主要通过差距分析来实现。在业务设计时应当识别经营指标风险并及时监控、预警，做到防患于未然。进行经营指标风险控制需要建立风险控制体系以及战略执行监控机制，一旦发现风险，即启动风险控制系统进行风险的转移、分散、减轻与消除。

（2）外部环境风险。

外部环境风险是指外部环境不断变化给公司带来的风险，如区域战争、自然灾害、宏观政策变化、技术变革、竞争加剧等带来的风险。从战略视角来看，外部环境风险主要通过市场洞察来识别。公司在业务设计中应当识别这些风险，并就风险控制提出关键任务。

与经营指标风险一样，该类风险的控制需要通过公司的风险控制体系来实现，以对外部环境变化可能带来的风险进行识别，尤其是针对热点事件进行监控与风险分析，明确外部环境异动的风险级别。

（3）内部环境风险。

内部环境风险是指公司内部因素及其变化所带来的风险，如人才管控缺失所带来的未来核心人才管理的危机。从战略视角来看，外部环境风险也主要通过市场洞察来识别。

流程管控风险是内部环境风险的一个最重要组成部分，因此识别并控制流程管控风险是风险控制设计的重要内容。风险控制的关键任务之一是将风险控制体系与流程体系连接，建立流程风险识别、评估、对策制定的操作规程。

在业务设计中进行风险控制的战略设计，首先要进行风险识别（见表 3 - 15），对经营指标异常、外部环境改变、内部环境变化等带来的风险进行识别，罗列所有可能的风险点。

表 3 - 15　风险识别表

序号	风险名称	风险属性	风险描述

其次进行风险评价。这是对识别的风险进行分级的前提。风险评价坐标图可以有效帮助我们进行风险评价。如图 3 - 15 所示，风险评价坐

标图使用风险发生概率、风险影响程度这两大要素对流程的每一个环节中的风险进行识别、评价。处于坐标图右上角的风险（属于 A 级风险）是需要重点控制的风险。对于该级别的风险，要优先制定各项控制措施，确定预控的关键任务，未来在战略执行中进行严格控制。对于坐标图中间的 B 级风险，则补充制定各项控制措施，在风险控制体系中进行日常防范，不在战略规划报告文件中设置预控关键任务。对于坐标图左下角的 C 级风险，则仅进行常规风险控制，在风险控制体系中不做特别处理，如果发生，可承担该类风险。

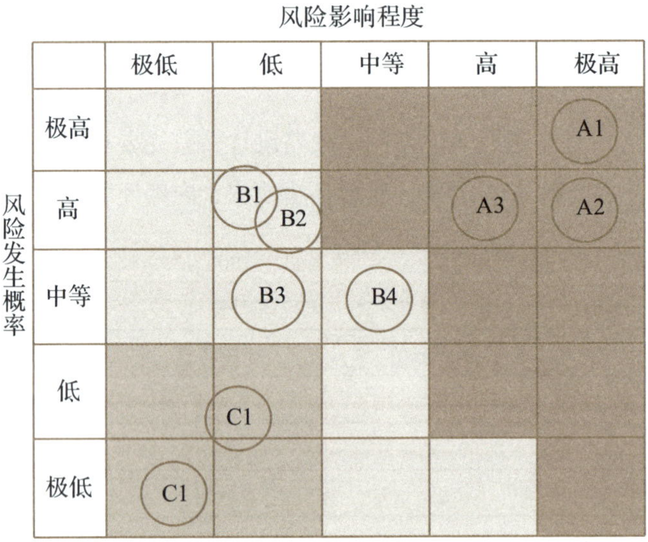

风险影响程度

	极低	低	中等	高	极高
极高					A1
高		B1 B2		A3	A2
中等		B3	B4		
低		C1			
极低	C1				

（纵轴：风险发生概率）

图 3-15　风险评价坐标图

在运用风险评价坐标图进行风险识别与评价时，界定各环节风险发生的概率以及发生风险后可能带来的影响大小，需要比较高的专业技能。

完成风险识别与评价后，就需要寻找风险的应对措施，制定风险控制的详细操作文件。而在战略规划中，则需要针对 A 类风险进行应对措施的描述，并在关键任务中澄清必要的行动计划。

|案 例|

M 科技股份公司风险应对措施

M 科技股份公司梳理了风险的应对措施。如图 3-16 所示，该公司一共识别出六个 A 级风险，并对这六个风险进行了描述，初步提出了风险防范的对策。同时，该公司还将这些对策在关键任务中进行了行动计划的进一步细化。

	风险识别	风险防范
① 环境与政策风险	行业政策、经济因素、汇率变化等给整个行业带来的威胁	每季度战略报告需加强外部环境尤其是行业政策变化的分析，并提前进行预警和应对
② 新领域进入风险	由于进入大健康等新领域还存在未知风险，可能会有进入失败或者对主业现金流产生不利影响的风险	需加强对大健康等新领域的研究，选择更好的进入方式，科学制订方案，先轻资产进入再逐步进行重资产投入
③ 创业投资风险	为反哺主业而开展创投业务，需要防范其中可能的投资风险	规范投资管理流程，做好投资项目的尽调与论证工作，加强与××行业投资人(如优秀的投行)的沟通和合作
④ 过度多元化风险	成长型公司如果过度多元化，可能会分散资源与精力，存在无法集中优势资源发展主业的风险	高层领导一定要保持战略定力，聚集主业，特别抓好××产品的持续发展和增长，确保公司整体经营业绩不受影响
⑤ 组织架构与中高层管理者能力不匹配风险	由于公司战略对公司组织架构、中高层管理者的能力都提出新的要求，因此可能存在组织架构与中高层管理者能力不匹配的风险	根据管控模式与组织架构要求，采取循序渐进的方式推动组织架构的变革，适度地引进外部人才补充中高层管理团队
⑥ 人才资源风险	由于市场、营销、研发、投资等方面人才储备不足，因此会存在部分关键任务无法有效落地、实施的风险	遵循将优势资源投入核心部门的原则，加大市场、营销、研发、投资等岗位人才的引进力度

图 3-16 M 科技股份公司风险应对措施

3.3 解码关键任务

关键任务是落实战略意图与业务设计的关键举措，对组织能力、文化氛围、人才管理等职能层战略能够产生重要影响。关键任务至少有三个来源。

（1）业绩差距与机会差距、战略目标。

首先，从差距上看，无论业务差距还是机会差距都会成为关键任务的重要来源，如表 3 - 16 所示。

表 3 - 16　从差距推导关键任务

序号	差距描述	业绩差距	机会差距	驱动因素	关键任务（初稿）		
					任务名称	主要里程碑	资源需求
		√					
		√					
		√					
			√				
			√				
			√				

其次，如表 3 - 17 所示，我们还可以从战略目标推导关键任务。我们不仅要选择财务目标、市场目标，还要选择管理目标作为分析的起点。

表 3 - 17　从战略目标推导关键任务

序号	战略目标	驱动因素	关键任务（初稿）		
			任务名称	主要里程碑	资源需求

续表

序号	战略目标	驱动因素	关键任务（初稿）		
			任务名称	主要里程碑	资源需求

（2）客户价值主张。

关键任务要能够支持业务设计，尤其要确保业务设计中的客户价值主张落地。客户价值主张为客户提供了购买产品或服务的理由。客户价值主张的起点是客户需求，因此它必须依靠公司的关键任务来落地，离开了关键任务的客户价值主张就是一句空话。如表 3-18 所示，可从客户价值主张推导关键任务。

表 3-18　从客户价值主张推导关键任务

序号	客户价值主张	驱动因素	关键任务（初稿）		
			任务名称	主要里程碑	资源需求

（3）战略控制点。

战略控制点也是关键任务的重要来源之一。假设我们选择了最高段位的"拥有标准"这个战略控制点，我们就有全球标准建设的关键任务，以帮助企业使自身的标准成为全球标准。表 3 - 19 可以帮助我们从战略控制点推导关键任务。

表 3 - 19　从战略控制点推导关键任务

序号	战略控制点	驱动因素	关键任务（初稿）		
			任务名称	主要里程碑	资源需求

解码关键任务时，我们必须意识到关键任务具备以下几个特征：

第一，关键任务必须是聚焦的、有限的，它是能够支持战略实现的任务。

第二，所有关键任务都必须是重要的，能够改善公司绩效。

第三，关键任务要具有创意，创意能拉大差距，帮助公司取得竞争优势。

第四，关键任务对具体行动具有导向作用，有明确的里程碑描述，因此关键任务必须有可衡量的标志性成果。

根据上述原则，我们从差距/战略目标、客户价值主张、战略控制点等维度初步推导出关键任务后，还需要运用重要 - 紧迫矩阵帮助我们筛选关键任务。如图 3 - 17 所示，重要 - 紧迫矩阵从重要性以及实施难易程度和紧迫性两个维度将被评估的任务分为四大类，第一类必须立刻做，第二类要抓住时机做，第三类要在有资源的条件下做，第四类要伺机而动。其中第一类、第二类是要列入关键任务清单的任务，而第三类、第四类则纳入观察与备选清单。

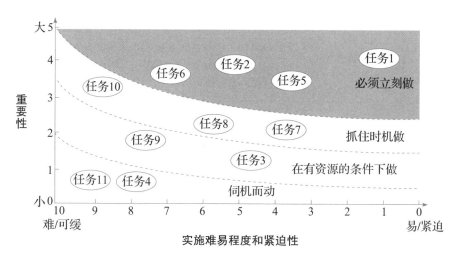

图 3－17　重要－紧迫矩阵示例

完成重要－紧迫矩阵需要经历三个步骤。以某企业为例，第一步是分析关键任务（初稿）的影响，根据重要性进行评分（见表 3－20）。

表 3－20　关键任务（初稿）相对重要性评分

序号	关键任务（初稿）	影响	评分
1	稳定 A1 产品的市场销量	开展 A1 产品的成本压力测试与成本降低研究，提升应对未来价格战的能力，稳定 A1 产品全球销量，这对公司销售业绩有决定性影响	5 分
2	培育两个销售额过百亿元的系列新品	在芯片设计与智能制造领域分别打造两个销售额过百亿元系列新品，该任务对公司三年后的销售业绩有决定性影响	5 分
3	扩大 B2 产品的销售规模	快速推广 B2 产品，以实现在全国及国际市场上 45 亿元的年收入，这对公司销售业绩有较大影响	4 分

续表

序号	关键任务（初稿）	影响	评分
4	推动 C1 产品互联网营销	推动 C1 产品互联网营销，对公司销售业绩有较大影响	4 分
5	遴选配套的核心零部件	对成本控制与供应链风险控制产生重要影响，决定核心产品应对价格战的能力，对公司核心产品毛利贡献有较大影响	4 分
6	打造芯片上下游产业链	加大对光刻机、CC 技术、ABC 技术的投入，打造完整的芯片产业链，这对公司销售业绩、利润等指标有决定性影响	5 分
7	提升智能制造水平与产能	推进现有设备、工艺的改进及新设备的引进，提升产能，这对公司产生的影响较小	2 分
8	提升管理者的领导力	通过招聘等手段引入研发与国际营销等方面的领军人物，加强对中层管理者的领导力培训，提升其专业能力与职业素养，这对公司未来的发展有较大影响	4 分
9	完善公司的组织管控模式	以品牌与企业文化建设为基础，完善公司组织管控模式，这对公司效率提升及未来发展有一定影响	3 分
10	优化营销团队	快速组建具有全球营销能力的团队，健全营销团队的组织、考核机制，这对公司销售业绩有较大影响	4 分

　　该步骤主要分析关键任务（初稿）对公司效益的影响程度，主要分析关键任务对规模、利润等主要战略目标的贡献程度。

　　第二步是分析关键任务（初稿）的实施难易程度和紧迫性。将两大指标的评分结果综合起来，得出最终的综合评估分数（见图 3 - 18）。

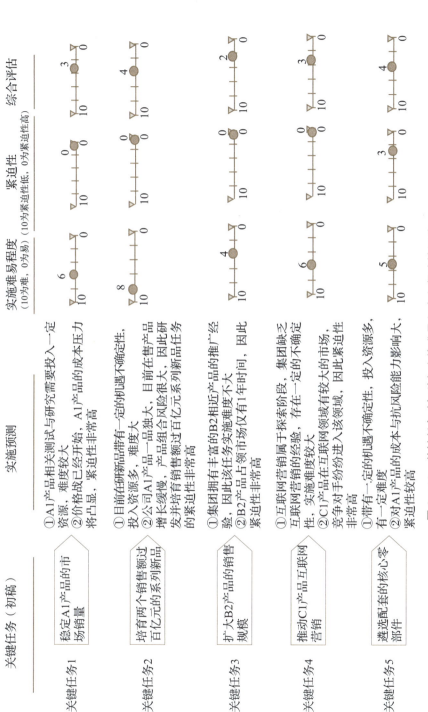

图 3-18 关键任务（初稿）实施难易程度和紧迫性评分

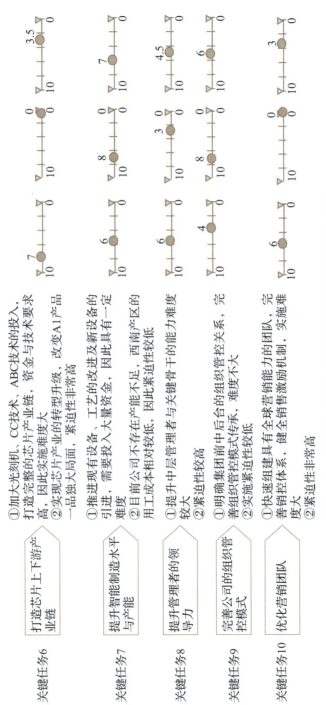

图 3-18 关键任务（初稿）实施难易程度和紧迫性评分（续）

关键任务6　打造芯片上下游产业链

① 加大光刻机、CC技术、ABC技术的投入，打造完整的芯片产业链，资金与技术要求高，因此实施难度大

② 实现芯片产业的转型升级，改变A1产品一品独大局面，紧迫性非常高

关键任务7　提升智能制造水平与产能

① 推进现有设备、工艺的改进及新设备的引进，需要投入大量资金，因此具有一定难度

② 目前公司不存在产能不足，西南产区的用工成本相对较低，因此紧迫性较低

关键任务8　提升管理者的领导力

① 提升中层管理者与关键骨干的能力难度较大

② 紧迫性较高

关键任务9　完善公司的组织管控模式

① 明确集团前中后台的组织管控关系，完善组织管控模式传承，难度不大

② 实施紧迫性较低

关键任务10　优化营销团队

① 快速组建具有全球营销能力的团队，完善销售体系、健全销售激励机制，实施难度大

② 紧迫性非常高

第三步是将重要性、实施难易程度和紧迫性的评估结果反映在重要 – 紧迫矩阵中（见图 3 – 19）。

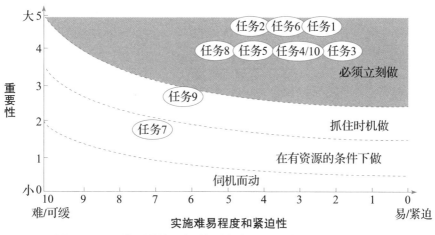

图 3 – 19 评估后关键任务（初稿）在重要 – 紧迫矩阵中的位置

表 3 – 21 中将必须立刻做、抓住时机做的关键任务列入公司战略规划，而将在有资源的条件下做、伺机而动的关键任务列入观察列表。

表 3 – 21 关键任务筛选一览表

序号	关键任务名称	必须立刻做	抓住时机做	在有资源的条件下做	伺机而动
1	稳定 A1 产品的市场销量	★			
2	培育两个销售额过百亿元的系列新品	★			
3	扩大 B2 产品的销售规模	★			
4	推动 C1 产品互联网营销	★			
5	遴选配套的核心零部件	★			

续表

序号	关键任务名称	必须立刻做	抓住时机做	在有资源的条件下做	伺机而动
6	打造芯片上下游产业链	★			
7	提升智能制造水平与产能			★	
8	提升管理者的领导力	★			
9	完善公司的组织管控模式		★		
10	优化营销团队	★			

　　下面对关键任务进行描述，明确关键任务目标、实施原则、战略推进计划、里程碑、标志性成果，如表 3 - 22 所示。

表 3 - 22　关键任务描述示例

关键任务（培育两个销售额过百亿元的系列新品）	
目标	分别在芯片设计与智能制造领域培育出两个销售额过百亿元的系列新品，打造出"黑马品种"
实施原则	①控制好研发进度，提升研发效率 ②抓住芯片设计与智能制造领域的发展机遇，大力投入资源，为可持续发展奠定坚实的基础 ③坚持市场导向与技术导向相结合的原则，引入新品不仅要看研发投入、技术水平，更要看市场规模 ④围绕未来热门领域集聚资源进行研发，主要包括新能源 / 智能化汽车制造、高端智能化装备制造等

续表

战略推进计划	2022—2025 年里程碑	标志性成果
销售额过百亿元系列新品培育计划	**新能源 / 智能化汽车制造领域系列新品：** ①研发（2022 年 1 月至 2023 年 12 月）：攻克新能源汽车电控芯片和智能驾驶芯片等关键技术，确保产品性能领先。 ②中试生产与质量认证（2023 年 1 月至 2024 年 6 月）：建设中试生产线，优化工艺，通过国际认证，确保产品质量和稳定性。 ③市场推广（2024 年 1 月至 2025 年 12 月）：制定全球市场推广策略，参加重要展会，建立合作关系，拓展市场份额。 ④规模化生产与效率提升（2024 年 6 月至 2025 年 12 月）：建设大型生产基地，实现量产，降低生产成本，提高市场竞争力。 ⑤经济效益与社会贡献（2022 年 1 月至 2025 年 12 月）：预期四年内总产值超 100 亿元，推动新能源汽车行业发展，减少环境污染，提升国家技术竞争力。 **高端智能化装备制造领域系列新品：** ①研发（2022 年 1 月至 2023 年 12 月）：完成关键技术攻关，推出具有自主知识产权的高端智能化装备原型产品。 ②中试生产与质量认证（2023 年 1 月至 2024 年 6 月）：建立并运行中试生产线，优化产品设计和制造工艺，通过 ISO 等国际认证。 ③市场推广（2024 年 1 月至 2025 年 12 月）：实施全球市场推广计划，开拓国际市场，签订战略合作协议。 ④规模化生产与效率提升（2024 年 6 月至 2025 年 12 月）：启动规模化生产，全面提升产能，降低生产成本，实现高效运营。 ⑤经济效益与社会贡献（2022 年 1 月至 2025 年 12 月）：通过市场反馈不断优化产品，增强经济效益和社会影响力，确保实现年销售收入超过 100 亿元。	在原定时间内打造出两个销售额过百亿元的系列新品

3.4 滚动输出战略规划

战略规划环节输出的是战略规划文件，简称 SP 文件，华为公司将其又称为"中长期发展计划"，时间跨度为 3～5 年。公司各产品线、营销等部门从每年春季开始滚动制定 SP 文件，并于年中接受评审。华为公司的 SP 文件主要有两大输出项：一是机会点业务设计；二是中长期战略规划，包括三年战略方向、三年财务预测、客户和市场策略、解决方案、技术和平台策略、质量策略、成本策略、交付策略、关键任务等。

在现实操作中的特殊时间点上，战略规划报告还应当包括战略分析的内容，因此很多公司的战略规划报告都会包含差距分析、市场洞察、创新焦点等内容。表 3 - 23 是一个最为典型的成长型中小企业战略规划文件的目录。

表 3 - 23　某公司战略规划文件目录

一级目录	二级目录	注意要点
差距分析	1. 总体及各业务经营现状回顾 2. 业绩差距与机会差距分析	• 总体 / 业务 / 举措回顾 • 业绩差距与机会差距
宏观环境分析	1. 国家政策法规分析 2. 宏观经济形势分析 3. 社会文化环境分析 4. 技术环境分析	二级目录未按照 PEST 罗列，可以直接按照外部环境变化要点进行陈述
业务环境分析	1. A 业务环境分析 2. B 业务环境分析 3. C 业务环境分析 4. D 业务环境分析 5. 创新机会型业务环境分析	各业务的行业发展现状与发展趋势、波特五力模型、行业关键成功因素分析
内部环境分析	1. 企业内部价值链分析 2. 资源与能力分析	• 价值链分析 • 关键成功因素
SWOT 综合分析	1. 机会与威胁、优势与劣势 2. SWOT 矩阵分析 3. 对战略规划的启示	重点输出战略启示

续表

一级目录	二级目录	注意要点
创新焦点	1. 创新机会识别 2. SPAN 模型 3. 业务组合策略	● 产业创新分析 ● 产品创新分析 ● 管理创新分析
战略意图	1. 使命、愿景与价值观 2. 战略定位 3. 指导思想 4. 战略目标	● 使命、愿景与价值观简洁、易记 ● 总体战略目标
业务设计	1. A 业务设计 2. B 业务设计 3. C 业务设计 4. D 业务设计 5. 创新机会型业务设计	● 客户选择 ● 客户价值主张 ● 价值获取 ● 活动范围 ● 战略控制 ● 风险控制
关键任务	1. 关键任务清单 2. 行动计划	● 关键任务目标 ● 实施原则与计划

对于大型企业集团而言，战略规划文件往往按照多法人的组织层级进行分级编制，例如集团总部有集团战略规划文件，集团旗下的子公司有各自的战略规划文件，同时集团总部相关部门还会编制品牌、企业文化、组织发展、人力资源、财务与资本运营等职能战略规划文件，其内容与结构相对复杂。

第四章

战略解码

战略解码是战略闭环的第三个环节，华为公司认为，战略解码是通过可视化方式，将企业战略转化为每个部门、全体员工可理解、可执行的目标与计划的过程。

战略解码旨在将公司战略转化为年度业务目标与计划，并将其与公司预算相关联，输出年度业务计划书。年度业务计划书是由战略规划转化而来的管理者与全体员工能够理解的行动指南，它是一种化战略为行动过程中的输出成果。

战略解码的意义还在于，基于对战略的分析，输出年度业务计划，进而推导组织各个层面的绩效目标与行动计划，并将责任落实到人，如签订 PBC 等。PBC 是组织纵向与横向沟通的有效工具，也是双方达成一致，明确工作优先级的方法，体现了所有人员对组织的承诺，有利于创造高绩效的企业文化。

4.1　战略解码步骤与工具

战略解码工具可以说纷繁复杂而令人眼花缭乱，诸如 BSC、OGSM、MBO、KPI、PBC、OKR 等。这些战略解码工具各有什么特点，该如何选择？建议先了解战略解码步骤，然后了解不同战略解码工具的优缺点与适用范围。

4.1.1　战略解码步骤

谈到战略解码步骤，很多读者可能首先会想起华为公司曾经使用的业务执行力模型（BEM）。BEM 来自韩国三星，是一套具有较强理论逻辑与良好工具支持的战略解码方法。BEM 融入了六西格玛质量管理方法，将众多工具融合进来，形成了完整的流程、模板、表单。BEM 的实际操作可分为六个步骤。

第一步，明确战略方向及战略描述。战略方向基于公司对未来发展方向的判断，是一种全局性谋略。明确战略方向是为了引导组织并采取达成中长期战略目标的一系列行动。实践中往往采用含义明确的短语对战略方向进行描述，如"有效增长""运营良好"等。战略描述是指对战略的具体、可衡量的描述。其目的是保障战略的范围和内涵得到准确、一致的定义，便于组织内部进行一致的理解和便捷的沟通，以避免战略理解偏差。

第二步，导出 CSF，开发战略地图。CSF 即关键成功因素，它决定了公司战略意图最终能否实现。这些因素需要转化为关键战略举措，由公司重点管理。由于三星是亚太地区最早使用战略地图的公司之一，因此 BEM 在本环节中融入了战略地图的实践。

第三步，导出战略 KPI。KPI 即关键绩效指标，它往往与战略意图、关键成功因素直接相关，直接衡量公司战略目标是否达成，是可以用公式计算的量化指标。平衡计分卡创始人罗伯特·卡普兰、戴维·诺顿认为"不能衡量，就不能管理"。如果关键战略举措仅仅是提一些行动口号，而缺乏明确的、可量化的 KPI，那么战略只能沦落为文件柜里的摆设，因此我们需要将战略地图转化为可衡量的战略 KPI。

第四步，导出 CTQ-Y。CTQ 即关键质量特性，Y 是 CTQ 的测量指标。CTQ-Y 的操作，一方面要基于战略 KPI，进行现状与差距分析；另一方面要收集公司内部的要求与期望，征询客户的意见，识别需要重点解决的问题并导出 CTQ，将备选 CTQ 与战略地图中的 CSF 进行关联检验，最终确定公司层面 CTQ 与测量指标 Y。

第五步，CTQ-Y 分解。我们还要对公司层面的 CTQ-Y 进行分解，形成部门层级的 CTQ-Y，导出重点工作与改进项目。需要将上层的业务行动计划与目标分解到下级部门，并从上至下确定各层 KPI 的基线和目标值。常用的辅助工具有全量分解法（Total Productivity Management，TPM）、参数分解法（Critical Parameter Management，CPM）和流程分解法（Business Process Management，BPM）。

第六步，年度重点工作导出。年度重点工作可分为集团层面年度重点工作、业务单元年度重点工作、某个部门年度重点工作等。梳理对应组织层级的年度重点工作，需要找到对应组织层级的关键举措，思考为了落实这些关键举措，重点要做哪几件事情。这些事情的合集就是年度重点工作。年度重点工作可以按照项目管理方式进行管理，对其进行立项，明确项目名称及其描述，确定项目目标，明确责任人，进行资源配置，确定里程碑与完成时间。

从上述步骤可以看出，虽然 BEM 具有较强的理论逻辑，但是由于其融入了六西格玛、项目管理思想与工具，如 CTQ、CTQ-Y 等，学习门槛较高、不易掌握，其操作效果往往因企业、因人而异；同时 BEM 专注于战略 KPI 分解，对与年度业务计划、公司预算的逻辑关系并没有做深入剖析。

因此，佐佳咨询基于自身大量的管理咨询经验，结合 BEM、卡普兰－诺顿战略管理体系、华润 6S 管理体系等，提出了战略解码五步法。其操作步骤如下所示。

第一步是对战略规划进行转化。该步骤可将战略规划转化为年度业务目标与计划。为确保战略规划转化的科学性，在该步骤中要准备好问题清单，其中的问题都是基于年度业务目标与计划的关键成功因素展开的，要根据问题清单开发公司层面战略地图。

第二步是确定年度业务目标与计划。该步骤中年度业务目标与计划一方面依赖于战略规划在组织中的层层分解，另一方面则需要运用预测分析工具自下而上汇总，不断权衡、讨论并最终确定。组织层面年度业务目标与计划的呈现工具有很多，如战略地图与BSC、OGSM、目标责任状等，部分公司还有自己独特的工具。

第三步是链接公司预算。根据实现年度业务目标与计划所需的资源，确定公司预算。预算包含了业务预算、财务预算、人力预算、投资预算等。正如华为2014年新年贺词所说的那样：公司的预算要对准战略，支撑战略的落地，同时考核机制、激励机制也要适度优化，更多地牵引管理团队更加关注长期目标的实现。

第四步是确定中高层管理者的PBC。PBC是在互动沟通中确定的。这一步骤需要将公司年度业务目标与计划分解为中高层管理者的PBC，在实践中还可以将OKR的操作融入其中，推动组织自下而上地创新。

第五步是汇总形成年度业务计划书。年度业务计划书是战略解码的重要输出文件，包括差距分析与市场洞察、战略规划滚动修订、年度业务目标与计划、年度公司预算、实施注意要点等部分，其中第一、二部分是战略分析与战略规划的内容。为了确保年度业务计划书的完整性，也可以将相关预算套表、PBC作为其附件。

4.1.2 战略解码工具

从战略解码五步法的介绍可以看出，战略解码不仅包含了对战略规划进行转化与KPI分解，还涉及公司预算、OKR。对于BSC、MBO、OGSM、KPI、PBC、OKR等不同战略解码工具，读者可以适当地了解其优缺点与适应范围，看看如何应用于自己公司的战略解码之中。下面我们来看看常用的几种战略解码工具。

1. 平衡计分卡体系

平衡计分卡（BSC）是卡普兰和诺顿在总结众多绩效管理处于领先地位公司经验的基础上，向全世界推广的方法。30多年来，平衡计分卡在全球管理实践中得到了广泛运用。平衡计分卡从财务、客户、内部运营及学习成长维度来考核企业各个层次的业绩。这四个维度的解释是：

- 财务维度。我们怎样满足股东，实现股东价值最大化？由此产生的第一类指标即财务类绩效指标，它们是公司股东最关注的反映公司绩效的参数。这类指标能全面、综合地衡量经营活动的最终成果，衡量公司创造股东价值的能力。

- 客户维度。为了满足股东，使他们获得满意的回报，我们必须关注我们的利益相关者——客户，关注我们的市场表现。因为只有向客户提供产品和服务，满足客户需要，企业才能生存。客户关心价格、质量、性能和服务等，企业必须在这些方面下功夫，提高产品质量、保证服务水平、降低价格等。

- 内部运营维度。为了满足客户需要，获得令人鼓舞的市场价值，我们应从内部运营角度思考：我们应具有什么样的优势？我们必须擅长什么？一个企业不能样样都最好，但是它必须在某些方面满足客户需要，在某些方面拥有竞争优势，如此才能立足。把企业必须做好的方面找出来，越做越好，企业就能练出过硬本领。

- 学习成长维度。为了提升我们内部运营的效率、满足客户需求、持续提升并创造股东价值，企业必须不断成长。对此维度进行考察，能够弄清相关岗位在追求运营效益的同时，是否为长远发展建设了良好的人才梯队、信息系统以及积极健康的企业文化。

平衡计分卡的推广者认为：财务、客户、内部运营以及学习成长这四个维度是相互支持、相互关联的，由此而开发的业绩指标存在超前或滞后问题。平衡计分卡作为突破财务指标考核局限性的绩效评价工具被提出后，受到了企业界的广泛关注，并在实践中逐步演化为战略解码的工具。实践中，平衡计分卡的运用经历了从单独使用到与其他工具结合使用的体系化发展过程。从历史发展来看，平衡计分卡体系经历了三个阶段的发展。

第一个阶段是平衡计分卡。该阶段平衡计分卡体系的关注点是如何突破财务指标考核的局限性，即强调从财务、客户、内部运营及学习成长这四个相互关联的维度设计考核指标。

第二个阶段是战略地图＋平衡计分卡。该阶段平衡计分卡体系的显著特征是：对原先的突破财务指标考核局限性的功能进行了扩展，强调运用战略地图来推动战略解码。在实际操作中，战略地图的构成文件主要是"图、卡、表"。所谓"图、卡、表"是指战略地图、平衡计分卡、行动计划表，这是描述战略的三个重要工具。战略地图是公司战略描述的一个集成平台；平衡计分卡则对战略地图进行进一步解释，它由战略目标与主题、核心衡量指标、战略指标值（3～5年）、战略行动计划等构成；行动计划表则是对平衡计分卡中罗列出的战略行动计划的进一步演绎，它将那些所谓"务虚的战略"转化为可操作监控的、具有明确时间节点、责任归属明确、资源安排清晰的行动计划。

第三个阶段是战略地图＋平衡计分卡＋战略中心型组织。引入战略中心型组织的概念与操作是该阶段平衡计分卡体系的显著特征。卡普兰与诺顿认为，在今天的商业环境中，战略不仅仅涉及规划、分解与评价，更重要的是如何有效地执行。与战略规划、分解与评价相比，如何有效地对战略执行进行监控、管理显得十分重要。因此，公司需要建立起以战略为中心的流程、制度、组织架构与文化。在实际操作中，第三阶段的平衡计分卡体系除了强调战略解码，还包含了解码后对战略执行的监控、评估与审计等流程。

2. 目标管理

目标管理（Management by Objective，MBO）的创造者是著名管理大师彼得·德鲁克。目标管理的全球实践已有几十年历史，被广泛应用于营利性与非营利性组织。目标管理的基本理论是：为了保证目标的实现，确立目标的程序必须严格；目标管理应该与预算计划、绩效考核、工资、人力资源计划和发展系统结合起来；要弄清绩效与薪酬的关系，找出这种关系之间的动力因素；要把明确的管理方式和程序与频繁的反馈相结合；绩效考核的效果取决于上层管理者在这方面的努力程度，以及他们与下层管理者的沟通技巧等；下一阶段的目标管理计划要在当期期末之前完成。由此我们可以看出，目标管理的贡献不仅仅在于目标的确定，还在于它强调了"管理"的概念，从而将绩效管理与绩效考核区别开来。

目标管理的提出缘自彼得·德鲁克幼年的学习经历。彼得·德鲁克于 1909 年出生在维也纳，幼年时曾在修道院读书。修道院运用目标管理方法对他的学习进行管理：在每学期开始时确定本学期的学习目标，在日常学习中强调对他学习的动态指导与反馈，并在每个学期末对学期的学习进行测试、评价，最后还将回报激励与学期的成绩挂钩。德鲁克在这段学习经历中因为这种学习管理方式而受益。当他涉足管理领域后，他成功地将目标管理的方法运用到企业管理之中，提出目标管理的方法论。有人甚至因目标管理的巨大作用而指出："在彼得·德鲁克之前，企业是没有管理的！"

一些平衡计分卡的推崇者曾经对目标管理进行抨击，他们认为目标管理缺乏战略思维："目标管理要求企业员工聚焦少数几个目标，而最重要的几个战略关键点却没有得到特别体现。"他们甚至在一些公开场合宣称："与平衡计分卡相比，传统的目标管理除了存在与战略联系不紧密的问题外，还存在只注重纵向的分解，不注重横向的目标协调与统一的问题；此外，传统目标管理考核一年只做一两次，没有进行动态过程的绩效管理。"而目标管理的推崇者认为这种批判并不能抹杀目标管理在管理学界的贡献，因为任何一个管理工具的诞生都有其特定的时代背景。他们指出："目标管理理论并不是短视的。20 世纪 80 年代中期，企业外部环境复杂多变，企业管理进入战略管理时期后，各种战略管理思想受到众多企业的青睐。而在此之前很长一段时期，目标管理的创始人彼得·德鲁克就一直强调将企业战略与目标管理实现对接的重要性。"目标管理的推崇者还认为，目标管理的伟大之处在于将绩效考核与绩效管理区分开来：它的强大管理功能源自其绩效管理的四个循环步骤，即"明确目标、动态指导、期末考核、激励回报"，这是将绩效考核与绩效管理区分开来的"一次划时代的管理变革"。

3. OGSM

OGSM 是长期目标（objective）、短期目标（goal）、策略（strategy）和衡量（measurement）的英文首字母缩写。20 世纪五六十年代的美国国家航空航天局（NASA）最早启用 OGSM。当时美国和苏联正在进行一场轰轰烈烈的"星球大战"。1957 年，世界上第一颗人造地球卫星由苏联发射成功，这对美国民众的民族自信心和自豪感无疑是一个打击。时任美国总统肯尼迪为此提出要在 10 年内将美国宇航员送上月球，再把他们安全接回来。为了让这个宏伟的目标变成现实，肯尼迪发表了关于航天计划的著名演讲《我们选择登月》（We Choose to Go to the Moon）。这场演讲也是美国历史上最著名的演讲之一，被视为美国启动登月计划的标志。当时整个美国都为之振奋。为了这个共同的目标，NASA 启用了 OGSM 这一"登月神器"，即运用 OGSM 把一个宏大登月目标拆解成若干个小的目标，再拆分成策略，再细化为一步步可执行的计划，并分解为每个部门、每一个人的具体工作事项。OGSM 让 NASA 的每个人都清楚了团队目标与个人目标。OGSM 从其诞生之初就为人类首次登月的壮举做出了贡献。OGSM 后来也为丰田、可口可乐、宝洁等公司所采用，丰田的 A3 报告的操作思想就是源自 OGSM。

OGSM 在实践中又加上了行动方案（tactic），演变为 OGSM-T。OGSM 最大的特点是操作简单。它在操作中只需一张纸、一张表格就可以帮助公司、部门、个人制订一套结构清晰的目标与计划。由于只有一张纸，所以目标与计划一目了然。由于 OGSM 对目标与计划的呈现形式简单，所以目标与计划很容易就能在公司内部上传下达。它还可以在战略解码后的战略执行中帮助公司监控目标与计划的达成情况或实施进度，确保目标、策略、衡量、行动方案得以贯彻。OGSM 的各个部分以及行动方案说明如下。

- 长期目标。长期目标是企业长远发展的基础，因此，各方必须首先就长期目标达成一致。

- 短期目标。长期目标（定性目标）需要被转化为短期目标（定量目标），到既定时间，如果你实现了所有的短期目标，那么自然而然就实现了长期目标。因此，短期目标就像是一个个坐标点，描绘着长期目标的实现过程。

- 策略。策略是实现长期目标的具体方式。因为一张纸空间有限，无法写入更多策略，所以精选后的有限的策略能让你更加专注，确保取得成果。

- 衡量。衡量是定量的数字描述。用哪些具体指标来衡量策略是否成功？可以把策略拆解成一个又一个的可衡量的小指标，通过完成一个又一个的小指标达成策略，最后实现目标。

- 行动方案。行动方案又称行动计划，旨在通过驱动衡量指标，再驱动策略，进而实现短期目标乃至长期目标。

4. KPI

KPI 的精髓在于它要求公司指标设置与战略挂钩。KPI 遵循一个重要的管理原理——"二八定律"，即在公司的价值创造过程中，存在着"20/80"法则，20% 的骨干人员创造公司 80% 的价值。在员工目标与任务的管理上"二八定律"同样适用，即 80% 的工作任务是由 20% 的关键行为完成的，因此必须抓住 20% 的关键行为，对之进行分析和衡量，这样就能抓住业绩评价的重心。KPI 的 K（Key，关键）即在某一阶段公司战略上要解决的最主要问题。例如处于超常增长状态的公司，业务迅速增长带来公司组织架构迅速膨胀、员工队伍规模扩大、管理及技能缺乏、流程及规范不健全等问题。这些问题成为制约企业发展的瓶颈，解决这些问题能够驱动企业战略执行。因此必须针对这些问题的解决设计 KPI。

KPI 的支持者认为，公司战略目标的最终实现是外部环境与内部因素综合作用的结果，其中内部因素是公司管理者与员工可控制和影响的部分，也是 KPI 所需要衡量的部分。因此，KPI 应尽量反映管理者与员工工作的可控效果，要剔除他人或环境造成的其他方面影响。因此，KPI 在分解过程中必须区分"结果责任"与"驱动责任"。"结果责任"是指要 100% 承担的责任，"驱动责任"是指无法 100% 承担但与其有关联的责任。

KPI 强调指标量化，指标可以用公式计算出来，同时 KPI 往往将绩效考核结果与薪酬激励挂钩。我们可以看出：和 BSC 一样，KPI 考核要求公司将绩效指标与企业战略挂钩。

BSC 与 KPI 曾经出现过理论交锋。一些 BSC 的推崇者曾经指出："传统的 KPI 杂乱无章，毫无逻辑关系，而 BSC 的各个指标形成了因果关系的链条，它们相互支持、相互依赖，这是传统 KPI 考核没有关注到的。"但是 KPI 的实践者认为：造成对 KPI 的因果逻辑关系产生质疑的不是其理论原理和操作技巧，而主要是大量不正确的 KPI 操作实践。很多操作 KPI 的人并不了解 KPI 操作方法的精髓，把 KPI 考核的方法变成毫无逻辑的 KPI 推导过程。KPI 梳理中有一个非常有价值的管理工具——价值树模型。它从以前的单一"财务价值树"逐步发展成为"财务与非财务相结合的价值树"，实际上就是一个强调因果逻辑关系的分析工具。KPI 价值树模型反映了价值创造的过程，因此不能说 KPI 不强调因果逻辑关系。

一些人对 KPI 的抨击则更加激进，甚至喊出了"KPI 已死"的口号。他们认为 KPI 把员工当成执行命令的工具，扼杀了员工的创造力，无法推动甚至阻碍部门的横向协同，是一个落伍的、无法适应互联网时代绩效考核要求的工具。

5. PBC

绝大多数人了解 PBC 是源自对华为最佳实践的学习，但应用 PBC 最早的不是华为，而是 IBM。IBM 于 1996 年就推出了 PBC，旨在激励 IBM 每位员工不断制定更有挑战性的目标。IBM 的 PBC 基于三个原则而创建：win、executive、team。其中"win"（制胜力）偏于结果导向，即你的目的是什么；"executive"（执行力）偏于过程导向，即你要完成这些目标需要做的事情是什么，执行力是目标完成的保障；"team"指团队，个人往往不如团队的力量大，完成目标需要团队配合。

尽管 PBC 起源于 IBM，但是将其发扬光大的却是华为。华为 PBC1.0 版本包含三个方面：业务目标、团队目标以及个人成长目标。其中业务目标基于部门目标和团队目标制定，但同时可体现个人对自己的业绩的承诺，公司鼓励员工完成更有挑战性的目标。个人成长目标指考核周期内员工想要在个人能力上有怎样的进步与成长，以及个人能力的提升能够给个人业绩目标的完成带来怎样的帮助。2022 年华为公司将 PBC 迭代到 2.0 版本。

业务目标在 PBC 中大约占了 80% 的考核权重，主要包括关键绩效指标和关键任务，它们与公司战略目标相关联，是 PBC 中最为核心的部分，旨在确保个人或团队能直接落实公司战略；团队目标在 PBC 中大约占了 20% 的权重，这部分主要关注员工所在团队的整体管理效率，包括团队协同、团队沟通等方面；个人成长目标作为关注指标不占考核权重，其放在 PBC 中是为了引导员工关注个人发展和自我能力提升。PBC 融入了德鲁克 MBO 思想精髓，具体操作步骤包括制定 PBC、目标绩效辅导、PBC 考核、结果应用等。

首先，PBC 的制定通常在年初进行，由各个业务单元的负责人根据公司整体战略目标进行自上而下的分解。各负责人会先制定出各自的 PBC，然后由员工根据上一级的目标设定自己的具体目标。PBC 的制定需要遵循一些重要原则，确保目标的实现和团队的协作。

其次，PBC 的实施不限于年末的统一评价，评价贯穿整个执行过程，持续进行反馈和指导。上级主管与下属员工会定期和不定期地开展绩效面谈，以确保目标的不断调整和优化，促进目标的顺利实现。

再次，PBC 考核采用多种方法，包括员工自评、上级评价和平级互评，通过多维度评价，将 PBC 与实际执行情况进行对比，最终得出综合评价。这种方法保证了考核的全面性和公正性，增强了员工的积极性和责任感。

最后，PBC 考核结果对公司的每一个员工都至关重要，因为它直接影响到员工的奖金、股权和晋升等关键利益。这使得员工更加重视 PBC 的设定和完成。

PBC 与 KPI 在许多方面具有相似之处，特别是在重视战略和强调战略解码上，但两者也有显著的差异。PBC 不仅涵盖了 KPI，还整合了关键任务、团队协同、个人发展、能力提升等多个方面，使得评估内容更加全面丰富。PBC 不仅关注 KPI 考核，还增加了关键任务和胜任力等多个评估因素，评估标准因此更加多样化。此外，PBC 将员工管理目标和个人发展目标纳入考核体系，有助于各级人员能力的全面提升和职业发展。这种全面的评估方法有助于促进员工在多个方面的成长，并提升组织的整体绩效和竞争力。

6. OKR

20 世纪 80 年代，英特尔的微处理器 8086 受到了摩托罗拉 68000 强劲的冲击，公司经营陷入巨大困境。如何击败强大的对手，成为安迪·格鲁夫（Andrew S. Grove）执掌英特尔后的重要使命之一。安迪·格鲁夫首先将英特尔与摩托罗拉进行对标分析，认为尽管形势非常严峻，但英特尔仍有很多的优势。安迪·格鲁夫制订了具体的行动方案，配置优势资源以应对摩托罗拉带来的挑战。安迪·格鲁夫并没有重新调整英特尔的产品领域，他把这场战役命名为"粉碎行动"。"粉碎行动"就是要"建立一种紧迫感，并启动关键决策和行动计划,以应对威胁生存的竞争与挑战"。在这场战役中,安迪·格鲁夫使用了自己的秘密武器助力"粉碎行动",这个秘密武器就是OKR。OKR犹如一个涡轮增压器,为英特尔的前进增压,推动英特尔飞速前行。

约翰·杜尔(John Doerr)在英特尔担任工程师时接触到了OKR,转型为风险投资人后,他将OKR引入他所投资的谷歌、亚马逊、领英等硅谷的科技型公司。随后OKR因为这些企业尤其是谷歌的成功而风靡硅谷并在全球得到推广。约翰·杜尔在《这就是OKR:让谷歌、亚马逊实现爆炸性增长的工作法》一书中系统阐述了OKR。事实上谷歌的OKR与英特尔的OKR在本质上差异巨大,是完全不同的。在英特尔,OKR是一个沟通工具,OKR的创新与挑战功能是谷歌公司赋予的,是OKR与谷歌公司创新文化有效结合的结果。谷歌公司OKR实施的关键要点如下:

(1)谷歌设定年度、季度OKR;

(2)O(目标)有野心,KR(关键成果)可量化,Action(任务)可操作;

(3)公司、团队、个人都有OKR;

(4)任何人的OKR都要在全公司公开;

(5)OKR强调上下左右的协调以及优先顺序;

(6)OKR聚焦战略;

(7)OKR与考核分离,用于自我管理。

2014年OKR开始传入中国,之后很多中国企业与平台陆续开始了对OKR的尝试与探索,包括华为、腾讯、360、知乎、字节跳动、京东、快手、爱奇艺游戏、得到App、58同城、顺丰科技、链家等,它们都不同程度地关注或使用了OKR。这些公司在OKR项目中得到了很多的启发,尤其是在探索中国互联网公司、科技创新型企业的目标管理过程中,OKR起到了比较大的推动作用。

OKR 近年来之所以风靡中国，原因之一是传统绩效管理在实施中面临着六大挑战。20 世纪 90 年代 KPI 等绩效管理工具被引入，曾经极大地推动中国绩效管理的进步，促使中国涌现了类似华为、阿里巴巴这样的优秀企业。例如阿里巴巴将 KPI 考核与其他考核方式结合，孵化出支付宝、淘宝等优秀的业务；华为坚持使用的 PBC 实际上也是 KPI 考核的一种，帮助华为成长为年销售收入达 7 000 多亿元的世界级企业。但是在今天的 VUCA（由易变（V）、不确定（U）、复杂（C）、模糊（A）的英文首字母组合而成）时代，KPI 考核似乎显得十分机械、笨拙，尤其是对于创新型企业而言。KPI 等传统绩效管理手段扼杀了很多优秀企业的创造力，在实践中面临以下六个方面的挑战。

（1）战略导向与敏捷响应之间无法有效平衡。通过大量的管理咨询项目可以发现，很多企业尤其是国有企业特别关注公司战略规划，通常的战略规划周期是五年。有些企业会设定百年使命、20 年愿景、五年基本战略目标，制订三年滚动计划，再进行年度分解并将其与财务预算对接，这是典型的"战略 + 执行"战略管理模式。然而在今天 VUCA 的环境背景下，"战略 + 执行"的模式往往不能够适应外部环境快速变化条件下短周期目标管理企业的需求（例如互联网创业公司等），这些企业似乎与"方向 + 试错"的战略管理模式更加匹配。而"方向 + 试错"的模式要求企业必须平衡好长周期的战略导向与短周期的敏捷响应：由于企业进入的产业少有先例可循，企业未来一年以上周期的目标无法做到特别清晰，可能只能设定一个方向，只有通过不断试错才能最终找到企业战略目标实现的最佳路径。

（2）自上而下分解指标导致员工被动参与，抑制团队热情。传统的 KPI 采取自上而下分解的方式，在实践中往往是集团公司总部直接给子公司设定指标，随后子公司再为部门、主管、员工一层一层地进行指标分解。尽管在指标下达的过程中上下级之间也进行必要的绩效沟通，但仍是带有强制性的、单向的"自上而下的分解"。这种自上而下的指标分解模式往往得不到下属的认可。在 KPI 分解过程中，下属员工是被动参与的，其往往以警觉、抗拒的心态对待指标分解。这就导致很多公司的 KPI 分解变成了"上下博弈"的游戏，进而极大地抑制了团队的热情。KPI 则演变成了具有强制性的任务的代名词。

（3）KPI 设定不当导致考核中的负面问题。KPI 设定不当导致考核中产生负面问题困扰众多企业。由于 KPI 最终要用于考核并和薪酬激励挂钩，下属员工就有强烈的动机去采取不正当的手段操纵 KPI 数据，以使得自己的绩效看起来更好。如果一些企业实施正态分布排名，甚至会导致某些部门员工人为操纵统计数据以使得别的部门的 KPI 数据看起来更糟。举个简单的例子，在 KPI 考核的实践中，公司层面的品牌美誉度 KPI 一般会被分解到市场部，并在日常绩效考核实施中以某品牌美誉度 KPI 考核市场部。这种 KPI 从表面上看"无懈可击"，但实际上却是典型的设定不当的考核指标，会产生很多的负面问题：品牌美誉度 KPI 数据的收集、调查由市场部主导，由于该指标要考核市场部，因此市场部有强烈的动机利用本部门调查之便进行品牌美誉度 KPI 数据的"人为造假"，以使品牌美誉度 KPI 看起来更好，从而使得市场部在绩效考核中获得更高的分数。

（4）"唯考核、唯指标"扼杀员工冒险精神，阻碍创新。KPI 考核实施不当还会造成"唯考核、唯指标"导向，从而扼杀员工的冒险精神，阻碍创新。2007 年 1 月，日本《文艺春秋》杂志刊登了索尼公司前常务董事天外伺郎（笔名）的一篇名为《绩效主义毁了索尼》的文章。天外伺郎在这篇文章中指出：索尼公司在井深大时代是一家非常有创造力的企业，其在发展历史上创造了一个又一个让客户尖叫的产品。但是自从索尼公司引入了被美国人称为绩效考核的管理工具后，这种创新能力就不复存在了，究其原因是"绩效主义扼杀了索尼公司员工的创造力"，并造成了部门之间严重的协作问题。《绩效主义毁了索尼》将索尼公司的衰落归因于绩效考核当然有失公允，但是确实值得我们反思的是：传

统绩效考核"唯考核、唯指标"导向会扼杀员工冒险精神，阻碍企业的
创新。

（5）阿米巴经营实施不当等导致部门协同度降低。尽管阿米巴经
营的推崇者强调实施阿米巴经营时应加强部门之间的沟通与协作，但阿
米巴经营中部门协同的实际效果却让人大跌眼镜。由于过度强调阿米巴
经营物理层面的架构建设，忽略了阿米巴经营对员工价值观与信仰的要
求，很多企业实施阿米巴经营后并没有培育起稻盛和夫所倡导的"公
平、正义的协同文化"，反而发现部门与部门之间、员工与员工之间的
协作似乎变得更加困难：遇到跨部门问题的时候，经常会出现推诿的现
象，甚至比实施阿米巴经营之前有过之而无不及；很多企业内部甚至为
了阿米巴经营的内部交易价格制定问题争吵不休。一些员工片面地解读
阿米巴经营强调的"自我管理"，与同事的协作减少。这迫使很多企业
的管理者寻找更能激发员工主动性与协同意识的目标管理工具。

（6）注重外在物质激励而忽视内在精神激励。传统绩效管理工具十
分重视激励手段与绩效管理的结合，但是其往往注重外在物质激励而忽
视内在精神激励。事实上激励手段除了以薪酬等为代表的外在物质激励
外，还包含授权、学习机会、个人成长、成就认可等，也就是内在精神
激励。前者重视人的外部需求，多是物质方面的奖励；后者强调事物自
身价值，是精神层面的激励。相对于外在物质激励而言，内在精神激励
能够对员工的工作绩效和工作态度产生更重要的影响。正如OKR所强
调的，"员工动机是OKR开发与应用的起点"，绩效管理工具如果能够
关注员工的动机，着眼于满足员工的内在精神需求，那么必能极大地激
发员工的挑战与创新意识。

尽管OKR能够给公司带来巨大的收益，但是OKR被引入中国后
面临一些实施困境，很多企业是因为实施KPI没有带来好的效果而使用
OKR，因而在引入期，OKR被寄予了较高的期望。但是让人遗憾的是，
经历了当初激动人心的OKR培训演讲、OKR实施动员、公司与部门乃

至员工 OKR 设定、OKR 试行，以及正式实施后，这些率先实施的企业很快在实践中再次遭遇尴尬。它们发现原本被寄予较高期望的 OKR 在实践中没有达到当初培训师们宣传的那种效果，结局不尽如人意甚至有点让人沮丧。具体而言，OKR 在中国主要面临以下困境。

（1）战略方向不清晰导致目标设定缺乏必要的依据。

OKR 强调试错，但并非让企业在没有战略的情况下盲目地试错。无论是公司层面 OKR，还是部门、员工层面 OKR，都必须在统一的战略背景下设定。然而同互联网公司谈到这一点时，它们的很多负责人会说公司没有战略。理由是外部环境变化的速度太快，根本无法制定战略。更有甚者认为互联网公司根本不需要战略。这是一种战略理解错误与偏差。

在现实中，不同的人对战略的理解不尽相同。在大学教授的眼里，战略是管理的理论，是一本本书和一份份学术报告，是一门从大学本科生到博士研究生需要学习数年的课程；在学生的眼里，战略是一门大学问，是一些似懂非懂的体系与理论框架。在一些人眼里，战略是在一年中怎么能赚到钱来维持他的基本生活；而在另一些人眼里，战略是在一年中如何为企业、为社会创造更多的价值。

从企业发展的维度来分析，处于不同发展阶段时，企业家眼里的战略是不同的。在初创期，企业的战略决策更多的是依赖创业者的直觉。在这个时期，他们眼里的战略其实就是一种感觉，完成资本的最原始积累就是其在这个阶段的战略目标。这个时候企业的战略往往是十分短视的，往往只关注"明天有没有米下锅"。所以这时候企业的战略是，什么赚钱就做什么。在这个阶段，一部分企业的领导者如果突破了其战略思维的短视性，就能更上一层楼，使得自己的企业进入成长期。企业不仅要完成资本的最原始积累，更重要的是要有实现资本不断增值的能力。

企业处于成长期时，在大部分企业家眼里，战略更多的是一种经验。正所谓老马识途，很多成长期企业的伟大战略决策都与其创业者丰富的经验和不凡的见识密不可分，譬如谷歌公司创始人拉里·佩奇、谢尔盖·布林及其精英团队有着让谷歌保持创新的能力与经验，正是这样的能力与经验让谷歌为客户打造了一个又一个超乎想象的产品。在成长期，企业家的经验确实成就了一批企业，但是经验不是成长期企业成功的唯一因素，当经验假设的环境前提发生重大变化以后，企业家如果还是主要依靠经验来经营企业的话，会使企业陷入经营的"黑洞"。很多中国互联网公司创业失败，究其原因还是其领导者陷入了"尊重了历史，忽略了变化"的经验主义、缺乏战略思维的误区。

当企业经受住了成长期的考验，进入成熟期以后，在企业家眼里，战略就变成了一种决策的工具和管理的方法。在这个时候，企业家开始意识到应当以战略作为企业管理的核心，企业所有的职能都应当紧紧地围绕着其战略运行，战略决策也不再依赖直觉与经验，战略管理的方法和工具受到企业家的重视。在他们的眼里，战略不再是虚无缥缈的东西，它能够引领企业发展，能够决定企业的发展前景。进入成长期，一些企业会提出打造"百年企业"之类的主张，它们已经有了使资本不断增值的能力。

不同阶段的企业家，眼里的战略是不同的。任何一个企业，无论处于什么时期，都有其固有的战略管理的表现形态。无论这个企业是采取显式的、自觉的战略管理模式，还是采取隐式的、自发的战略管理模式，都在进行着战略管理，只是表现形态不一样。而处于不同时期、不同环境下的企业，适合的战略管理模式是不同的。

由于对战略的认知误区，很多企业缺乏主动梳理企业战略的意识，甚至缺乏规划自身战略的能力。商业环境的快速变化要求我们更加认真地思考公司战略方向，并通过鼓励试错来找到公司未来发展的战略目标与实现路径。如果公司的战略方向不清晰，那么OKR中的目标（O）就失去了来源与依据，后面的关键成果（KR）也成了无本之木、无源之水。

（2）员工缺乏实现自我价值的追求，OKR难以有效发挥其作用。

我们先介绍一些硅谷的互联网公司的例子以供参考。硅谷的互联网公司进行的是典型的"全球创新精英团队"招聘，致力于打造"全球创新精英文化"。以谷歌为例，为了保持谷歌公司员工的精英属性，其招聘有着十分严格的标准。所有候选人在加入谷歌公司之前，都需要经过公司残酷的多轮面试。谷歌前人力资源负责人拉斯洛透露：每年大约有300多万名世界名校毕业生来谷歌应聘，但是最后被谷歌录取的仅有700人左右。

顶级互联网公司苛刻的招聘要求对应的是高薪酬、高福利待遇。高薪酬、高福利的合理运用能够释放出精英团队中最为积极的因素，能促进精英团队不断地突破技术瓶颈，打造出一个又一个让客户尖叫、惊喜的产品。谷歌公司是全球最佳雇主之一，有着在全球范围内令人艳羡的高薪酬、高福利待遇。与此同时，其员工还可以持有谷歌公司不断增值的股票。正因如此，谷歌吸引了美国常春藤联盟的名校毕业生来争取谷歌公司所提供的空缺岗位的面试机会。而谷歌公司实施了基于Y理论的OKR工作法以求挖掘"创意精英"的创造力。

美国心理学家马斯洛于1943年在《人类动机理论》一书中提出了著名的需要层次理论。马斯洛将人类需要从低到高分为五种。

第一种是生理需要：维持个体生存和延续种族的需要，如人对饮食、睡眠、休息等的需要。

激励措施：加强薪资激励、改善劳动环境、提供充分的休息时间等。

第二种是安全需要：个体稳定、受到保护、免于恐惧和焦虑、获得安全感的需要。

激励措施：稳定的规章制度、稳定的工作，提供劳动保护、医疗保险、失业保险和退休福利等。

第三种是归属与爱的需要：个体被接纳、爱护、关注、鼓励、支持等的需要。

激励措施：促进同事间社交往来，建立良好的工作氛围，组织体育比赛和集体聚会、员工旅游，进行领导关怀等。

第四种是尊重的需要：获得并维护个人自尊和受到他人尊重的需要。

激励措施：公开奖励和表扬，强调工作任务的重要性以及成功所需要的高超技巧，颁发荣誉奖章，发布优秀员工光荣榜。

第五种是自我实现的需要：个体充分实现自我价值、发挥自我潜能的需要。

激励措施：工作丰富化、委派特别任务、充分授权、自我管理等。

马斯洛需要层次理论有两个基本出发点：一是人人都有需要，某层次的需要获得满足后，更高层次的需要才会被放到重要的位置；二是在多种需要未获满足前，首先满足迫切需要。一般来说，某一层次的需要基本满足了，满足更高层次的需要就成为其行为的驱动力。五种需要像阶梯一样从低到高，只有在极其特殊的情况下这样的次序才会出现例外。

因此，那些急于在自己的企业中实施 OKR 的公司高层，首先要冷静下来思考：自己公司的员工到底处于哪种需要层级？自身打造的平台是否足以支撑员工去追求自我价值的实现？不要一味地认为"实现自我价值"是最好的激励。如果员工连最基本的薪酬等物质需要都没有得到满足，连最基本的生存安全感都没有，又如何让他们去挑战自我，追求"实现自我价值"？

OKR 是在硅谷自组织的场景下被发扬光大的，而自组织的首要特征就是员工进行自我管理，有着强烈的实现自我价值的动机，他们早已脱离了满足较低层次需要的阶段。企业管理者要想使用 OKR 激发员工实现自我价值的动机，就得首先满足员工的低层次需要。

（3）企业缺乏创新能力，60% 自我设定的 OKR 不具有操作价值。

很多企业使用 OKR 是期望激发员工的创造力，推动企业不断试错、创新。但是仅仅靠引入 OKR 就能够推动企业创新吗？OKR 成功实施必须要企业高层领导营造出一个创新的企业文化氛围吗？OKR 研究人员似乎没有认真思考过这些问题。

事实上 OKR 可以助力企业文化的培育，但是如果企业只关注 OKR 本身而不重视 OKR 所需要的创新文化的建设，OKR 肯定无法有效地助力企业创新文化的打造，更无法推动员工不断创新、挑战更高的目标。试问：如果一个企业缺乏鼓励员工创新的环境，怎么可能凭一个 OKR 就激发员工的创造力？创新的源泉是创新思想，正如埃文斯评价福特的创新时所说的："他真正的天才创意在于，每个人都应该拥有一辆汽车的理想！"我们在创新领域的差距的根源之一在于思想的差距。美国著名经济学家保罗·罗默曾指出：解释经济差距，我们不但要研究工厂和交通设施，还必须以一样的热忱去研究"思想的差距"，以及与创造思想相关的知识生态等。

实施 OKR 首先要求企业最高领导层打破自身思想的束缚，在企业内部培育开放、创新的文化，能够主动拥抱 OKR，让员工充分自由地思考，打造出一个具有创新能力的高绩效团队。既然要创新，就不能走老路，在思想、路径、方法与工具上都要有所突破，敢于想象和试错。但是我们也必须意识到，创新需要首先积累丰富的经验、技能。如果员工团队缺乏对现实的理解，连"模仿"都没有学会，又何来"创新"？在实践中，OKR 实施强调运用 O 来指明团队前进的战略方向，在"方向 + 试错"的战略管理模式下，O 不可能那么具体、数据化，因此需要在一个更短的周期（如季度）内设定 KR，通过可衡量的、可量化的 KR 来度量 O 的进展。为了挖掘员工的创造力，OKR 要求 50% 的 KR 来自员工的自我设定，同时鼓励员工在季度内不断地刷新 KR；如果 KR 在很长时间内没有刷新，那么极有可能是该员工没有积极地去尝试创新。由此我们可以看出 KR 的设定有很大的操作难度与挑战性，对员工自身的经验、技能积累要求非常高，因为只有员工经验、技能的积累达到一定程度，才能提出能够准确度量 O 进展情况的 KR。

（4）更短周期的 OKR 设定因增加员工工作量而遭到抵制。

与传统产业相比，一些创新型、朝阳型产业由于外部环境变化速度快，战略调整周期短，因此更加青睐于短周期的 OKR 设定。尽管 OKR 实践没有一个统一的周期标准，但是年度与季度 OKR 设定、月度审视、周任务更新是绝大多数实施 OKR 企业的选择。更短周期的 OKR 是为了确保组织绩效目标设定与外部环境的变化相适应，提高组织的敏捷性。

这一做法本身无可非议，但是在很多企业中遭到了员工的抵制。他们甚至认为更多的周期性目标与计划增加了他们的工作量，久而久之对 OKR 产生了抵触情绪。北京某互联网公司在 2016 年引入 OKR，刚开始时公司高层十分重视，公司联合创始人亲自在公司内部组织 OKR 学习。由于高层的倡导，在 OKR 培训师的鼓动下，公司开始开发出年度 OKR 并将其分解到季度，随后将公司季度 OKR 分解到部门乃至员工，在部门与员工层面强制要求按照目标 O—KR—任务的思路设定自己的 OKR：部门与员工层面 OKR 按季度设定，而任务则按周设定。OKR 实施不到半年，公司联合创始人就发现 OKR 并不像当初想象的那样能够得到员工的热烈响应；在实施期间，员工发现设定一个有挑战性又能准确度量 O 的进展的 KR 是如此困难，以至于 KR 刷新得越来越慢；同时员工根据其对 KR 的信心指数来调整 KR 值也基本流于形式，因为虽然公司没有将 OKR 与考核挂钩，但是 OKR 是公开透明的，一些员工担心 OKR 得分较低被大家围观，所提出的 OKR 是保守、缺乏挑战性的。OKR 的实施效果与引入初衷渐行渐远。

（5）OKR 费时费力，最后成了沟通工具，被迫与绩效考核挂钩、回归 KPI。

很多公司在引入 OKR 时发现，如果不把 OKR 与绩效考核挂钩似乎没有什么好的方式来鼓励员工使用 OKR。硅谷的很多企业没有直接将

OKR 与考核、奖金挂钩，而是将 OKR 当成员工参与项目孵化、实现自我价值的管理工具。很多公司的 OKR 主要在项目管理中运作，让参与项目的每一位员工使用 OKR 来实现自己的创业梦想。这些项目如果成功，那么会立刻转化为一个个待孵化的项目公司，随后在资本市场不断路演以吸引风险投资，再不断迭代产品并探索商业模式。而原来参与研发的项目组成员很有可能会成为待孵化项目公司的股东。硅谷企业这种独特的激励员工的方式本质上赋予了每一位项目成员使命感，把他们的个人价值实现与公司项目未来的命运紧密联系在一起。在这种特殊的项目激励模式下，使用 OKR 的项目成员必然能够迸发出无与伦比的创造力，享受克服研发道路上一次又一次困难而带来的快感。

但很多互联网公司本身不具备这样的先天背景优势，也不能完全照搬硅谷公司的激励模式。当 OKR 失去了原来的激励环境，其实施就开始变得十分尴尬。很多企业费时费力地实施 OKR，最后 OKR 却没有发挥应有的作用。OKR 变成了公司内部目标沟通的工具，甚至最后被迫与绩效考核、奖金挂钩，再次变成了 KPI。企业只是将绩效管理工具换了个名字而已，实际的内容没有任何变化。

因此，如何利用 OKR 工具更好地激励员工，是中国企业每一位 OKR 推动者必须要想清楚的。如果失去了"以创新为本"的激励环境，那么 OKR 的实施效果必然会大打折扣，甚至会让员工感觉是负担。这不仅不能发挥 OKR 本身应有的激励员工的作用，反而会影响公司内部的团结与创新文化的打造。

中国企业在引入 OKR 后所面临的困境如果得不到妥善处理，企业将难以有效地实施 OKR，OKR 的中国之旅就会遭遇我们不想看到的"滑铁卢"。

OKR 实践中有四种操作模式，分别是谷歌模式、字节跳动模式、华为模式、华润模式（见图 4-1）。除谷歌模式外，字节跳动、华为、华润模式都是走出 OKR 困境的中国智慧的结晶。

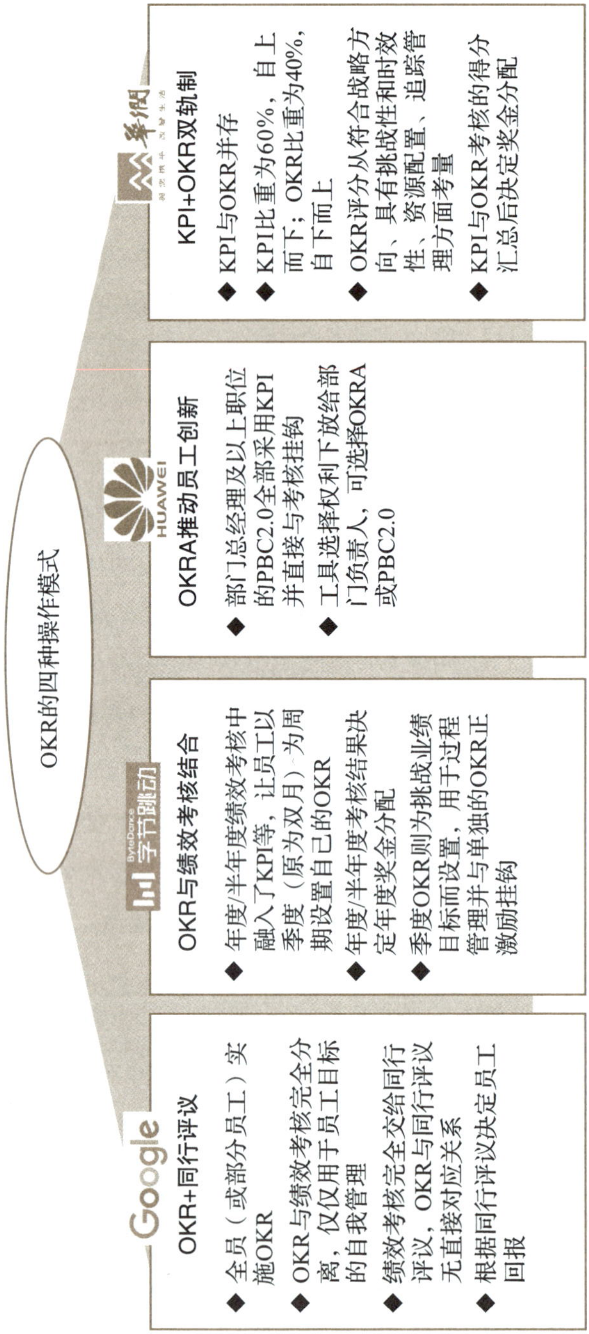

OKR的四种操作模式

Google

OKR+同行评议

- 全员（或部分员工）实施OKR
- OKR与绩效考核完全分离，仅仅用于员工目标的自我管理
- 绩效考核完全交给同行评议，OKR与同行评议无直接对应关系
- 根据同行评议决定员工回报

字节跳动

OKR与绩效考核结合

- 年度/半年度绩效考核中融入了KPI等，让员工以季度（原为双月）为周期设置自己的OKR
- 年度/半年度考核结果决定年度奖金分配
- 季度OKR则为挑战业绩目标而设置，用于过程管理并与单独的OKR正激励挂钩

HUAWEI

OKRA推动员工创新

- 部门总经理及以上职位的PBC2.0全部采用KPI并直接与考核挂钩
- 工具选择权利下放给部门负责人，可选择OKRA或PBC2.0

华为
深圳市华为投资控股有限公司

KPI+OKR双轨制

- KPI与OKR并存
- KPI比重为60%，自上而下；OKR比重为40%，自下而上
- OKR评分从符合战略方向、具有挑战性和时效性、资源配置、追踪管理方面考量
- KPI与OKR考核的得分汇总后决定奖金分配

图 4 - 1 OKR 实施的四种不同模式

谷歌模式是原汁原味的 OKR，采用这种模式的企业，全员或部分员工实施 OKR；OKR 与绩效考核完全分离，仅仅用于员工目标的自我管理；绩效考核完全交给同行评议，OKR 与同行评议无直接的一一对应关系。

字节跳动在年度 / 半年度绩效考核中融入了 KPI 等，让员工以季度（原为双月）为周期设置自己的 OKR；年度 / 半年度考核结果决定年度奖金分配；季度 OKR 则为挑战业绩目标而设置，用于过程管理并与单独的 OKR 正激励挂钩。采用字节跳动模式的中国公司有很多，公司内部绩效考核、OKR 两个系统同时运行。

华为模式即 OKRA。OKRA 突出了 Action 的价值，突出了 O、KR、Action 的联动。部门总经理及以上职位的 PBC2.0 全部采用 KPI 并直接与考核挂钩。华为要求组织绩效管理采用 BSC，各个中心负责人的个人绩效设定必须采用 PBC，实际上将工具选择权下放给了各个部门负责人。华为部分部门选择使用 PBC2.0，部分部门选择使用 OKRA。

华润模式即 KPI 与 OKR 并存的模式。华润公司 2021 年开始在总部层面组织推进实施 OKR，将部分工作纳入 KPI（比重为 60%，自上而下）考核范畴，部分工作则作为创新的 OKR（比重为 40%，自下而上）进行管理。OKR 评分从符合战略方向、具有挑战性和时效性、资源配置、追踪管理方面进行考量。KPI 与 OKR 考核的得分汇总后决定奖金分配。这种模式实际上类似于将 OKR 分为"承诺型 OKR"与"愿景型 OKR"，对企业生存相关的"承诺型 OKR"进行考核，企业未来战略发展相关的"愿景型 OKR"则与考核解耦。

|案 例|
某无人机高科技公司将 KPI 与 OKR 相结合

某无人机高科技公司将 KPI 与 OKR 相结合，具体如表 4 - 1 所示。

表 4-1 KPI 与 OKR 的综合分析

承诺型 OKR

战略目标	KPI	O	KR	信心指数	KR权重	KR达成情况	KR得分	O得分	备注
C1. 拓展无人机应用领域	A-001 渠道进入达成率（80%）	加快 A-001 应用领域产品上线进度	本季度中旬完成五大样机测试，技术指标达标率 100%	0.5	100%	未收集数据	—	—	
	B-016 民用市场收入增长率（60%）	提高 B-016 收入增长率	本季度挑战华南市场增长 80%	0.5	20%	华南市场增长 53%	6.6	5	信心过高
			本季度挑战华东市场增长 80%	0.5	20%	华东市场增长 32.5%	4.06		
			本季度挑战华北市场增长 80%	0.5	60%	华北市场增长 38.5%	4.8		
	B-016 与 JG 集团的合作协议签署数量（6个）	提前完成与 JG 集团的合作协议签署	签署 2 个航空合作协议	0.5	33%	签署 2 个航空合作协议（100%）	10	10	反思 KR 制定
			签署 2 个航天合作协议	0.5	33%	签署 2 个航天合作协议（100%）	10		
			签署 2 个兵器合作协议	0.5	33%	签署 2 个兵器合作协议（100%）	10		

続表

战略目标	KPI	O	KR	信心指数	KR权重	KR达成情况	KR得分	O得分	备注
C2.开拓国际市场业务	北美市场销售收入（××亿元）	挑战本季度北美销售收入	超出原销售目标120%	0.5	30%	达到原销售目标100%	4.6	4.4	信心过高
	中东市场销售收入（××亿元）	挑战本季度中东销售收入	超出原销售目标120%	0.5	70%	达到原销售目标90%	4.1		

愿景型OKR

战略目标	KPI	O	KR	信心指数	KR权重	KR达成情况	KR得分	O得分	备注
I1.研发让客户尖叫的产品	储备核心组件技术	挑战储备核心组件技术进度	挑战招聘2名AI组件工程师	0.5	70%	未达到原人才招聘目标（0%）	0	2.5	缺乏行动力
			获取组件的市场与供应链情报	0.5	30%	市场目标情报不足（50%）	5		

注：本表"KR达成情况"及"O得分"中底色由浅及深分别代表黄色、绿色和红色。

（1）该公司将OKR作为员工自我挑战，从而驱动KPI结果实现的工具，OKR不与考核挂钩，有单独的正向激励。

（2）O与KR的关系是，通过评估本季度挑战KR的完成情况确定O得分，可以用百分数标识KR的达成情况。

（3）分析KR达成情况与O得分，并用红灯、绿灯、黄灯进行标识。

OKR适应性评价也是其中国之旅的有益探索。OKR适应性评价是在OKR正式引入之前就应当开展的工作。该项工作有着十分重要的意义，可以帮助评估公司是否适合使用OKR，避免OKR引入后适应性差而导致的失败，让我们在目标管理工具的选择上少走弯路。当然有人对此提出了反对意见，他们认为OKR是消除所有公司绩效管理弊端的"灵丹妙药"，OKR是未来替代BSC、KPI、MBO的管理工具，因此它适用于所有行业、所有阶段、所有规模的公司。笔者认为这是一种不太负责的观点。

OKR强调短周期、与考核解耦、挖掘创新等，本质上就已经诠释了OKR的适用范围。尽管所有的企业都会强调长短周期结合、激发员工的创造力，但是不同行业、不同阶段、不同规模的企业在目标周期、激发员工的创造力方面的诉求是不同的。BSC、KPI、MBO、OKR等工具是适用于不同场景的管理工具。它们本身并无优劣之分，但是有适合与不适合之分，所以在实施OKR之前非常有必要开展匹配性评估，以在BSC、KPI、MBO、OKR等众多管理工具中进行合理选择。

佐佳咨询经过大量研究与实践后认为，要理解OKR的适用性，必须从公司的战略管理模式、创新素质、包容与开放的企业文化、激励机制四个方面进行评估。

首先，OKR特别适用于"方向＋试错"的战略管理模式。通常来说，所有公司的战略管理模式无非两种：一种是"战略＋执行"的模式，这种模式一般适用于相对成熟的公司，公司的战略目标、战略举措、行动计划相对比较明确，一旦战略制定，其成功的关键要素是员工正确地执行公司战略；另外一种则是"方向+试错"的模式，这种模式一般适用于外部环境快速变化的情况，战略往往有一个大致的方向，但是暂时没有详尽的中长期目标、战略举措与具体行动计划，公司需要通过不断试错才能探索、总结出中长期目标、战略举措与具体行动计划。

其次，OKR 强调激发基层员工的创造力，要求至少 60% 的 OKR 必须来源于基层员工的创意，认为只有这样，才能表明 OKR 体系的设计是合理的，因此 OKR 的实施对于员工的创新意识与创新能力有着很高的要求。员工必须拥有强烈的创新动机与意愿，脱离对薪资的单一追求，追求自我价值的实现，他们应期望通过不断创新来获得工作上的成功以证明其存在的价值；同时员工还要有极强的、支撑创新的职业素质，他们要能够洞悉企业的战略意图，同时结合企业的战略意图保持不断创新。从 OKR 的全球实践来看，那些在 OKR 实践中受益并获得巨大成功的企业绝大多数是知识型员工为主要成员的企业。

再次，OKR 强调包容、开放的企业文化，实施 OKR 的公司必须做到这一点。OKR 在实施中要坚持的原则就是与考核解耦。企业的决策层要有包容、开放的心态，容忍并鼓励员工试错。企业如果没有包容、开放的文化氛围，是很难做到 OKR 与考核解耦的，到最后很有可能又回到与考核直接挂钩、与激励措施直接挂钩的局面。

最后，OKR 虽然强调与考核解耦，但是要求企业必须有另外的、有效的激励机制来管理"员工自我管理与价值实现的动机"。在硅谷，很多企业的 OKR 虽然不直接与激励措施挂钩，但是这些企业有着十分独特的激励机制引导"创意者"实现自我管理与自我价值：很多研发人员参与的研发项目一旦成功，他们就有可能成为项目公司的股东。"项目公司获得融资并健康、快速发展"的目标极大地激励着每一位参与者，他们都为了共同的目标而努力，而 OKR 则是帮助他们实现共同目标的"自我管理工具"。

除了上述战略解码工具外,还有价值树、方针管理(Hoshin Kanri)、政策部署(Policy Deployment)等,我们就不一一介绍了。那么我们如何选择战略解码工具?我们首先需要明确:BSC、MBO、OGSM、KPI、PBC、OKR 等工具在操作上是否水火不容?当我们选择或者运用了其中一种工具后,是否就意味着我们不能再运用其他工具的全部或者部分功能了?我们认为战略解码工具引进成功的关键在于在中国企业的实践中得到合理运用。如果不想把企业管理实践搞成一场"管理秀",我们就没有必要夸大其中任何一个管理工具而排斥其他管理工具。很多成功与失败的管理工具引进的案例告诉我们:在中国从事管理实践,只有博采众长,将复杂的问题简单化,才能获得成功。在实际操作中,佐佳咨询的战略解码五步法将众多战略解码工具有效地整合在一起。

如图 4-2 所示,我们在战略解码五步法的第一步中整合了问题清单、战略地图;在第二步中整合了平衡计分卡、行动计划表、OGSM/MBO;在第三步中整合了业务预算表、投资预算表、人力预算表、财务预算表;在第四步中整合了 PBC/ 绩效合约 /OKR;在第五步中整合了具有标准结构的年度业务计划书。

图 4-2　战略解码五步法的工具整合

4.2　对战略规划进行转化

本步骤是战略解码五步法的第一个操作步骤，主要目的是将公司战略规划主要内容转化为年度业务目标与计划。年度业务目标与计划既可以进行 1+12 的设定（1 是指未来 1 年的战略规划，12 则指分解到 12 个月的目标与计划），也可以做 3+1+12 的设定（3 是指未来 3 年的战略规划，1 是指未来 3 年中最近 1 年的战略规划，12 则指最近 1 年分解到 12 个月的目标与计划）。在本环节我们选择战略地图作为转化的载体，因为年度业务目标与计划最主要的呈现工具就是战略地图。

战略规划与战略地图之间存在如下逻辑关系（示例如图 4 - 3 所示）：战略意图向战略地图输出战略目标，这些目标绝大多数会被呈现在战略地图的财务与客户维度。业务设计中的客户选择、客户价值主张、价值获取主要向战略地图的客户维度输出战略目标；活动范围、战略控制向战略地图的内部运营与学习成长维度输出战略目标；风险控制向战略地图的内部运营维度输出战略目标。我们还可以根据关键任务讨论资源配置，向战略地图的学习成长维度输出战略目标。

4.2.1　问题清单

战略规划与战略地图之间存在逻辑关系，那么在现实操作中我们如何更好地按照逻辑关系进行战略转化呢？问题清单可以帮助我们。平衡计分卡创始人卡普兰与诺顿曾经在其专著中提出，在进行战略地图开发之前要梳理问题清单，通过问题清单来引导战略地图的开发。

由于每个公司的战略不同，因此问题清单中的问题也不尽相同。例如多业务组合集团与单一经营单体公司问题清单的内容不会完全相同，我们在这里仅给出常见问题作为参考。如表 4 - 2 所示，问题清单主要关注五个维度的问题。

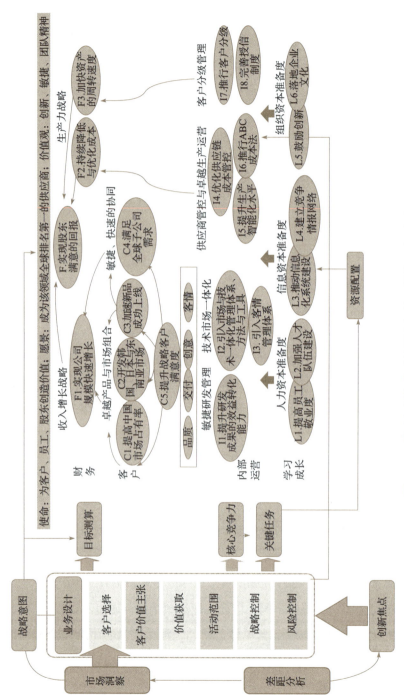

图 4-3 战略规划与战略地图之间的逻辑关系（示例）

表 4 - 2　问题清单示例

维度	问题清单	战略文件的对应部分	答案
战略任务	1. 公司的使命是什么？ 2. 公司的愿景是什么？ 3. 公司的核心价值观是什么？	**战略意图**：使命、愿景与价值观	
财务	1. 分阶段的财务战略目标有哪些？ 2. 战略规划年度财务目标有哪些？	**战略意图**：战略目标	
客户	1. 我们的客户是谁？如何分类？ 2. 我们客户的需求偏好是什么？ 3. 我们的客户价值主张是什么？ 4. 我们的市场成果度量指标什么？ 5. 客户价值主张的目标是什么？	**创新焦点**：SPAN 模型 **业务设计**：客户选择、客户价值主张、价值获取	
内部运营	1. 研产供销有哪些关键任务能够实现客户价值主张？ 2. 研产供销有哪些关键任务能够实现成本费用降低？ 3. 研产供销有哪些关键任务能够加速资金的周转？ 4. 研产供销及支持流程如何控制风险？	**业务设计**：活动范围、战略控制、风险控制 **关键任务**：关键战略举措与计划	
学习成长	1. 人力资本战略目标是什么？战略规划的年度目标是什么？ 2. 信息资本战略目标是什么？战略规划的年度目标是什么？ 3. 组织资本战略目标是什么？战略规划的年度目标是什么？	**关键任务**：关键战略举措与计划、资源配置	

　　管理咨询顾问梳理问题清单，一般会采用战略规划文件研读、与企业一对一沟通等方式。总之，问题清单不能抄袭或借鉴，一定要根据自身对公司战略及年度业务计划重点的理解来确定。

4.2.2　开发战略地图

　　战略解码的最大挑战是实现公司战略转化呈现的简单、集成与有效（见图 4 - 4）。所谓简单、集成与有效的基本解释如下：

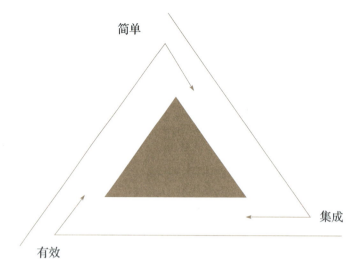

图 4-4　战略解码的最大挑战：战略转化呈现的简单、集成与有效

（1）简单。公司战略解码文件必须是简单、便于阅读的，杜绝毕业论文式的长篇大论，否则势必会成为公司内部战略沟通的障碍。

（2）集成。所谓集成是指把公司战略意图完整地展现出来。只有把战略规划文件精简、集成，才能实现战略解码文件的简单、易读。

（3）有效。所谓有效是指战略解码文件要既能完整、直观地展现公司战略，又能将战略转化为可操作的年度业务计划与目标，并将其与财务预算、绩效评价相链接。

战略解码的挑战促使战略地图逐步演变为战略解码的工具，那么战略地图是如何满足公司战略解码简单、集成和有效的要求的呢？要回答这个问题，我们需要理解什么是战略地图。战略地图是由卡普兰和诺顿提出的。他们也是平衡计分卡的创始人。在对实行平衡计分卡的企业进行长期指导和研究的过程中，他们发现企业由于无法全面地描述战略，管理者之间及管理者与员工之间无法有效沟通，对战略无法达成共识。平衡计分卡只建立了一个战略框架，缺乏对战略的具体而系统、全面的描述。2004年，卡普兰和诺顿的著作《战略地图——化无形资产为有形成果》出版。在该著作中，他们对战略地图的概念、使用价值以及内涵、操作方法进行了详尽的说明。

战略地图是在平衡计分卡的基础上发展来的，但是与平衡计分卡相比，它增加了两个层次的内容：一是战略目标，战略地图呈现了简单、集成的战略目标，每一个战略目标下可以分解出很多要素，如 KPI、支持 KPI 的行动计划等；二是动态逻辑，也就是说，战略地图中的各战略目标存在相互依存的逻辑关系，这种逻辑关系随着时间推移可以滚动调整。

在战略解码的第二个步骤即确定年度业务目标与计划中，战略地图还要转化为平衡计分卡、行动计划表，这三个部分简称为战略图卡表。战略地图将简单、集成的战略目标展现出来并勾勒战略目标之间的逻辑关系，平衡计分卡则将战略目标分解为年度甚至季度、月度的 KPI 并与预算链接起来，而行动计划表把支持 KPI 实现的行动编制成计划，通过这种层层解码实现了战略的有效性。图 4－5 和表 4－3、表 4－4 为 M 集团财务公司战略地图、平衡计分卡与行动计划表（2019 年解密版）的示例。

从上面的示例我们不难看出，战略地图（包含战略图卡表文件）主要在四个方面满足了企业战略解码的要求：

（1）战略地图对企业战略进行有效的解码。战略地图将原本需要长篇战略规划文件才能描述清楚的企业战略集中展现出来。由于它要求战略规划人员按照其结构和逻辑提供战略分析思路并进行企业战略关键问题的思考，所以大量的传统的战略决策工具如 SWOT 分析、波特五力模型、企业价值链、BCG 矩阵等都依附于战略地图。它们被有效地应用于每一个操作环节，因此战略地图使得原本复杂的战略解码过程变得简单而有效。

（2）战略地图能使企业内部沟通变得顺畅，促进协同。很多企业战略沟通不畅的根本原因是长篇大论式战略规划文件难以阅读，因而最终可能会长期束之高阁，以致描述战略、衡量战略、管理战略根本无从谈起，使战略执行成为无本之木，战略中心型组织成为无水之源。而当企业通过战略地图来演绎自己的战略时，战略地图起到了提纲、目录的

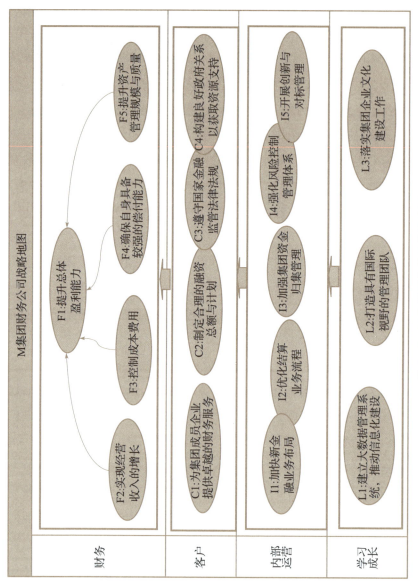

图 4 - 5 M 集团财务公司战略地图

表 4 - 3 M 集团财务公司平衡计分卡

| 维度 | 战略目标 | 核心衡量指标 | 目标值 | | | 行动计划 | 预算支出 | 责任人 |
			2019 年	2020 年	2021 年			
财务	F1：提升总体盈利能力	利润						
	F2：实现经营收入的增长	营业收入						
	F3：控制成本费用	成本费用率						
	F4：确保自身具备较强的偿付能力	存贷比例						
	F5：提升资产管理规模与质量	资产管理规模						
		资产负债率						
客户	C1：为集团成员企业提供卓越的财务服务	客户满意度				客户满意度提升计划		
	C2：制定合理的融资总额与计划	融资总额						
	C3：遵守国家金融监管法律法规	金融监管通报处罚次数						
	C4：构建良好政府关系以获取资源支持	获取政府资源支持任务达成评价（GS）						

续表

维度	战略目标	核心衡量指标	目标值			行动计划	预算支出	责任人
			2019 年	2020 年	2021 年			
内部运营	I1：加快新金融业务布局	新金融业务增长率						
	I2：优化结算业务流程	结算业务投诉率				结算业务流程优化计划		
	I3：加强集团资金归集管理	资金归集率						
	I4：强化风险控制管理体系	不良贷款比例				风险控制管理体系改进计划		
		重大风险发生频次						
	I5：开展创新与对标管理	贷款发放周期						
学习成长	L1：建立大数据管理系统，推动信息化建设	数据库抽检符合率				信息化建设计划		
		信息化建设计划（GS）达成评价	节点目标		节点目标			
	L2：打造具有国际视野的管理团队	关键人才任职资格达标率				关键人才培养计划		
	L3：落实集团企业文化建设工作	企业文化认知度						
		企业文化认同度						

表 4－4 M 集团财务公司行动计划表

计划名称	风险控制管理体系改进计划
计划编号	
总负责人	第一负责人：李×（总经理）；第二负责人：李××（稽核风险部经理）
制订者	财务公司资金计划部
制订日期	2018 年 11 月 15 日
审批者	
审批日期	

编号	关键节点	时间	计划要求	负责单位	协同单位	责任人
1	制订风险控制管理体系改进计划	2019 年 2 月 1 日至 2019 年 2 月 15 日	目标陈述：按照风险控制要求和公司风险控制要求，制订风险控制管理体系改进计划 标志性成果：制订风险控制管理体系改进计划并下发执行	稽核风险部	公司各部门	李××
2	实行案防工作责任制	2019 年 2 月 16 日至 2019 年 2 月 29 日	目标陈述：制定案防工作责任目标、措施 标志性成果：全体员工签订 M 集团财务公司案防工作责任书	稽核风险部	公司各部门	李××
3.1	制度补充和修订	2019 年 3 月 1 日至 2019 年 12 月 31 日	目标陈述：各部门可随时根据部门业务变化情况等提出制度补充和修订申请 标志性成果：新修订和补充制度经内控委员会审议通过并下发	稽核风险部	公司各部门	李××

续表

编号	关键节点	时间	计划要求	负责单位	协同单位	责任人
3.2	制度强化学习年活动	2019年4月1日至2019年9月30日	目标陈述：各部门经理拟题，员工进行认真学习 标志性成果：考试达标率超过80%	稽核风险部	公司各部门	李××
4.1	员工违规（失职）行为积分管理办法全面实施	2019年1月1日至2019年12月31日	目标陈述：引导和督促员工依法合规地完成工作，推动公司业务稳健发展，对员工进行违规（失职）行为积分 标志性成果：文件正式下发并组织实施	稽核风险部	公司各部门	李××
4.2	员工上半年异常行为排查	2019年5月1日至2019年6月1日	目标陈述：2019年6月1日前，根据2019年度上半年员工异常行为排查方案进行排查，填制排查实事确认书，部门拟订整改方案 标志性成果：排查办公室整理各部门整改报告，向审查领导组汇报整改情况	稽核风险部	公司各部门	李××
5	流动性压力测试	2019年6月1日至2019年6月30日	目标陈述：2019年6月，联合成员单位进行流动性压力测试 标志性成果：形成流动性压力测试分析报告	稽核风险部	资金计划部	李××
6	信用风险跟踪检查	2019年7月1日至2019年8月31日	目标陈述：联合信贷管理部对信用风险级别较高的贷款单位进行现场检查 标志性成果：形成完整的现场检查报告	稽核风险部	信贷管理部	李××
7	风险控制管理体系改进总结	2019年11月1日至2019年11月30日	目标陈述：各部门完成全年风险控制管理体系改进报告，稽核风险部完成公司层面风险控制管理体系改进报告 标志性成果：形成完整的风险控制管理体系改进报告	稽核风险部	公司各部门	李××

作用，使战略沟通变得相对简单、有效；而当沟通需要涉及每一个战略主题的目标与行动计划时，平衡计分卡、行动计划表又能有效地发挥作用。正是战略地图集成与直观的特点，使得企业内部战略的沟通变得顺畅，有效地促进了战略协同。

（3）战略地图能促使战略、年度业务计划、财务预算、绩效评价、执行监督与评估一体化。战略规划能否落地往往取决于战略、年度业务计划、财务预算、绩效评价、执行监督与评估能否保持高度的一致性。只有保持它们的联动，才能把本来务虚的远景转化为有着明确目标、预算的务实的计划与任务，才能将远期与近期有效地匹配起来。而战略地图能够把着眼于中长期的战略远景进行时间与空间维度的分解，有效地实现战略解码，作为年度业务计划编制的输入项，最终实现与财务预算、绩效评价、执行监督与评估的链接。

（4）战略地图使得企业战略执行监控变得适时、动态。战略规划文件的落地需要我们适时、动态地监督执行情况，这也是众多企业战略管理的目标之一。战略图卡表文件能够确保企业通过清晰的战略管控流程与组织体系监督子公司、部门的战略执行，并及时根据竞争状况的变化，对既定战略加以检验并做出相应调整，使战略执行的监督与评估变得更加适时、动态。

4.3 确定年度业务目标与计划

4.3.1 确定公司层面年度业务目标与计划

大型企业集团一般都采取显式战略管理模式，其往往在每年对战略规划进行详细修订的场景下开展战略解码，因此只要利用问题清单在战略规划文件中寻找答案，梳理目标逻辑链，就可以得到战略地图以及平衡计分卡与行动计划表，确定年度业务目标与计划。

成长型的中小民营企业往往采取隐式战略管理模式，其战略规划往往存在于创始人团队的头脑之中，但他们并没有自觉地对公司战略进行规划。在这种场景下，我们就需要按照标准的操作步骤，运用战略地图来引导创始人团队对战略进行主动思考，开展战略解码，形成年度业务目标与计划。这个过程需要围绕问题清单思考企业的使命、愿景、价值观、财务战略目标、客户分类、客户需求偏好、客户价值主张、市场成果度量、客户价值主张目标、研产供销关键任务、人力资本战略、信息资本战略、组织资本战略等。

下面我们结合案例来介绍在第二种场景下公司战略图卡表的开发。

|案　例|

法国 LILLE（中国）公司战略图卡表

法国 LILLE 公司（化名）是总部位于法国巴黎的一家从事化妆品包装材料生产的全球化企业，2002 年收购中国广东的 M 公司成立了法国 LILLE（中国）公司。法国 LILLE（中国）公司是法国 LILLE 公司全球 18 个业务单元之一，专门生产香水瓶、指甲油瓶、眉笔杆、口红管等。它以香水瓶为核心产品，80% 以上香水瓶销往国外，并与玫琳凯、雅诗兰黛、欧莱雅等国际知名品牌建立了战略合作伙伴关系，成为其稳定供应商。2015 年，法国 LILLE 公司决定运用战略图卡表工具开展中国区的战略解码工作，其所面临的问题如下所示：

（1）公司规模快速扩张，如何确保组织对外部环境的敏感性，提高商业洞察力？

（2）作为在华法国独资企业，如何描述中国区发展战略，确保与总部的战略协同？

（3）法国 LILLE（中国）公司在亚洲市场的增长路径是什么？竞争策略是什么？

（4）如何把法国 LILLE（中国）公司的战略转化为可操作的年度业务目标与计划并与财务预算相链接？

（5）如何把年度业务目标与计划、财务预算转化为考核指标，以确保战略落实为实际行动？

（6）如何实现总部对中国公司的战略执行过程、进度保持适时、有效的监控？

法国 LILLE（中国）公司在战略图卡表开发中引入了"逻辑链"的概念，明确财务战略目标。

法国 LILLE（中国）公司的战略图卡表开发共分为六个操作步骤（见表4-5）。

表4-5 法国 LILLE（中国）公司战略图卡表开发六步法

步骤	研讨主题
第1步	差距分析与环境扫描
第2步	形成问题清单
第3步	审视公司使命、愿景与价值观
第4步	设定财务战略目标
第5步	梳理财务战略目标逻辑链
第6步	汇总公司战略图卡表文件

一、差距分析与环境扫描

法国 LILLE（中国）公司的差距分析与环境扫描分为五个模块，分别是差距分析、宏观环境分析、产业环境分析、资源与能力分析、战略环境综合分析。差距分析包括法国 LILLE（中国）公司上一年度业绩差距与机会差距分析。在进行业绩差距分析时，将法国 LILLE（中国）公司经营实际值和目标值进行对比分析，同时还将几个关键绩效指标与行业平均值、标杆企业值进行对比分析，对法国 LILLE（中国）公司的自身成长性、盈利性与创新性进行分析；机会差距方面则主要分析法国 LILLE（中国）公司的新业务机会、产品与市场机会、管理创新机会，审视公司在过去一年中有哪些机会没有抓住。

二、形成问题清单

表 4-6 是法国 LILLE（中国）公司问题清单示例。

表 4-6　法国 LILLE（中国）公司问题清单示例

维度	问题清单
战略任务	使命、愿景与价值观是否需要调整？
财务	下一年度乃至未来三年的财务目标是什么？
客户	增长路径：业务规模如何增长？需设定哪些战略目标？ 客户价值：客户是谁？围绕他们的价值主张需设定什么样的战略目标？
内部运营	内部运营（如研产供销）上要设定哪些战略目标？
学习成长	人力资源战略目标（人才培养目标等）是什么？ 企业文化建设目标是什么？

三、审视公司使命、愿景与价值观

如表 4-7 所示，运用五问法对法国 LILLE（中国）公司使命、愿景与价值观进行必要的审视。

表 4-7　法国 LILLE（中国）公司使命、愿景与价值观审视表

	描述	使命、愿景与价值观审视标准（五问）					备注
		是否符合业务范围？	能否鼓舞人心？	定义是否清晰？	时限是否合理？	语言是否简洁？	
使命							
愿景							
价值观							

四、设定财务战略目标

法国 LILLE（中国）公司财务战略目标的设定采用了杜邦财务模型，每年 10 月份法国 LILLE（中国）公司都会在战略解码沟通会议上运用杜

邦财务模型进行目标的滚动设定。法国 LILLE（中国）公司重点关注杜邦财务模型中净利润、销售收入、成本费用率、资产周转率等财务指标。

表 4-8 对从杜邦财务模型中选取的财务指标按时间序列进行规划。

表 4-8　法国 LILLE（中国）公司四项财务指标规划表

维度	战略主题	战略目标	核心衡量指标	2015 年目标值	2016 年目标值	2017 年目标值	2018 年目标值	2019 年目标值
财务维度	收入增长战略	F1. 实现公司规模快速增长	净利润					
			销售收入					
	生产力战略	F2. 持续降低与优化成本	成本费用率					
		F3. 加快资产的周转速度	资产周转率					

五、梳理财务战略目标逻辑链

首先，进行"实现公司规模快速增长"的逻辑链梳理。根据产品-市场分析矩阵，"实现公司规模快速增长"的路径一般有四种：产品开发、市场渗透、多样化、市场开发。它们分别对应着不同的战略目标。法国 LILLE（中国）公司根据自身的业务特征选择了产品开发、市场渗透、市场开发这三种增长路径并设置了战略目标，分别是"加速新品成功上线""提高中国市场占有率""满足 LILLE 全球子公司需求""开发韩国、日本与东南亚市场"（见图 4-6）。

为了支持 C1、C2、C3、C4 增长策略，法国 LILLE（中国）公司设定了 C5 战略目标（即提升战略客户满意度）。如何度量战略客户满意度是本环节需要思考的重要问题之一。法国 LILLE（中国）公司对战略客户满意度指标进行分析。战略客户满意度与客户价值主张密切相关，如图 4-7 所示，客户价值主张可分为产品属性、关系等方面，主要包括品质、创意、客情、交付等内容。品质、创意对应着客户对老产品、新产品的评价，客情、交付对应着客户对客情关系与订单交付的评价。

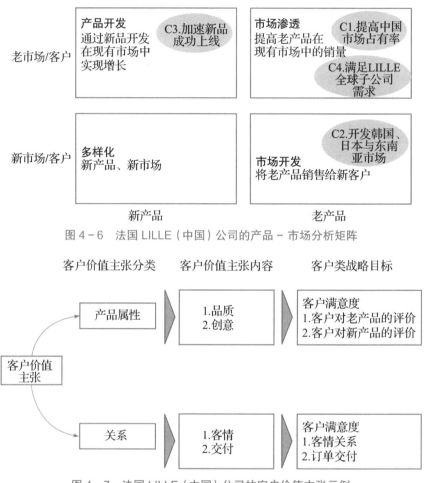

图 4 - 6 法国 LILLE（中国）公司的产品 - 市场分析矩阵

图 4 - 7 法国 LILLE（中国）公司的客户价值主张示例

为了寻找 C5 战略目标在内部运营中的支撑策略，法国 LILLE（中国）公司围绕提升战略客户满意度这一目标，进行了内部运营驱动因素分析，根据驱动因素设置相应的内部运营战略目标（见图 4 - 8）。

其次，进行"持续降低与优化成本"的逻辑链梳理。法国 LILLE（中国）公司在该环节识别出三个内部运营战略目标，分别是"优化供应链成本管控""提升生产智能化水平""推行 ABC 成本法"（见图 4 - 9）。

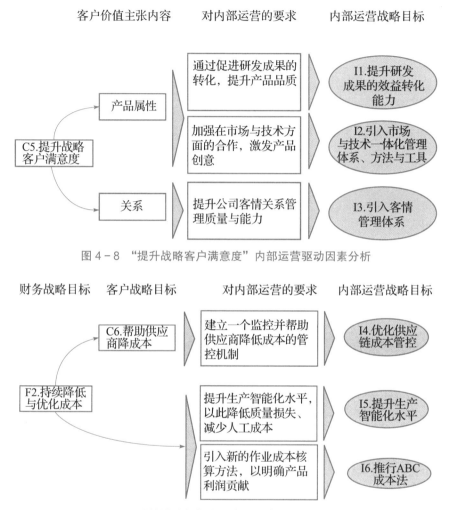

图 4-8 "提升战略客户满意度"内部运营驱动因素分析

图 4-9 "持续降低与优化成本"内部运营战略目标

再次，进行"加快资产的周转速度"的逻辑链梳理。法国 LILLE（中国）公司在该环节识别出两个内部运营战略目标，分别是"推行客户分级""完善授信制度"（见图 4-10）。

最后，进行学习成长战略目标的设定，法国 LILLE（中国）公司将该目标分为三类，分别是"人力资源战略目标""推动信息化、大数据、管理创新的战略目标""企业文化建设、融合的战略目标"（见图 4-11）。

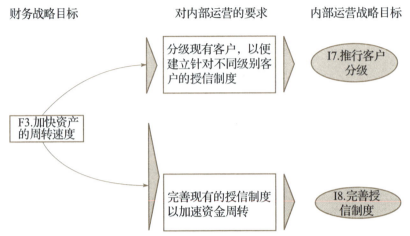

图 4 - 10 "加快资产的周转速度"内部运营战略目标

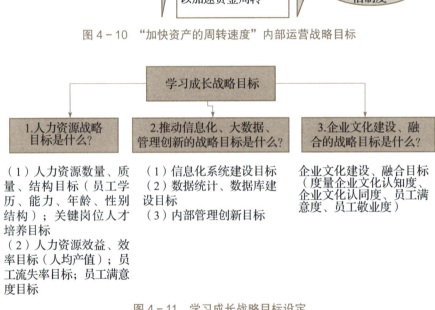

图 4 - 11 学习成长战略目标设定

六、汇总公司战略图卡表文件

法国 LILLE（中国）公司将汇总战略地图、平衡计分卡、行动计划表。法国 LILLE（中国）公司战略地图（见图 4 - 12）中的描述指明了企业的发展方向，而平衡计分卡（见表 4 - 9）中的核心衡量指标、目标值是飞行仪表盘，行动计划（见表 4 - 10）则指明了飞行的航线。

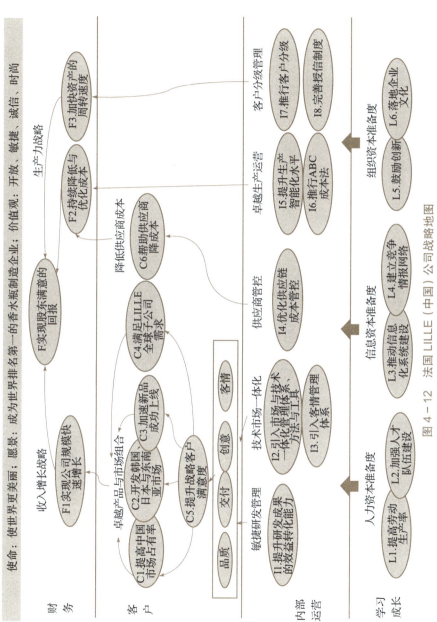

使命：使世界更美丽；愿景：成为世界排名第一的香水瓶制造企业；价值观：开放、敏捷、诚信、时尚

财务

F3.加快资产的周转速度
F2.持续降低与优化成本
生产力战略

F实现股东满意的回报

F1.实现公司规模快速增长
收入增长战略

客户

客户分级管理
I7.推行客户分级
I8.完善授信制度

降低供应商成本
C6.帮助供应商降低成本

C4.满足LILLE全球子公司需求

C3.加速新品成功上线

C2.开发韩国日本与东南亚市场

C5.提升战略客户满意度

C1.提高中国市场占有率

卓越产品与市场组合

品质　交付　创意　客情

内部运营

卓越生产运营
I5.提升生产智能化水平
I6.推行ABC成本法

供应商管控
I4.优化供应链成本管控

技术市场一体化
I2.引入市场技术一体化管理体系、方法与工具
I3.引入客情管理体系

敏捷研发管理
I1.提升研发成果的效益转化能力

学习成长

组织资本准备度
L6.落地企业文化
L5.鼓励创新

信息资本准备度
L4.建立竞争情报网络
L3.推动信息化系统建设

人力资本准备度
L2.加强人才队伍建设
L1.提高劳动生产率

图4-12 法国LILLE（中国）公司战略地图

表 4-9 法国 LILLE（中国）公司平衡计分卡

维度	战略主题	战略目标	核心衡量指标	目标值	战略行动计划	预算支出	责任人
财务	收入增长战略	F1. 实现公司规模快速增长	利润				
			销售收入				
	生产力战略	F2. 持续降低与优化成本	成本费用率				
		F3. 加快资产的周转速度	资产周转率				
客户	卓越产品与市场组合	C1. 提高中国市场占有率	中国市场占有率				
		C2. 开发韩国、日本与东南亚市场	新增战略客户数				
		C3. 加速新品成功上线	新品销量增长率				
		C4. 满足 LILLE 全球子公司需求	订单满足率				
		C5. 提升战略客户满意度	综合满意度				
	降低供应商成本	C6. 帮助供应商降成本	供应商降成本目标达成率				

续表

维度	战略主题	战略目标	核心衡量指标	目标值	战略行动计划	预算支出	责任人
内部运营	敏捷研发管理	I1. 提升研发成果的效益转化能力	研发成果转化收益		研发成果转化计划		
	技术市场一体化	I2. 引入市场与技术一体化管理体系、方法与工具	市场与技术一体化管理体系、方法与工具引入情况（GS）		市场与技术一体化建设计划		
		I3. 引入客情管理体系	客情管理体系引入情况		客情管理体系建设计划		
	……	……	……		……	……	……
学习成长	人力资本准备度	L1. 提高劳动生产率	人均主营业务收入		关键人才培养计划		
		L2. 加强人才队伍建设	任职资格达标率				
	信息资本准备度	L3. 推动信息化系统建设	信息化系统建设进展（GS）		信息化建设计划		
		L4. 建立竞争情报网络	竞争情报网络建设进展				
	组织资本准备度	L5. 鼓励创新	A类创新成果				
		L6. 落地企业文化	企业文化认同度		企业文化建设计划		

表 4 – 10　法国 LILLE（中国）公司行动计划表示例

战略行动计划名称	关键人才培养计划
计划编号	LILLEHR – 2016 – 058
总负责人	第一负责人：总经理；第二负责人：人力资源总监
制订者	人力资源部
制订日期	2015 年 9 月 8 日
审批者	总经理
审批日期	

编号	关键节点	时间	计划要求	负责单位	协同单位	战略预算支出	责任人
1	公司人才现状调研	2016 年 2 月 16 日至 3 月 25 日	目标陈述：对公司人才现状进行调研 标志性成果：形成《法国 LILLE（中国）公司人才现状调查报告》	人力资源部	15 个部门、14 个单位		
2	公司人才培养机构组建	2016 年 2 月 16 日至 4 月 30 日	目标陈述：建立公司人才培养机构并明确其工作职能与工作人员 标志性成果：公司正式行文下发	人力资源部			
3	完成公司人才培养体系三年规划	2016 年 3 月 25 日至 6 月 15 日	目标陈述：完成公司人才培养体系三年规划 标志性成果：形成《法国 LILLE（中国）公司人才培养体系三年规划》并下发执行	人力资源部			

续表

编号	关键节点	时间	计划要求	负责单位	协同单位	战略预算支出	责任人
4	形成规范的 2016 年人才培养计划	2016 年 3 月 25 日至 6 月 15 日	目标陈述：完成公司 2016 年人才培养计划 标志性成果：形成 2016 年人才培养计划书，并经公司领导层批准	人力资源部			
5	公司优良作风提炼与传导	2016 年 2 月 16 日至 4 月 30 日	目标陈述：制定法国 LILLE（中国）公司优良作风提炼与传导规划 标志性成果：形成《法国 LILLE（中国）公司优良作风提炼与传导规划》，经党政联席会议通过	总经办	人力资源部		
		2016 年 2 月 16 日至 5 月 31 日	目标陈述：提炼法国 LILLE（中国）公司的优良作风 标志性成果：形成阐述法国 LILLE（中国）公司优良作风的正式文件	总经办	人力资源部		
		2016 年 5 月 1 日至 7 月 31 日	目标陈述：法国 LILLE（中国）公司优良作风宣传素材收集 标志性成果：整理法国 LILLE（中国）公司优良作风案例 50 例以上	总经办	人力资源部		
		……	……	……	……		……

4.3.2 形成部门与下属单位层面年度业务目标与计划

完成了公司层面年度业务目标与计划的梳理后，我们还需要将其分解到公司的各个部门与下属单位。部门年度业务目标与计划同样可以运用战略图卡表来呈现，但是针对成长型的中小企业，我们也可以用其他工具如 OGSM 来替代。一般来说，公司类别不同，在部门与下属单位层面所重点关注的内容也有所不同：多元化的集团公司一般关注人力资源、财务、审计、信息化、品牌、企业文化等职能战略，而单一经营的集团公司除关注上述职能战略以外，还关注与供应链相关的研发、营销、生产等职能战略。

分解工具可以帮助公司将年度业务目标与计划分解到部门与下属单位。在实际操作中有两个分解工具经常使用，第一个是分解矩阵表，第二个是价值树。

分解矩阵表一般应用于公司年度业务目标与计划较全面的情况，尤其适用于运用战略地图与平衡计分卡来呈现公司年度业务计划与目标的场景。分解矩阵表在应用中的操作要点是区分两种不同的部门责任，一是结果责任，二是驱动责任。结果责任是指某部门对公司目标与指标承担主要或全部责任；驱动责任是指某部门对公司目标与指标不承担主要或全部责任。表 4－11 是某智能科技公司分解矩阵表的实例。

价值树是将公司的年度业务目标与计划分解到部门与下属单位的工具。价值树最大的特点是可以帮助我们找到实现公司年度业务目标与计划的路径。拆解价值树可以用公式法或者假设法。公式法通常和财务指标有关，比如利润＝收入－成本－其他费用，而假设法没有严谨的公式作为支撑，要依靠团队智慧来实现。在假设法的应用中，流程分析所获得的一些指标对拆解价值树有很大帮助，往往一级指标的驱动指标就是其二级流程指标的子指标。例如新品上市周期（指从立项研发至投产面市）指标事实上由企业内部研发与测试等流程驱动，规范的研发与测试

表 4-11 某智能科技公司分解矩阵表

维度	战略主题	战略目标	KPI	研发部	生产部	采购部	营销中心	品控部	售服中心	财务部	人力资源部	……
财务	收入增长战略	F1.实现超出投资人期望的增长	税后利润（×亿元）	驱动责任：研发费用	驱动责任：生产成本	驱动责任：采购成本、采购费用	驱动责任：销售收入、营销费用	驱动责任：质量损失金额	驱动责任：部门可控费用	驱动责任：成本费用	驱动责任：人力成本	
		F2.确保实现史上最激动人心的增长	主营业务收入（××亿元）				结果责任：销售收入					
	生产力战略	F3.让资金的周转速度更快	资金周转天数（×天）			驱动责任：采购物资周转天数	驱动责任：应收账款周转天数、成品库存周转天数			结果责任：资金周转天数		
客户	卓越产品与市场组合	C1.拓展无人机应用领域	A-001渠道进入达成率（80%）				结果责任：A-001渠道进入达成率					
			B-016民用市场收入增长率（60%）				结果责任：B-016民用市场收入增长率					
			B-016与JG集团的合作协议签署数量（6个）				结果责任：B-016与JG集团的合作协议签署数量					

续表

维度	战略主题	战略目标	KPI	研发部	生产部	采购部	营销中心	品控部	售服中心	财务部	人力资源部	……
		C2.开拓国际市场业务	北美市场销售收入（××亿美元）		驱动责任：布局北美工厂		结果责任：北美市场销售收入					
			中东市场销售收入（××亿美元）		驱动责任：布局中东工厂		结果责任：中东市场销售收入					
		C3.推进会员制快速发展	会员增长率（×%）				结果责任：会员增长率					
			A级会员增长率（×%）				结果责任：A级会员增长率					
		C4.提高客户满意度	客户综合满意度（80分以上）	驱动责任：客户综合满意度（产品设计）	驱动责任：客户综合满意度（生产质量）	驱动责任：客户综合满意度（零部件质量）		驱动责任：客户综合满意度（产品质量）	驱动责任：客户综合满意度（售服质量）			

续表

维度	战略主题	战略目标	KPI	研发部	生产部	采购部	营销中心	品控部	售服中心	财务部	人力资源部	……
内部运营	敏捷研发管理	I1. 研发让客户尖叫的产品	储备核心组件技术	结果责任：提前实现TC-001、TC-073、TC-046-AI组件技术突破							驱动责任：工程师招聘	
			平均续航里程	结果责任：平均续航里程								
	改善售服体验	I2. 建立完善的售服平台	售服平均响应时间（3小时以内）	驱动责任：技术问题平均响应时间	驱动责任：换货平均响应时间	驱动责任：配套电池供方筛选		驱动责任：品质鉴定平均响应时间	结果责任：售服平均响应时间			
			售服问题妥善解决率（100%）	驱动责任：技术问题妥善解决率	驱动责任：换货问题妥善解决率			驱动责任：品质鉴定问题解决率	结果责任：售服问题妥善解决率			
	供应链管控	I3. 优化供应链管控	质量问题投诉率	驱动责任：技术问题投诉率	驱动责任：生产质量问题投诉率	驱动责任：采购问题质量投诉率	驱动责任：销售质量问题投诉率	结果责任：质量问题投诉率	驱动责任：售服问题质量投诉率			
			三包索赔损失		驱动责任：三包索赔损失（生产原因）	驱动责任：三包索赔损失（采购原因）		结果责任：三包索赔损失				

续表

维度	战略主题	战略目标	KPI	研发部	生产部	采购部	营销中心	品控部	售服中心	财务部	人力资源部	……
学习成长	人力资本准备度	L1. 培养具有国际视野的创新人才队伍	首席研发工程师（1人）、专家人才（2人）	驱动责任:首席研发工程师、专家人才							结果责任:首席研发工程师、专家人才	
			全员任职资格达标率（大于95%）	驱动责任:部门任职资格达标率	驱动责任:部门任职资格达标率	驱动责任:部门任职资格达标率	驱动责任:部门任职资格达标率	驱动责任:部门任职资格达标率	驱动责任:部门任职资格达标率	驱动责任:部门任职资格达标率	结果责任:全员任职资格达标率	
	信息资本准备度	L2. 建立DATA数据平台	完成DATA平台计划	驱动责任:DATA平台部门数据	驱动责任:DATA平台部门数据	驱动责任:DATA平台部门数据	驱动责任:DATA平台部门数据	驱动责任:DATA平台部门数据	驱动责任:DATA平台部门数据	驱动责任:DATA平台部门数据	驱动责任:DATA平台部门数据	结果责任:DATA平台计划
			建立数据情报系统	驱动责任:研发数据情报系统			驱动责任:营销数据情报系统					结果责任:数据情报系统
	组织资本准备度	L3. 提升员工敬业度	建立员工敬业度管理体系								结果责任:员工敬业度管理体系	

流程是提高企业创新速度的关键要素。为此，这两个流程的指标中的研发周期、测试周期、样品交验合格率等都是新品上市周期指标的驱动指标。因此，结合流程进行分析对于指标分解，特别是内部运营指标的分解，有着十分重要的意义。

价值树主要应用于公司年度业务目标与计划数量较少的情况，在公司的目标与指标是以几个财务和市场目标与指标为主的场景下尤其适用。图 4 - 13 是一家装备制造公司价值树的实例。

4.4　链接公司预算

公司预算是在公司战略指导下，根据年度业务目标与计划的要求，对一定时期内的业务活动和财务成果进行的预测和筹划。预算管理则是通过对预算执行过程的监控，将预算执行结果与预算目标进行对比分析，对预算的执行过程和结果进行控制、调整、分析、考评的管理活动。其目的是帮助公司管理者更加有效地实现年度业务目标与计划，进而更高效地推进战略执行。预算管理需要公司管理者进行充分的双向沟通以及所有相关部门的参与。

在战略解码活动中，我们需要将年度业务目标与计划同预算链接，通过战略地图与平衡计分卡等工具的运用，实现战略、计划、预算、监控、考核的联动。

4.4.1　年度业务目标与计划同预算的关系

年度业务目标与计划同预算之间有着密切关系，预算不能凌驾于年度业务目标与计划甚至公司战略之上，否则就会出现"预算打败战略、战术打败战略"的情况。预算是用价值和实物等反映公司年度业务目标与计划的安排，而年度业务目标与计划是对不确定的未来的判断与安排。年度业务目标与计划是基础，是预算的输入项，而预算则是根据年度业务目标

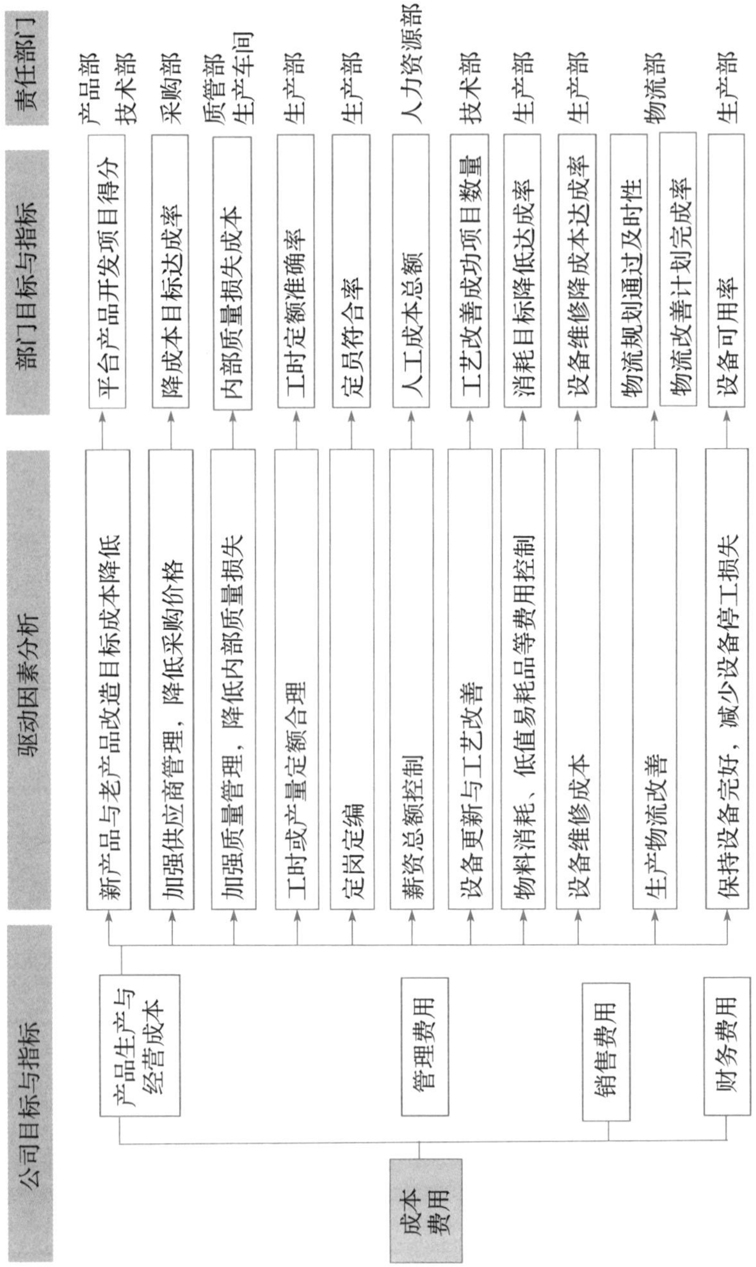

图 4 - 13 价值树实例

公司目标与指标

成本费用

产品生产与经营成本
管理费用
销售费用
财务费用

驱动因素分析

新产品与老产品改造目标成本降低
加强供应商管理，降低采购价格
加强质量管理，降低内部质量损失
工时或产量定额合理
定岗定编
薪资总额控制
设备更新与工艺改善
物料消耗，低值易耗品等用费用控制
设备维修成本
生产物流改善
保持设备完好，减少设备停工损失

部门目标与指标

平台产品开发项目得分
降成本目标达成率
内部质量损失成本
工时定额准确率
定员符合率
人工成本总额
工艺改善成功项目数量
消耗目标降低达成率
设备维修降成本达成率
物流规划通过及时性
物流改善计划完成率
设备可用率

责任部门

产品部
技术部
采购部
质管部
生产车间
生产部
生产部
人力资源部
技术部
生产部
生产部
物流部
物流部
生产部

与计划提出的资源配置的对策性方案。应该说，预算是针对年度业务目标与计划的预测结果的一种风险防御系统。年度业务目标与计划越确定，预算编制与控制过程就越简单，准确性也越高；年度业务目标与计划越不确定，预算过程就越复杂，预算的方法也就越多样化，准确性也就越低。

由此我们可以看出年度业务目标与计划同预算的关系：

（1）年度业务目标与计划是预算的输入项，年度业务目标与计划越不确定，则越需要预算。

（2）年度业务目标与计划源自公司对风险的预防。**市场竞争越激烈，风险越大，就越离不开预算。**

（3）年度业务目标与计划同预算相互影响，预算分析能够反向影响年度业务目标与计划。

因此，在战略地图与平衡计分卡的实践中，建议按以下时间顺序梳理年度业务目标与计划同预算的关系（见图 4-14）：

（1）7 月上旬启动差距分析与市场洞察，检索业务创新机会点。

（2）9 月 30 日前完成公司战略滚动修订。

（3）10 月上旬实施战略解码，向预算输入战略图卡表初稿。

（4）10 月组织公司各个部门开展业务预算与投资预算编制，初步完成财务预算。

（5）11 月结合战略图卡表的输入召开多轮次的预算平衡会议。

（6）12 月 15 日前完成公司预算编制及战略图卡表修订。

（7）12 月底召开公司各级管理者述职会议，初步确定个人业绩承诺书，明确考核指标，责任落实到人。

（8）12 月底完成战略、计划、预算、监控、考核流程滚动修订。

（9）次年 3 月前上报董事会，完成公司预算的审批。

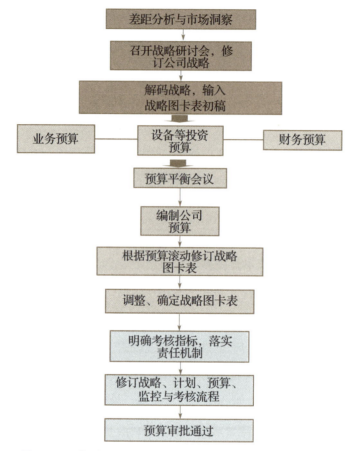

图 4-14 按时间顺序梳理年度业务目标与计划同预算的关系

4.4.2 链接预算指引

链接预算的目标是确保年度业务目标与计划同预算保持高度一致。如图 4-15 所示，预算包括业务预算（如销量预算、销售收入预算、销售成本预算、库存余额预算、销售费用预算、制造费用预算、研发费用预算、管理费用预算、财务费用预算、人力资源预算等）、投资预算（短期投资预算、中长期投资预算）、财务预算（损益预算、现金流量预算、资产负债预算等）。业务预算是起点，之后结合投资预算形成财务预算。

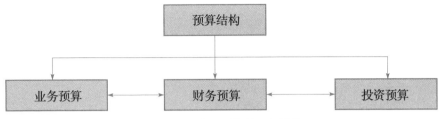

图 4-15　公司预算的一般结构

1. 汇总行动计划以及进行总体资源配置与规划

链接预算首先要汇总战略图卡表中的行动计划（见表 4-12），与预算人员一道明确行动计划支撑的战略目标、衡量指标，以及行动计划的起始时间、内容等。

表 4-12　行动计划汇总分析表

序号	战略目标	KPI 或 GS	行动计划名称	起始时间	内容	责任人	备注
1							
2							
3							
4							

其次，根据行动计划进行总体资源配置与规划（见表 4-13）。

表 4-13　总体资源配置与规划表

序号	行动计划	资源规划	重点投入方向	重点投入说明	备注
1					
2					
3					

（1）资源规划包含但不限于部门费用规划、投资规划。

（2）可用文字简要概述资源配置与规划的重点。

（3）明晰为支撑行动计划需要投入哪些资源，资源包含但不限于财务资源、人力资源。

（4）利用表4-13是为了确保最为关键的行动计划优先获得资源，避免"撒胡椒面"式的投入。

2. 匹配业务预算

业务预算在实际操作中涉及系列表格，例如可能包括销量预算表、销售收入预算表、销售成本预算表、库存余额预算表、销售费用预算表、制造费用预算表、研发费用预算表、管理费用预算表、财务费用预算表、人力资源预算表等，这些预算表需要与行动计划表相结合，共同编制。

销量预算表（见表4-14）一般包括各个产品线的产品类别的销量预测明细；销售收入预算表（见表4-15）一般包括各个产品线的产品类别的销售收入预测明细。

销售成本预算表（见表4-16）则是针对诸如每个产品线的单位变动成本（如原材料、辅料、包装物）及单位固定成本（如工厂折旧、工资及福利）的预算。

库存余额预算表（见表4-17）主要对原材料、包装物、在制品或自制半成品、产成品等的存货余额进行预测。

销售费用是销售产品过程中产生的各项经营费用，主要包括工资及附加费用、折旧费、办公费、差旅费、通信费、运输费、装卸费等（见表4-18）。销售费用预算与管理费用预算、财务费用预算合称期间费用预算。

制造费用属于成本类科目，制造费用预算表（见表4-19）是制造业为生产产品（或提供服务）而产生的各项间接生产成本的预算表。其包括生产部门（如生产车间）产生的水电费、折旧费、管理人员工资、劳动保护费、停工损失等。

研发费用是指研究与开发某项目所支付的费用。研发费用计入"研发支出"科目核算。该科目核算企业研究与开发过程中产生的各项支出。研发费用预算表见表4-20。

表 4 - 14　销量预算表

项目	2019年实际	2020年预算			2021年预算					2020/2021年差异	
		1—9月实际	10—12月预测	全年合计	一季度	二季度	三季度	四季度	全年合计	数量	%
产品线 1											
产品类别 1											
产品类别 2											
产品类别 3											
产品线 2											
产品类别 1											
产品类别 2											
产品类别 3											
产品线 3											
产品类别 1											
产品类别 2											
产品类别 3											

表 4－15　销售收入预算表

项目	2019 年实际	2020 年预算			2021 年预算					2020/2021 年差异	
		1—9 月实际	10—12 月预测	全年合计	一季度	二季度	三季度	四季度	全年合计	金额	%
产品线 1											
产品类别 1											
产品类别 2											
产品类别 3											
产品线 2											
产品类别 1											
产品类别 2											
产品类别 3											
产品线 3											
产品类别 1											
产品类别 2											
产品类别 3											

表 4-16 销售成本预算表

项目	2019 年实际	2020 年预算			2021 年预算					2020/2021 年差异	
		1—9 月实际	10—12 月预测	全年合计	一季度	二季度	三季度	四季度	全年合计	金额	%
产品线 1 单位变动成本											
原材料											
辅料											
包装物											
其他											
产品线 1 单位固定成本											
工厂折旧											
工资及福利											
其他											
产品线 1 单位成本											

表 4 - 17 库存余额预算表

项目	2019 年实际	2020 年预算		2021 年预算				2020/2021 年差异	
		9 月实际余额	12 月预测余额	一季度	二季度	三季度	四季度	金额	%
原材料									
A1									
包装物									
在制品或自制半成品									
产成品									
B1									
B2									
B3									
B4									
……	……	……	……	……	……	……	……	……	……
存货余额总计									

表 4 – 18 销售费用预算表

项目	2019 年实际	2020 年预算		2021 年预算					2020/2021 年差异	
		1—9 月实际	10—12 月预测	全年合计	一季度	二季度	三季度	四季度	全年合计	金额	%
工资及附加费用											
折旧费											
修理费及物料消耗											
低值易耗品摊销											
办公费											
差旅费											
交际应酬费											
通信费											
车辆费											
劳动保护费											
运输费											
装卸费											
促销费											
业务宣传费											
租赁费											
售后商务处理											
政府及社会性收费											
合计											
可控销售费用合计											

表 4 - 19　制造费用预算表

项目	2019年 实际	2020年预算			2021年预算					2020/2021年差异	
		1—9月实际	10—12月预测	全年合计	一季度	二季度	三季度	四季度	全年合计	金额	%
管理人员工资											
折旧费											
修理费											
低值易耗品摊销											
办公费											
差旅费											
交际应酬费											
通信费											
车辆费											
保险费											
劳动保护费											
政府及社会性收费											
水电费											
停工损失											
返工损失											
搬倒费											
防治费											
合计											
不含折旧的制造费用合计											

表 4 - 20　研发费用预算表

项目	2019 年实际	2020 年预算			2021 年预算					2020/2021 年差异	
		1—9 月实际	10—12 月预测	全年合计	一季度	二季度	三季度	四季度	全年合计	金额	%
研发设备费											
材料费											
测试化验费											
燃料动力费											
差旅费											
会议费											
合作研究与交流费											
出版 / 文献 / 信息传播 / 知识产权务费											
劳务 / 激励费											
专家咨询费											
合计											

人力资源预算也是预算内容之一，部分公司甚至将其从业务预算中独立出来，专门进行分析。人力资源预算首先要求对公司在新一年中的组织架构进行审视（见图4-16）（该环节与战略执行环节的组织能力审视保持着高度的互动关系）。相关指引说明如下：

（1）组织架构审视遵循"突出重点职能"的原则，保障重点部门在资源上得到优先配置。

（2）组织架构审视要求梳理清楚各个部门的职能描述、运行流程、岗位设置、主要职责。

（3）组织架构审视要求确保各个部门权利与责任的匹配合理，确定任职要求、人员配置。

在人员配置预算表（见表4-21）中，要分析人员梯队的现状，分析现任职人员岗位胜任情况以及关键岗位及其继任梯队情况，确保关键岗位能持续促进业务达成和合理布局；要明确人才发展策略，如不合格人员调整、空缺岗位的补充策略（外招、内培、轮岗），并将其落实到位。

表4-21　人员配置预算表

部门	岗位	现任职人数	现状分析（岗位胜任情况等）	关键岗位及其继任梯队情况	人员获取方式及数量			不合格人员调整	发展计划/其他说明	时限
					外招	内培	轮岗			

人效预算表（见表4-22）能通过明确人员投入方向，改善人员梯队的总体结构，提升人员梯队执行公司战略的能力，实现人均效能的提升并带动员工人均收入的上涨。具体而言，主要有以下几项措施。

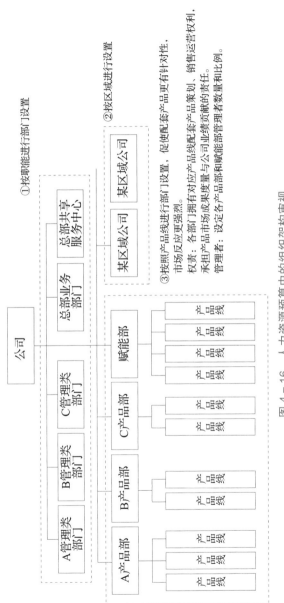

图 4 - 16 人力资源预算中的组织架构审视

表 4 - 22 人效预算表

业务类型 / 部门属性	销售收入（万元）		平均在编人数			人员效能（万元 / 人）			人均年收入（万元）	
	2023年	2024年	2023年	2024年	同比	2023年	2024年	同比	2023年	2024年
核心业务										
发展业务										
机会业务										
职能单位 / 部门										
合计										

（1）实施人员调整策略，持续改善人员结构，提升员工能力与综合产出，改善经营业绩等。

（2）增效。区分不同业务类型，实施差异化效率提升策略，为核心业务、发展业务制定不同的人效同比提升率；机会业务单独规划；为职能部门人员效能设定明确指标。

（3）调整工资。设置人均收入增长比例，涨薪向明星员工倾斜；设置降级降薪人员比例和平均薪酬降幅。

业务预算套表还包括管理费用表、财务费用表等，限于篇幅，不再一一叙述。

3. 匹配投资预算

在链接公司预算活动中，我们还要制作投资预算指引表（见表 4 - 23）。

表 4 - 23 投资预算指引表

投资类别	资产类别	具体项目	投入金额（万元）	投资目的（从差距导入，详细阐述投资需解决的问题是什么）	投资说明
短期投资					基于年度经营目标达成，需要进行投入

续表

投资类别	资产类别	具体项目	投入金额（万元）	投资目的（从差距导入，详细阐述投资需解决的问题是什么）	投资说明
中长期投资					基于中长期规划，需要在当前年度投资布局，以满足未来的需求

（1）基于年度经营目标及未来中长期目标，盘点现有资源情况，并与需求对比，识别资源差距，涵盖生产基础设施、软硬件等资本性投入。

（2）可用文字简要概述资源配置与规划的原则、重点投入的方向，注重资源配置与规划的聚焦效应及使用效率。

我们通过表4-24、表4-25和表4-26进一步对固定资产投资、未完工项目投资、固定资产处置等预算情况进行说明。

表4-24 固定资产投资预算表

序号	项目说明	年/月/日		预算总计	2021年投入	2022年以后投入
		开始	结束	A=B+C	B	C
新项目投资（指全新的项目投资）						
1						
2						
3						
4						
5						
6						
追加投资（指在原有资产基础上的改造、增添等投资）						
1						
2						
3						

续表

序号	项目说明	年/月/日		预算总计	2021年投入	2022年以后投入
		开始	结束	A=B+C	B	C
4						
5						
6						
资产重置(指原资产因到期、报废、毁损、变卖等需要更新)						
1						
2						
3						
4						
5						
6						
固定资产投资总计						

表 4-25 未完工项目投资预算表

序号	项目名称	开始时间(年/月/日)	结束时间(年/月/日)	预算总额	截至2021年的累计支出		预计完成时间(年/月/日)	2021年以后所需支出(B)	预计支出总额(A+B)
					金额(A)	占比			
1									
2									
3									
4									
5									
6									
7									
8									
9									
10									
总　计									

表 4-26 固定资产处置预算表

序号	固定资产名称	启用时间 (年/月)	原值 (万元)	折旧年限 (年)	累计折旧 (万元)	净值 (万元)	处置原因
固定资产出售							
1							
2							
3							
4							
固定资产毁损、报废							
1							
2							
3							
4							
固定资产捐赠							
1							
2							
3							
4							
固定资产出租、出借							
1							
2							
3							
4							
固定资产盘亏							
1							
2							
3							
4							
固定资产处置总计							

4. 汇总财务预算

业务预算、投资预算最后都要汇总为财务预算。财务预算表主要包括损益预算表、现金流量预算表（资金需求预算表为附表）、资产负债预算表。

损益预算是一个企业为实现其短期目标和长期目标而进行预测的一种管理工具。企业分析预计的收入、支出、利润等，把它们放入一个预算数字模型中，并实施该预算以实现企业目标。损益预算是企业决策过程中的一个重要内容，它可以帮助企业预测利润，并将其作为投资和资金分配的重要参考。同时，实施损益预算，可以帮助企业实现利润把控，提高利润水平，识别投资机会，并对其进行有效控制，实现集中经营，提升企业效率。

现金流量预算是对在预算期间内按时间顺序发生的收入和开支的总的预测。编制现金流量预算时，有关信息可以从会计记录中直接获得，也可以在利润表营业收入、营业成本等数据的基础上，通过存货和经营性应收应付项目，以及固定资产折旧、无形资产摊销等项目获得。现金流量预算是现金流量管理的重要手段，与其他预算紧密联系，是公司控制货币资金的收支、组织财务活动、平衡调度资金的直接依据。借助现金流量预算可以在数量和时间方面对公司现金流量进行合理预测。据此，可为筹资、投资决策提供必要的信息支持。

资产负债预算对企业会计年度末期的财务状况进行预测。它通过将各部门和各项目的分预算汇总在一起，表明如果企业的各种业务活动符合预期，在会计年度末期企业资产与负债会呈现何种状况。资产负债预算将反映决策周期企业生产经营活动结束时，企业所拥有的全部资产总和、负债程度、还债能力、所有者权益等情况，主要包括资产预算和负债预算两个方面的内容。

资产预算实际上是企业资金的占用预算，由固定资产预算和流动资产预算两部分组成。固定资产主要是指企业厂房、设备和其他生产设施的账面净值；流动资产主要是指原材料和辅料的库存价值、产成品的库存价值、债权（本周期未能收回的销售收入部分）、购买的有价证券价值和库存现金。

负债预算实际上是企业资金的来源预算，由自有资金预算和外来资金预算两部分组成。自有资金是指注册资金、企业税后净利润等；外来资金则主要是指银行的长期贷款、中期贷款和透支贷款等。

从上述内容可以看出年度业务目标与计划同预算的关系：年度业务目标与计划必须首先明确资源需求，才能明晰经营对预算的要求，而业务预算、投资预算最后汇总为财务预算。

应当注意的是，在年度业务目标与计划同预算链接的过程中，预算准确、可靠是未来年度业务目标与计划管理的重要保证，因此将年度业务目标与计划同预算链接不能够只是简单地、自下而上地填写统计表格。战略管理部门与财务部门要紧密配合，开展业务分析、预算分析。要在编制预算的过程中，根据业务发展的需求，遵循以收定支、留有余地的原则在各部门之间统筹安排，既要根据计划挤掉预算中的水分，又要考虑到可能被忽略或少计的金额，要充分地留有余地。

在开展全年预算的季度、月度分解时，预算人员可以按照金额大小和重要性等因素区别对待。对于金额较大或重要的预算，必须列出每月的预算，以利于后期战略执行过程中的监督与控制；而对于金额较小或重要性低的预算，可以编制全年预算，并将全年预算简单地按 12 个月平均分解。

预算执行信息十分重要。公司要确保预算执行信息的真实、完整，定期与不定期地进行预算信息的收集与反馈。这必须借助高效的预算核算信息化系统。预算核算信息化系统在每月月末产生财务报表的同时，又可生成预算与实际的对照表，有利于及时发现业务与预算执行中的问题，便于战略管理部门与财务部门联动采取对策，并为下一步是否干预提供依据。很多公司会为预算与实际的偏差设定一个范围，当偏差超出这个范围时，就要求责任部门做出书面解释，分析原因。

预算执行调控是预算管理的日常控制职能，是预算协调、预算调整、预算监控的总称。预算协调可分为两个方面：一是在预算执行过程中，各职能部门之间产生矛盾时，对利益冲突进行协调；二是在预算的实际执行与预算目标差异不大时进行协调，但这种协调只是一种微调，其效力主要是维持平衡，驱动战略地图与平衡计分卡上目标、指标、计划的实现，并不对预算做较大改变。预算调整是指公司内外部环境发生变化、预算出现较大偏差时所进行的预算修改。它是在微调失效或职能部门对存在差异的项目提出的调整要求得到批准的情况下所进行的较大修改，有利于更好地发挥预算的指导和约束作用。而由于市场变化，没有列入预算的项目也可能会出现，这就需要在预算执行过程中使预算监控发挥作用。

预算分析与考核是指在预算结束之后，要对预算实际执行情况与预算目标之间存在的差异及原因进行分析。预算分析与考核的主要目的有二：一是通过分析评价，掌握预算执行状况、成绩、存在的问题，并借以查明产生问题的原因，从而为堵塞漏洞、纠正偏差提供思路；二是对预算执行结果进行评价并实施奖惩，为下一轮预算管理确定预算目标提供重要参考。

4.5　确定中高层管理者的 PBC

4.5.1　区分组织绩效与个人绩效

组织绩效是指在战略目标达成过程中，组织特定团体工作的成果。对于公司而言，公司绩效、部门或下属单位绩效都属于组织绩效的范畴。个人绩效则是管理者与员工等个体在战略执行过程中的表现，往往与个人能力结合在一起决定被评估人的未来职业发展。

组织绩效与个人绩效有着密切的关联性。组织绩效的实现建立在个人绩效实现的基础上，如果组织内部绩效形成了相互支持的链条，即将组织绩效按严格的逻辑关系层层分解到组织内部的每一个工作岗位以及每一个人的时候，如果每一个人的绩效都达成了，那么组织绩效往往也能达成。如果管理者与员工个人绩效好，组织绩效却不好，那么我们就要反思个人绩效目标与组织绩效目标在设计的时候关联性是否不够。

华为"铁三角"组织模式很好地平衡了组织绩效与个人绩效。首先，"铁三角"将成功获取项目作为成员一致的组织绩效目标。项目组所有成员统一在这个组织绩效目标下，编制项目计划并完成各自的项目任务即个人绩效目标。在"铁三角"的运作模式下，表面上看项目组每个成员的个人绩效都很平凡，但是把大家的工作整合起来，却可以创造出卓越的组织绩效。"铁三角"就像一个放大器，将个人绩效整合的效应放大。在华为，一个几十个人的团队往往可以获取数亿美元甚至更大数额的项目。其次，"铁三角"就像冲锋队，需要后方的大平台的支持。华为提出的"班长的战争"其实就是指大平台与"铁三角"的协同作战。"铁三角"冲锋在前，后方大平台提供支援，前线与后方的协同带来了绩效整合的放大效应。在后方的支持下，冲锋队的作战能力得到了最大限度的发挥。前线"铁三角"取得的非凡绩效，有后方大平台的功劳。无数个"铁三角"与后方大平台的绩效整合起来，成就了华为公司层面更大的组织绩效。

组织绩效与个人绩效之间有着较大差异，如表 4-27 所示。两者在管理部门、管理对象、指标类别、指标数量、侧重点、激励上都有不同。

表 4-27　组织绩效与个人绩效的区别

区别	组织绩效	个人绩效
管理部门	战略管理部门、经营计划部门	人力资源管理部门
管理对象	整个部门或单位的经营业绩	个人业绩
指标类别	考核指标与关注指标并重	考核指标
指标数量	指标数量可达 25 个甚至以上	指标数量在 10 个以内，最好是 6 ~ 8 个
侧重点	重监控、轻评价，尽管也有评价的案例，但更强调月度、季度、半年与年度的监控回顾	轻监控、重评价，尽管强调辅导与反馈，但是实践中往往关注考核周期内的打分（OKR 除外）
激励	可以与部门或单位的奖金总额挂钩（甚至不挂钩）	与个人的工资增长、奖金计算挂钩

　　组织绩效与个人绩效的关联与区别，可以帮助我们在实际操作中思考部门组织绩效与部门经理个人绩效是否要分开。在现实的战略解码项目中，有的公司选择了两者分离，例如华为、华润、长安汽车等，但是一些成长型的中小企业却将两者合而为一。如果公司属于大型企业集团，旗下的部门与下属单位数量众多，强调组织绩效监控，同时组织绩效管理部门有足够的人员配置，一般会将部门组织绩效与部门经理个人绩效分开管理；如果公司属于成长型的中小企业，而且是单体公司，针对部门的组织绩效监控需求相对较少，同时绩效管理部门往往没有足够的人员配置，则建议将部门组织绩效与部门经理个人绩效合而为一进行管理。

　　华为公司个人业绩承诺书是衡量个人绩效的工具。任正非在 2004 年干部工作会议上做了题为《持续提高人均效益，建设高绩效企业文化》的讲话并指出，华为坚持责任结果导向的考评制度，对达不到任职目标的，要进行降职、免职以及辞退的处分。市场的竞争会更加激烈，公司不可能每战必胜，华为无力袒护臃肿的机构，以及不称职的干部。

华为向 IBM 学习，引入了个人业绩承诺书作为绩效管理工具，要求所有管理者签订个人业绩承诺书，以此督促管理者言行一致、重视结果，而不是只把管理停留在口号上。华为利用个人业绩承诺书，坚持责任结果导向的绩效管理制度，对管理者的行为实施有效约束，对管理者的业绩进行考核。管理者要明确自己的责任，提出绩效目标并做出承诺。

管理者的个人业绩承诺书的名称各异，在有的公司叫绩效合约，在有的公司叫经济责任状，在有的公司则叫绩效计划，但主要内容大同小异，例如华润集团、长安汽车、上汽集团等公司都针对管理者签订绩效合约。华润集团的绩效合约分为三年任期考核与年度业绩考核。

4.5.2 高管个人业绩承诺书

高管个人业绩承诺书的内容部分来自公司年度业务目标与计划（公司战略图卡表）中目标与指标的分解，同时还要参考高管岗位职责进行补充。完成公司战略图卡表的开发后，就可以编制公司高管个人业绩承诺书。高管个人业绩承诺书的编制应当遵循一些必要的原则，具体如下。

（1）战略导向原则。这是本书中反复强调的一个原则，也是编制高管个人业绩承诺书最基本的一个原则。高管个人业绩承诺书各个指标的设置一定要能体现公司战略的重点。而在有限的资源的配置上，也要根据其对战略的驱动情况分清主次和轻重缓急。

（2）系统化原则。高管个人业绩承诺书的编制还必须考虑公司全面预算、流程优化、高管岗位职责及任职资格等。例如高管个人业绩承诺书各个指标值的设定依赖于全面财务预算提供数据支持。

（3）突出重点原则。在编制高管个人业绩承诺书、进行关键绩效指标设定时，切忌面面俱到。应当突出关键点，尽量去选择那些与公司价值关联度较大、与部门及岗位职责联系更紧密的指标。通常在分配关键指标权重时，如果该指标的权重低于 5%，建议不要纳入个人业绩承诺书，否则会分散绩效责任人的注意力，影响其将精力集中在最关键的绩效指标上。

（4）可驱动原则。在编制高管个人业绩承诺书的指标时，所设置的关键绩效指标一定是绩效责任人能够控制、驱动的，要将其限定在部门或员工可控制的范围之内，也就是说，要与部门或员工的职责和权利相一致，否则就会导致目标任务无法完成。

（5）可实现性与挑战性相结合原则。在确定高管个人业绩承诺书指标值时，要注意各个指标值应当具有一定的挑战性但又可实现。指标值不能过高，也不能过低。指标值如果设置过高，无法实现，就不具备激励性；指标值如果设置过低，就不利于改善公司绩效。

（6）充分沟通原则。在编制高管个人业绩承诺书的过程中，要坚持让绩效责任人、绩效管理者等共同参与。在目标下达的过程中，各方要积极沟通、参与。这样做的意义在于：一方面可以使各方的潜在利益冲突暴露出来，便于通过一些政策性程序来解决这些冲突，从而确保高管个人业绩承诺书更加科学合理；另一方面能够使责任人对自身的目标充分认同，增强其实现目标的动力。

在明确了编制原则后，可以通过必要的程序编制高管个人业绩承诺书。具体编制程序如下。

（1）界定不同类型的指标。

编制高管个人业绩承诺书，实现其与公司战略图卡表的链接，第一步需要我们界定不同类型的指标。也就是说，战略图卡表中的指标并不是都能用来作为高管个人业绩承诺书指标。这就需要分清战略图卡表中的指标的不同类别。

考核指标：在收集的指标中，有一些指标能够反映公司业绩，显得尤其重要，因此有必要将其设置在公司层面进行考核。我们将其称为考核指标。

分解指标：有一部分指标不需要在公司层面考核，可以分解到下一个层级，我们称这些指标为分解指标（又称关注指标）。分解指标虽然不需要在公司层面进行考核，但是在年度计分中比较重要，需要适时进行动态监控，纳入责任人的经营绩效计划但不计分。

否定指标：有一部分考核指标影响重大，一旦出现就要否定责任人全部的业绩，该类指标被佐佳咨询公司称为否定指标。

界定指标类型可借助指标界定表来完成。它操作起来比较简单，不仅适用于公司层面考核指标的筛选，在部门乃至员工层面也可以使用。该表格有助于理解指标的性质。

（2）分配指标权重。

分配指标权重也是编制高管个人业绩承诺书的重要一步。在分配指标权重时，可以引导相关负责人考虑以下几个问题：公司所选择的考核指标的数量是否过多？如果按照该数量对指标权重进行分配，是否会有指标权重低于 5%（如果有的考核指标的权重低于 5%，可以考虑取消或合并一些指标）？如果指标过多，是否可以对相关指标进行合并或精简？

在选择公司层面考核指标时，一定要重视董事会的意见。因为高管个人业绩承诺书需要董事会做最后的确认。中国民营企业中有一个有趣的现象，那就是有很大一部分民营企业的所有权和经营权没有分离：公司的董事长兼任了公司的总经理，而其他董事则是公司的副总经理。如果是这种情况，公司层面还需要考核吗？回答是肯定的，即使是这样也有必要对整个公司的绩效进行考核。对公司层面的考核表达了董事会（群体）对总经理（个体）的期望，也向其他部门经理传递了一个信息——董事会在关注什么。

指标权重的分配方法主要有三种：第一种是经验法，就是将指标按照重要性进行排序，按顺序确定权重；第二种是权值因子法，又称交互式分析法，它是运用权值因子判断表对设计的各个指标进行两两比较，并评估分值来确定权重的方法；第三种是层次分析法，即事先确定评价模型，然后运用评价模型对指标进行打分以根据得分确定指标权重。

（3）为指标赋值，编制高管个人业绩承诺书。

在确认了考核指标并进行指标权重分配后，就可以为每个指标设定指标值，并编制公司高管个人业绩承诺书。

为指标赋值是编制高管个人业绩承诺书的一个重大挑战，很多企业就是因缺乏指标值的确定依据而使整个战略绩效管理工作止步不前。我们在这里可以分析一下产生这种情况的原因，以更准确地确定指标值。

根据经验，造成指标值确认困难的根本原因无非两个：一是公司内部没有支持获取这些指标目标值的统计分析系统。二是公司可能不知道如何通过统计分析系统获取相应的目标值。例如很多企业的基础统计、年度营销预测、经营计划及财务预算系统十分薄弱，一些基础历史数据无法获得，因此也无法做出正确目标值的判断。建议公司尽快完善这些方面的工作，为目标值的获取提供内部支持，因为不去做的话就永远停留在现在这个阶段。

如果依靠自己的力量确实无法完成上面的工作，可以考虑聘请外部专家来帮助公司，对公司的营销预测、内部统计及经营计划与财务预算进行梳理。如果不想这样做的话，那么只有一个办法，就是依靠经验来完成指标值设定这个艰巨的工作。在这种情况下，在第一次确定一些指标值的时候就不必刻意地去寻找特别完美的方案，可以广泛征求公司相关人员的意见，汇总并利用他们的个人经验。例如，公司完全可以考虑就指标值的设定进行头脑风暴。

为指标赋值还要注意指标的计分方法。所谓指标的计分方法是指如何根据指标的实际值确定指标的得分。无论是定量的还是定性的指标，其常用的指标计分方法如下。

扣分法：预先给定一个工作任务在理想状态下的标准分数，当发现指标在完成过程中出现异常情况时，就按照一定的标准进行扣分；如果没有发现问题就是满分。该方法操作比较烦琐，目前采用的公司越来越少。

连续计分法：对于一些可以用数字表示标准的指标采取连续计分的方法。例如销售收入的考核标准为：年销售收入达 50 亿元就是完成目标，可得 60 分。而实际年销售收入达 60 亿元，那么销售收入指标的实际得分就是 60 亿元 ÷50 亿元 ×60 分 =72 分。

层差法：这是一种常规的考核方法。它的特点是需要对绩效考核中可能出现的多种情况设定标准，并设定各种情况的对应计分方法。

关键事件法：事先只对目标达成的合格状态进行描述，在最后考核时，按照层差进行打分，但由于没有事先给定各层差状态的描述，所以要求打分者进行理由（关键事件）举证说明。

非此即彼法：对绩效考核只做两种结果认定——完成与没有完成，故考核结果也只有两种情况。

选用不同的计分方法，同样的指标值得到的分数可能是不同的。例如年销售收入的目标是 60 亿元，而实际年销售收入是 75 亿元。如果按照层差法，可能得 100 分（假设层差标准是 50 亿元以下得 0 分；50 亿～ 70 亿元得 60 分；70 亿元以上得 100 分）；但是如果按照连续计分法则是 75 亿元 ÷60 亿元 ×60 分 =75 分（假设年销售收入完成 60 亿元得 60 分）。

完成指标赋值后就可以签订高管个人业绩承诺书了，在签订高管个人业绩承诺书之前需要将相关指标及指标值提交相关部门审批。

4.5.3　部门经理个人业绩承诺书

部门经理个人业绩承诺书中的目标与指标来源于部门组织绩效指

标，也就是要把部门战略图卡表中的部分目标与指标分解到部门经理，写入其个人业绩承诺书。为此公司要在部门组织绩效指标中选出两类指标：考核指标与分解指标。

1. 考核指标与分解指标

部门考核指标是纳入部门经理个人业绩承诺书并可能在部门内部员工之间分解的指标；而部门分解指标则仅指在部门内部员工之间分解的指标。界定部门考核指标与分解指标，依赖于对部门指标体系内部各个指标之间逻辑关系的梳理，因而，在公司层面所进行的价值树分析十分有效。一般来说，部门考核指标应当尽量选择那些与部门策略重点相关的滞后/结果性指标（当然也包含部分重要的领先/驱动性指标）。

例如，我们将产品交验合格率、质量问题揭示率、质量巡检次数、违规操作次数四个指标分解到生产部，但是不是上述指标都需要放入部门经理个人业绩承诺书，作为部门经理的考核指标呢？其实是没有必要的，只要选择滞后/结果性指标——产品交验合格率就可以了，其他三个领先/驱动性指标可以在部门内部进行分解，分解到小组或员工个人（见图4-17）。

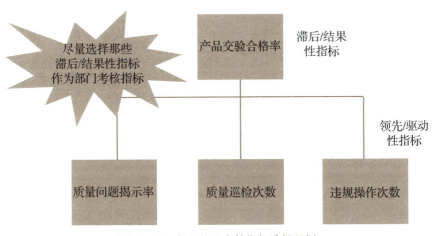

图4-17 部门经理考核指标选择示例

部门经理考核指标的选择，要广泛收集各个部门的意见。在实际的平衡计分卡项目操作中，可以把部门指标体系的资料发放到各个部门，由各个部门经理组织一次部门内部沟通会议，由他们先行讨论，最后将讨论的结果提交给各个分管的领导进行审核。但是在组织该活动之前，应当告知各个部门经理如何选择部门考核指标与分解指标。一般来说，部门经理的考核指标无非两种：

- 与部门经理岗位职责直接相关，能够体现部门策略重点的滞后 / 结果性指标；
- 能驱动这些滞后 / 结果性指标的重点领先 / 驱动性指标。

2. 部门经理考核指标可操作性检视

当各个部门确定部门经理的考核指标后，需要进行具体的指标可操作性检视工作。与公司层面考核指标检视原理基本相同，在部门经理考核指标检视中主要考虑下列八个方面。

（1）该指标是否与部门策略一致？部门经理的考核指标对部门整体绩效进行衡量，反映了部门经理个人应当承担的领导者责任，甚至包括对自己的承诺。因此，部门经理考核指标一定是具有很强适用性的指标，即能反映部门策略重点的结果性指标或与部门策略重点直接相关的驱动性指标。在部门指标检视中，那些不能反映部门策略重点的指标，要坚决将其从部门层面剔除，并作为分解指标；而在所选择指标都与部门策略重点相关，但总体数量又明显过多的情况下，可以将一些相关的指标进行合并，以确保指标既能反映部门策略重点又保持一定的精简性。

（2）该指标是否可驱动？部门经理考核指标必须是该部门经理可驱动的指标。除了一些特殊情况（例如，为了加强部门对公司的全局观，有时特意将一两个上级单位指标以很小的权重分配给下级单位），考核指标一定是考核对象可以驱动的。如前所述，如果考核对象驱动不了该指标，那么他就有可能放弃，因为他即使关注了也无法驱动，所以就干脆不关注、听之任之。

（3）该指标是否可实施？即使该指标是部门经理可驱动的，但其是否能促使公司配置资源并采取行动来改进具体结果？部门经理（考核指标的责任人）是否认同？其是否能够采取行动对指标结果产生正面影响？

（4）该指标是否可信？任何一项指标都需要信息来源的支持。如果一个指标没有信息来源的支持，就失去了实际操作意义。因此，部门经理考核指标也需要考量：是否有稳定的数据来源来支持指标或数据构成？这种数据能否被人为操纵以使绩效看起来比实际更好或更糟？在数据处理过程中是否会引起绩效指标计算的不准确？

（5）该指标是否可衡量？部门经理考核指标可以量化吗？如果可以量化，就有了最明确的衡量标准。当然，不是所有的指标都可以量化。最基本的限度是该指标要有可信的衡量标准。如果不能量化，并且没有可信的衡量标准，那么建议取消该指标。

（6）该指标是否可低成本获取？部门经理考核指标需要衡量对比，而对比的主要是事先设定的指标值与实际值。这就要考虑指标实际值的获取成本是否高昂。如果获取成本高于指标衡量的贡献，那么就需要调整。对于那些无法获知实际执行情况或获知成本较高的指标，应当首先考虑是否有替代指标。在实在无法量化的情况下，可以考虑一些定性指标，但是在考核时要结合关键事件法来进行。

（7）该指标是否具有协调性？部门是整个公司的一个单元，部门之间应当保持一定的协调关系，因此在部门经理考核指标的设置方面，还需要考虑某部门经理指标与其他部门经理指标的协调性，防止出现冲突与矛盾的现象；同时部门经理考核指标与高管考核指标应当保持相互对应的关系，部门经理考核指标应当支持公司平衡计分卡上的指标。总之，部门经理考核指标的设置应考虑纵向与横向的协调性。

（8）该指标是否可理解？这一点和公司考核指标检视要求基本相似：要考虑选择的部门经理考核指标是否用通用商业语言定义；能否以简单明了的语言说明；是否有可能被误解；等等。

上述八个方面可以用指标检视表进行检视。

在完成部门经理考核指标的初步检视后，就可以组织各个分管领导和部门经理进行指标解释了。

3. 编制部门经理个人业绩承诺书

在完成指标讨论并确定部门经理考核指标后，就可以编制部门经理个人业绩承诺书了。部门经理个人业绩承诺书和高管个人业绩承诺书结构相同，如果对部门经理进行任职资格分析后，发现其在能力素质方面有需要改进的地方，还可以把他的个人学习发展计划作为其个人业绩承诺书的附件。

4.6　汇总形成年度业务计划书

完成中高层管理者的个人业绩承诺书编制工作后，还要汇总编制年度业务计划书。年度业务计划书是战略解码的重要输出文件，结构上一般可以分为五个部分（见图4-18），其中第一、二部分是战略分析与战略规划环节的内容。为了确保战略规划对年度业务计划书做正确的输入，从而保障年度业务计划书呈现的逻辑性与完整性，也将战略规划成果作为年度业务计划书的组成部分，同时相关预算套表、个人业绩承诺书皆可以作为附件。

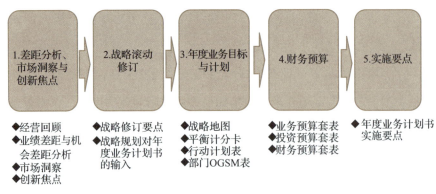

图 4-18　年度业务计划书五大组成部分

第五章

战略执行

战略执行是战略闭环的第四个环节，从管理角度来看，主要涉及组织能力审视、报告追踪、会议追踪、闭环追踪四个方面的内容。其中报告追踪、会议追踪、闭环追踪属于日常追踪。

组织能力审视需要运用"4+X组织诊断模型"对组织能力进行定期的诊断，参考人力预算对管控模式与权责划分进行检查，梳理管控流程与组织架构，调整岗位设置；根据战略解码环节中高层管理者PBC，分解员工个人绩效目标，落实薪酬激励机制，规范招聘与培训体系，梳理企业文化。

报告追踪要求设计公司经营的日报、周报、月报、季报；会议追踪主要形成月度经营分析报告、季度战略回顾报告；闭环追踪则是对报告与会议中关于战略执行问题改进决议事项的追踪。

5.1 组织能力审视

公司发展有两个相加的决定性驱动因素，那就是"战略 + 执行"。公司战略是企业管理的核心，而战略执行是战略管理的关键。梳理管控模式、划分组织权责、优化组织流程、建设人才队伍、培育企业文化都是为了培育与公司战略相匹配的组织能力。组织能力培育的真正目的是确保公司战略与执行保持高度一致。只有组织能力与战略要求保持匹配，才能确保战略与执行的一致性，可以说组织能力是连接公司战略与执行的桥梁。

5.1.1 审视模型

那么如何在明晰战略的基础上培育组织能力，以确保战略能够落地？要回答这个问题，我们必须剖析公司战略执行不佳的原因。佐佳咨询经过多年的观察与研究发现：公司战略执行不佳往往有以下三个方面的原因。

1. 沟通不畅、监控与责任落实不到位

这具体表现为公司缺乏一个简单、有效的战略沟通平台，传统战略规划文件变成锁在文件柜里的一叠废纸，组织内部缺乏有效的战略沟通，尤其是对每个"行动计划"沟通不到位，从而导致各级管理者在对公司战略的理解上出现偏差；公司没有构建高效的战略监控与修正机制，对战略目标及行动计划执行追踪、修正不及时、不到位，"战略管理部"常常沦为"投资项目部"，部分职能缺失；没有把战略目标、行动计划与组织、个人绩效实现有效对接，导致两者缺乏内在关联，无法落实"战略执行责任"。

2. 实现战略目标的愿望与动力不足

公司为确保实行有效的激励机制，虽然一直强调激励机制的变革，但由于惯性思维和内部挑战，激励机制变革出现"雷声大、雨点小"的现象；信仰缺失导致不良企业文化成为公司战略执行的又一障碍。

3. 缺乏实现战略目标的能力

在组织层面，公司无法很好地进行总部与分/子公司之间的权责划分，部分公司甚至陷入各种复杂的利益关系陷阱而一时难以自拔；法人治理形式大于内容，管控流程与组织架构不清晰，按照所谓"约定俗成"的方式对内部流程运行实施管控；在核心人才梯队建设上，没有对人才画像，从而导致战略人才培养与选拔标准模糊；培训跟风，课程安排赶时髦，浪费资源，缺乏对公司战略意图实现方面的有效支持。

基于上述三个方面的问题，佐佳咨询提出 4+X 组织诊断模型（见图 5-1）。其中，"4"是指组织战略诊断、组织模式诊断、流程与架构诊断、人力资源与企业文化诊断四大模块，四大模块相互支持、相互依存；"X"则指由四大模块细分出的若干子模块，子模块是开放、动态变化的。

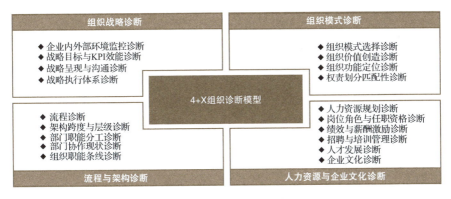

图 5-1 4+X 组织诊断模型

在实际操作中会根据实际需求对 4+X 组织诊断模型进行必要的取舍，例如组织架构运行出现问题时，要专门针对流程与组织架构进行诊断；在年度业务计划制订时，每年要对组织模式、流程与架构、人力资源与企业文化等进行审视；也可以在业务重组时对组织战略、组织模式、流程与架构、人力资源与企业文化进行全面诊断。

4+X 组织诊断模型的应用价值主要体现在以下几个方面：

● 审视工具：能够定期地对组织现状进行全面审视。

● 诊断工具：在调整期帮助企业对整个组织进行诊断。

● 沟通工具：语言简洁，就组织运行进行有效沟通。

● 改进工具：业务负责人借此不断改进组织管理。

4+X 组织诊断模型主要有四大应用场景：

● 战略调整：当公司战略进行重大调整后必然面临组织全面诊断与调整。

● 组织审视：在年度业务计划制订时对组织进行审视，制订组织调整方案。

- 新领导上任：新领导上任后需要对组织进行全面摸底，开展组织审视。

- 架构梳理：帮助推动者把握组织现状，找到最适合的组织架构调整方案。

此外，该模型的主要使用人群有业务负责人、组织发展总监、人力资源业务合作伙伴（HRBP）等。

5.1.2 审视调研

调研方法的选择会对组织能力审视的最终质量产生很大影响。调研方法有访谈法、问卷调查法、资料调阅法等，这些都是咨询顾问常用的工具。

1. 访谈法

访谈法是指由访谈人员与事先确定的受访者进行集体或者一对一的沟通，以获取所需信息的一种方法。由于访谈法是一个互动沟通的过程，双方可以就一些特别关心的问题进行深入的沟通与探讨，因此从理论上讲，它能有效地挖掘受访者内心深处最为真实的想法，特别有助于明晰深层次的问题。

但是如果访谈是由公司自己组织的话，被访谈者可能不太愿意说出自身真实的想法或感受。例如，他可能不太认同组织架构的运行现状，但是为了附和公司领导层的决策还是口头上说十分支持。对于这样的问题，结合无记名问卷调查或者聘请外部咨询顾问来展开调查等方式会更为有效。

在访谈的过程中，访谈人员应当注意以下几个方面的问题：首先，要营造一个良好的、宽松的沟通氛围，在态度、座位的安排上应尽量营造一种亲切感；其次，要让访谈人员对谈话中的重点问题进行记录；最后，尽量让受访者阐述自己的看法，访谈人员不要轻易发表自己的观点。

在访谈正式开始之前，一般要事先拟定一个结构化的访谈提纲，这样可以避免在访谈过程中遗漏一些问题。下面是笔者在对一家集团公司进行组织能力审视调研时所拟定的访谈提纲，谨供参考。

|案 例|

总部部门经理访谈提纲（部分）

一、集团财务中心访谈提纲

1. 集团财务中心的主要功能定位与权责是什么？能力是否得到充分发挥？和各分/子公司、其他部门的协调情况如何？

2. 您认为集团财务中心如何创造价值？

3. 如何评价集团目前的财务状况？

4. 去年集团与各分/子公司利润如何？为什么？

5. 集团、各分/子公司的速动比率是多少？在行业内是否正常？

6. 集团存货是多少，存货周转率是多少？在行业内是否正常？

7. 集团可行的筹资渠道有哪些？如何降低融资成本？还有哪些途径可以缓解资金压力？

8. 是否制定了集团财务规划？如何制定的？

9. 集团与分/子公司财务制度是如何建立和修订的？

10. 如何监督集团财务制度在分/子公司的执行？

11. 集团如何制定财务预算和年度业务计划？执行情况如何？年度业务计划是否包括成本计划和利润计划？如何进行成本分析？财务预算和年度业务计划何时修改？如何修改？

12. 投资项目可行性研究的主体是谁？财务中心如何参与？投资效益分析主要考虑哪些因素？对投资活动如何指导和监督？

13. 集团、分/子公司应收账款状态如何？原因是什么？如何管理？

14. 集团、各分 / 子公司现金状况如何？如何管理？

15. 行业有无特殊的税收政策？公司如何进行税务筹划？

16. 集团财务战略关键举措有哪些？是否有详尽的战略行动计划？

二、集团人力资源中心访谈提纲

1. 集团人力资源中心的主要功能定位与权责是什么？能力是否得到了充分发挥？和各分 / 子公司、其他部门的协调情况如何？

2. 您认为集团人力资源中心如何创造价值？

3. 您认为集团、分 / 子公司人力资源管理的现状如何？

4. 集团、各分 / 子公司人员编制存在什么问题（人员短缺或冗余，人员素质不符合岗位要求，等等）？人员编制如何确定？谁有决定权？依据是什么？

5. 集团多层次人力资源规划是根据什么制定的？（有没有根据集团战略来制定？）由谁制定？现有人力资源的配置是否和集团长期发展相匹配（员工年龄、流动率、素质）？

6. 近两年人员流动率是多少？什么类型的人员流动率较高？人员流动的原因是什么？流失人员都去了哪些地方？

7. 是否有人进行工作分析和工作说明书的制定？

8. 集团、分 / 子公司的招聘（内部招聘和外部招聘）程序是什么？谁有决定权？招聘渠道有哪些？

9. 甄选方法和标准是什么？是否根据岗位需求及人员素质要求来招聘人员？是否有对招聘工作的考核及反馈？

10. 集团内部调动、岗位轮换的决定根据什么做出？是考虑个人的特点、意愿及专业特长，还是仅仅出于工作需要？

11. 您认为各级员工的培训有必要增加吗？对集团的发展有多大的影响？

12. 集团有无培训计划？分 / 子公司有无培训计划？如何分工？

13. 集团是否有核心岗位的继任计划？

14. 员工能力是否得到了充分发挥？晋升体系是否使员工有充足的发展空间？有无员工认为职务晋升存在不公平现象？在这方面您认为公司内部有哪些不公平现象？

15. 对员工的发展是否足够重视？采取了哪些措施？效果如何？（有无职业生涯规划方面的辅导？）

16. 不合格员工如何淘汰？淘汰率是多少？有无强烈的抵触情绪？对其他人带来的影响是正面的还是负面的？

17. 考核体系如何？集团与分/子公司如何划分界限？考核效果如何？考核与薪酬及晋升挂钩的情况如何？

18. 您认为集团与分/子公司员工目前待遇水平如何？是高还是低？与谁比较（与同行业、同地区其他企业进行比较，或者公司部门之间进行比较，等等）？您本人认为自己的收入水平如何？您的直接下属的收入水平如何？是高还是低？与谁比较？

19. 对关键人才有无特殊措施（如津贴等）？如果有的话，是否合理与有效？

20. 劳动合同如何管理？发生过的劳动争议和纠纷是如何处理的？

21. 集团有哪些福利？福利对员工有无吸引力？是应该增加还是减少？

22. 现有人力资源管理制度在哪些方面不健全？

23. 集团人力资源战略关键举措有哪些？是否有详尽的战略行动计划？

三、集团企管部访谈提纲

1. 集团企管部的职能定位与权责是什么？如何和分/子公司进行协调？

2. 集团企管部如何创造价值？

3. 集团战略规划是如何制定的？如何进行战略监控？采取何种体系进行控制？

4. 集团年度业务计划制订、监督、考核流程是怎样的？与财务预算的接口是什么？

5. 在集团战略管控与年度业务计划管控的流程上，企管部与对接的部门是如何进行分工的？例如在进行人力资源战略规划时，与人力资源中心如何分工？

6. 集团企管部未来的关键战略举措与战略行动计划是什么？

7. 目前集团流程管控情况如何？薄弱环节是什么？

8. 流程管控是否有明确的主导部门？

9. 组织绩效考核如何进行？存在哪些问题？

10. 组织绩效考核与员工个人绩效考核如何链接与区分？

11. 请介绍集团企业文化。是否需要重新审视核心文化、制度文化与表层文化？

12. 集团内控与风险管控由哪个部门主导？与财务中心如何分工？董事会为何没有成立内控与风险管理委员会？

13. 您对集团未来的发展怎么看？未来可能会有什么样的经营状况？存在什么样的困难？

四、集团营销中心访谈提纲

1. 营销中心在集团价值链条上处于何种地位？

2. 是否有产品发展的营销战略目标和策略？

3. 如何解决研发、技术革新与营销链接的问题？

4. 是否有对竞争对手的研究？如何研究？是否定期或不定期地系统分析收集的情报？

5. 与处于领先水平的营销中心相比较有何差距？缩小差距的相应措施和方案是什么？

6. 存在哪些优势和劣势？如何发挥优势和克服劣势？

7. 近三年来开发的新产品销售状况如何？在销售总额中所占比例是多少？在同类产品中是否处于领先地位？

8.您认为目前产品的研发和生产是否充分考虑了成本？

9.营销人员在与客户达成协议之前是否会对客户的整体信誉和支付货款能力进行调查？是否提出具体的分析报告上交公司？

10.是否专门针对应收款项从企业内外部寻找具体原因？是否归因到具体部门或个人？

11.营销中心是否有完善的销控体系（流程、制度）？销售计划、销售组织、销售信息管理、销售人员考核激励如何推进？

12.营销人员流失率是多少？是否把客户带走？营销人员是否有不正常的现象？

13.对集团财务、人力资源等职能部门有什么看法？

14.售后服务的具体做法有哪些？您认为效果如何？其他竞争对手如何做？是否有竞争力？

15.未来营销中心的关键战略举措与战略行动计划有哪些？

五、集团研发中心访谈提纲

1.研发中心的功能定位与权责是什么？能力是否得到充分发挥？与其他部门的协调情况如何？

2.请描述未来三年的研发规划是什么。

3.请描述集团研发成果转化率如何。

4.集团研发项目是受市场驱动还是受技术驱动？

5.研发项目如何进行立项决策？集团在此过程中是如何管控的？

6.研发项目的阶段如何划分？研发所需要的资源能否及时保证？

7.研发项目的阶段评审如何进行？是否能对研发过程起到有效的管理作用？

8.请描述研发部门与其他部门的工作流程、相互关系如何。

9.请描述研发项目组的一般结构怎样。

10.集团对研发项目组的研发成果如何进行评价？

11.集团研发人员的工作业绩如何评价？

12. 集团的研发经费如何管理？

13. 研发进度如何管理？

14. 集团研发项目的文档如何管理？如何决定开放还是保密？

15. 请描述如何进行研发质量管理。

16. 请描述研发项目如何进行风险管理。

六、子公司访谈提纲

1. 子公司和集团的关系是怎样的？子公司的定位是什么？

2. 子公司和集团的哪些部门需要协调和配合？协作情况如何？子公司内部各个部门的权责是否清晰？相互之间的协作情况如何？

3. 子公司所生产的产品市场状况和前景如何？现在的利润情况如何？产品结构是否合理？

4. 您认为子公司产能设计是否合理？实际利用情况如何？如果存在差距，原因是什么？

5. 工艺水平如何？研发和工艺的衔接情况如何？工艺和生产的衔接情况如何？

6. 设备的先进性如何？设备更新频率是怎样的？设备的使用和维护情况如何？

7. 采购是否能及时满足生产需要？

8. 存货管理状况如何？目前存货过多的原因是什么？

9. 生产计划和调度水平如何？生产的均衡性如何？

10. 您认为生产过程中哪些环节可以改进？

11. 子公司的工资结构是怎样的？工人的奖金根据什么发放？

12. 子公司人员的素质如何？工作积极性如何？

13. 子公司生产的年度目标如何确定？生产根据什么进行安排？

14. 子公司如何对生产人员进行考核？

15. 目前子公司的管理情况如何？对于企业未来的发展，在管理上还需要什么样的改进？

16. 您认为目前子公司的人力资源状况如何？公司应该进行怎样的人力资源长远规划？

17. 您认为目前子公司的企业文化状况如何？目前的企业文化对员工起到了什么样的作用？还有什么样的欠缺？

18. 您认为目前子公司的工作流程存在哪些方面的问题？是否成为工作顺利进行的障碍？需要进行什么样的改进？

七、集团采购中心访谈提纲

1. 采购中心的主要功能、定位与权责是什么？能力是否得到了充分发挥？和各分/子公司、其他部门的协调情况如何？

2. 采购中心如何创造价值？

3. 采购中心如何控制与降低成本？对这方面的工作，公司有怎样的要求？带来了什么样的效益？

4. 采购中心如何提高采购物资的交付速度与质量？

5. 供应商管理流程是怎样的？如何选择供应商？目前供应商的分布如何？与分/子公司如何配合？

6. 采购管理流程是怎样的？采购计划怎么制订？有什么样的问题？

7. 对于协作开发的供应商是如何进行管理的？是否有明确的流程？

8. 在采购方面，相对于竞争对手存在怎样的优势或差距？未来打算怎么改进？

9. 供应商与采购管理流程的风险是什么？如何避免？

10. 采购中心供应商与采购管理的关键战略举措与战略行动计划有哪些？

2. 问卷调查法

问卷调查法也是组织能力审视环节中进行深入调研的常用方法之一。它要求调查人员事先设计好调查问卷，然后发放到受访者的手中，让受访者回答问卷中所提的问题，以此来收集需要的信息。问卷调查灵活性很高，它最大的优势是可以以较低的沟通成本获得大量的样本信息，同时很多在异地工作或者由于出差没有条件接受访谈的人员也可以参与。在实际操作中既可以进行全面调查又可以进行抽样调查。

事实上问卷调查法是访谈法的一个有效补充。在实施中要注意的一个问题就是调查问卷的设计。一般来说，如果受访者素质水平较高，问卷可以设计成开放式的；如果受访者素质水平较低，则尽量将调查问卷设计成封闭式的。在条件允许的情况下，建议组织一次问卷调查的填写会，这样做可以使填写人处于无干扰的环境，确保其填写的独立性。如果涉及一些敏感的问题，还可以采取无记名填写的方式。无论是现场填写还是非现场填写，必须在规定的时间内收回调查问卷并进行汇总整理，因为只有将大量样本对同一问题的答案统计出来后，问卷才能真正发挥它的作用。在统计分析的过程中，大家还要注意鉴别答案的可信度，可信度明显不足的问卷应当予以剔除。下面是组织能力审视的调查问卷案例。

|案　例|

组织能力审视调查问卷

组织能力审视调查问卷（部分）如表 5-1 所示。

表 5-1　组织能力审视调查问卷（部分）

序号	调查问题	非常同意	同意	中立	不同意	非常不同意
1	公司对内外部环境变化有着十分严密与有效的监控体系	5	4	3	2	1
2	公司战略目标与主要 KPI、行动计划按照预期完成	5	4	3	2	1

续表

序号	调查问题	非常同意	同意	中立	不同意	非常不同意
3	公司战略呈现十分简单、有效，便于员工沟通、理解	5	4	3	2	1
4	公司战略与计划、预算、考核有着高度的一致性	5	4	3	2	1
5	目前公司的组织架构能有效适应外部环境变化、战略发展的要求	5	4	3	2	1
6	目前公司的组织模式有利于充分利用战略资源	5	4	3	2	1
7	总部、分/子公司（或高、中、基层）分工明确	5	4	3	2	1
8	总部、分/子公司（或高、中、基层）之间有着清晰的权责划分	5	4	3	2	1
9	总部、分/子公司（或高、中、基层）之间集分权十分合理	5	4	3	2	1
10	流程能根据业务需要及时更新	5	4	3	2	1
11	流程文档管理十分规范、有效，便于查找	5	4	3	2	1
12	流程体系完善	5	4	3	2	1
13	流程清晰	5	4	3	2	1
14	流程审批十分严谨，不存在多头审批甚至冲突的现象	5	4	3	2	1
15	流程严格按照要求执行	5	4	3	2	1
16	流程设计合理，优化空间小	5	4	3	2	1
17	组织扁平化，决策效率高，不存在大企业病	5	4	3	2	1
18	部门职能分工合理，部门间不存在职能交叉、重叠、不清晰甚至管理空白的问题	5	4	3	2	1
19	部门之间横向协作十分流畅、沟通十分顺利	5	4	3	2	1

续表

序号	调查问题	非常同意	同意	中立	不同意	非常不同意
20	部门专业化程度较高，各职能领域人员专业能力很强，没有太多改进空间	5	4	3	2	1
21	公司人力资源规划对未来业务发展有着强有力的支撑	5	4	3	2	1
22	公司岗位设置或角色分工十分清晰	5	4	3	2	1
23	公司十分重视领导力与任职资格管理	5	4	3	2	1
24	绩效评价没有流于形式，能有效推动公司发展	5	4	3	2	1
25	薪酬激励机制能够有效支持人才吸引、保留与激励，赋能员工	5	4	3	2	1
26	招聘能够及时、有效地支持业务对人才的需要	5	4	3	2	1
27	培训管理能够满足公司员工能力提升的需要	5	4	3	2	1
28	公司有着明确的人才管理与职业发展管理体系	5	4	3	2	1
29	员工能够认知、理解并认同公司的核心价值观	5	4	3	2	1
30	公司的规章制度没有明显违背公司核心价值观的地方	5	4	3	2	1
31	绝大部分员工的行为准则未与公司的核心价值观相违背	5	4	3	2	1
32	公司需要加强核心价值观在员工行为层面的引导	5	4	3	2	1
33	公司已经统一了企业文化标识	5	4	3	2	1
34	以企业文化建设为主题的活动（如比赛、学习、旅游等）十分丰富	5	4	3	2	1

3. 资料调阅法

资料调阅法也是组织能力审视的重要调研方法之一。它是指调阅组织管控、组织架构、流程制度等相关的资料以获取管理信息。应当指出在资料调阅中有可能会涉及企业机密文件，外部人员应当严守被调研企业的商业机密，防止泄露。采取资料调阅法收集企业信息，应事先准备资料调阅清单。

表 5-2 是佐佳咨询帮助某集团进行组织能力审视时使用的资料调阅清单。

表 5-2　某集团组织能力审视资料调阅清单

序号	资料名称	提供部门	备注
1. 集团相关基本资料与战略规划			
1.1	集团介绍资料		
1.2	集团 3～5 年发展规划，以及近 2 年的年度工作计划与总结		
1.3	行业相关资料（包括杂志、行业报告等）		
1.4	集团领导关于业务发展的重要讲话		
2. 集团管控模式与组织（总部与分/子公司）			
2.1	集团管控模式选择与设计资料		
2.2	集团总部与分/子公司功能定位资料		
2.3	集团组织架构图、部门职责描述		
2.4	集团总部与分/子公司的权限划分表		
3. 管控流程与制度			
3.1	集团管控流程文件（包括业务流程和管理流程）		
3.2	财务、审计、法务、品牌等各职能领域流程文件		
3.3	集团风险管理体系文件		
3.4	集团总部各职能部门管理制度文件		
4. 集团人力资源管控			
4.1	人力资源规划文件		

续表

序号	资料名称	提供部门	备注
4.2	集团总部与分 / 子公司定岗、定编与定员表		
4.3	集团关键岗位说明书		
4.4	集团核心人才招聘、培训与任用资料		
4.5	集团与分 / 子公司人力资源报告		
5. 集团企业文化			
5.1	企业文化手册		
5.2	员工手册		
5.3	其他企业文化文件		
6. 其他资料			
6.1	公司内部刊物		

除上述方法外，还可采用实地调查法、统计分析法、个案分析法等进行组织能力审视。实地调查法是指由人员对现场（如集团或集团所属的分 / 子公司所涉及的区域市场、生产现场）进行考察以收集信息的一种方法。实地调查法获得的信息非常直观，尤其适用于对供应链管控的诊断。统计分析法运用数理统计方法，对调查问卷、相关报表或原始记录等资料的相关数据进行综合分析，以揭示管理活动中的内在逻辑关系。统计分析法比较客观，所得出的结论也具有较强的说服力。个案分析法是对典型事件、人物进行分析的方法。采用个案分析法可以增强组织能力审视报告的说服力。

5.1.3 组织能力审视报告

完成组织能力审视调研后，就可以进行诊断分析并撰写组织能力审视报告了。

下面介绍佐佳咨询对某控股集团开展组织能力审视后撰写的组织能力审视报告。

|案 例|

某控制集团组织能力审视报告介绍

该组织能力审视调研主要采用三种方法（如图5-2所示）进行基本信息的收集，以帮助把握控股集团内部管理的现状。

资料调阅法
· 战略规划
· 组织架构
· 管控流程
· 其他资料

中高层管理者访谈法
· 深入访谈120人次，同时在项目进行过程中和控股集团项目组有关人员不定期进行了大量沟通

问卷调查法
· 发放共计90余份问卷，对集团中高层管理者进行调研

图5-2 控股集团组织能力审视调研方法

一、组织能力审视分析框架

组织能力审视分析框架如图5-3所示。

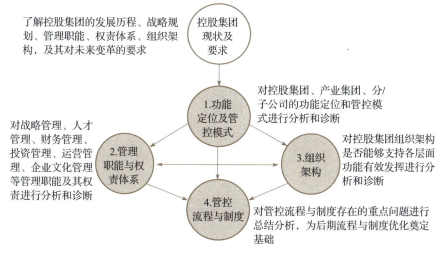

了解控股集团的发展历程、战略规划、管理职能、权责体系、组织架构，及其对未来变革的要求

控股集团现状及要求

1.功能定位及管控模式

对控股集团、产业集团、分/子公司的功能定位和管控模式进行分析和诊断

2.管理职能与权责体系

对战略管理、人才管理、财务管理、投资管理、运营管理、企业文化管理等管理职能及其权责进行分析和诊断

3.组织架构

对控股集团组织架构是否能够支持各层面功能有效发挥进行分析和诊断

4.管控流程与制度

对管控流程与制度存在的重点问题进行总结分析，为后期流程与制度优化奠定基础

图5-3 组织能力审视分析框架

二、控股集团功能定位与管控模式现状描述

控股集团对各层面的功能定位，即控股集团为决策中心，产业集团为监督管理中心，分/子公司为运营中心，但实际操作与该定位有所不同，具体如图5-4所示。

控股集团	理论上控股集团为决策中心，全集团重大决策皆由其做出 实际上控股集团承担了一些下属产业集团对分/子公司的监督管理工作，尤其是汽车零部件集团；控股集团没有参与房产集团的一些重要业务决策，由控股集团领导依靠个人魅力进行管理		
产业集团	理论上各产业集团定位为监督管理中心，负责对所属分/子公司进行日常监督、管理与经营指导，帮助与督促所属分/子公司增强竞争力，提高管理水平，提高盈利能力		
	汽车零部件集团实际上尚未履行营销、技术资源、战略物资管理方面的职能	房产集团实际上不仅仅承担监督、经营指导职能，更有一定的运营(如策划、项目预算等)职能	国贸集团总部目前属于运营中心
分/子公司	理论上各分/子公司为运营中心，负责日常生产经营管理工作，执行控股集团决定，接受产业集团监管 实际上，目前汽车零部件集团与房产集团分/子公司承担运营职能；国贸集团目前尚属两级架构		

图5-4　控股集团各层面的功能定位

控股集团自2016年以来逐步形成了具有自身特点的集团管控模式，在不同产业，其管控模式有一定程度的不同，如图5-5所示。

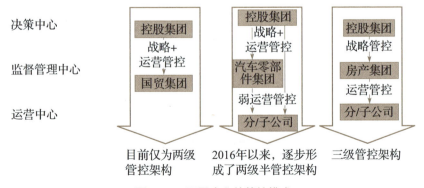

图5-5　不同产业的管控模式

三、中层以上管理者对控股集团类型的看法

问题：控股集团总体上属于（　　　）。

A. 运营型总部

B. 战略型总部

C. 以运营型总部为主，但在某些方面适度分权

D. 以战略型总部为主，但在某些方面适度集权

具体的结果如图 5-6 所示。

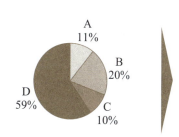

分析
选择B和D选项的员工比例接近80%，其中认为以战略型总部为主，但在某些方面适度集权的员工比例为59%

图 5-6　控股集团类型分析（一）

注：问卷共计 96 份，其中无效问卷 12 份，有效问卷 84 份。

问题：控股集团在未来总体上应该（　　　）。

A. 维持现状

B. 分权发展

C. 集权发展

D. 如果 A、B、C 三个选项都不符合您的观点，请在后面横线上填写您的观点：_____

具体的结果如图 5-7 所示。

问题：从现状来看，产业集团总部总体情况如下：汽车零部件集团属于（　　　）；房产集团属于（　　　）；国贸集团属于（　　　）。

A. 战略型总部

B. 运营型总部

C. 以运营型总部为主，但在某些方面适度分权（例如在某些职能或

某些分/子公司适度分权）

D. 以战略型总部为主，但在某些方面适度集权（例如在某些职能或某些分/子公司适度集权）

E. 目前不是十分清晰，有待观察

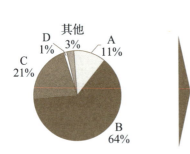

图 5-7 控股集团类型分析（二）

统计结果显示：大部分员工认为汽车零部件集团目前类型不清晰，有待观察；房产集团属于以运营型总部为主，但在某些方面适度分权的类型；国贸集团属于运营型总部，如表 5-3 所示。

表 5-3 控股集团类型分析（三）

产业集团名称	数据统计结果
汽车零部件集团	70% 选择 E：目前不是十分清晰，有待观察
房产集团	73% 选择 C：以运营型总部为主，但在某些方面适度分权
国贸集团	81% 选择 B：运营型总部

四、控股集团功能定位与管控模式审视

控股集团各层面功能定位与管控模式至少受到集团战略、企业文化与发展阶段三个方面要素的影响（见图 5-8），我们将重点从这三个方面来思考控股集团各层面功能定位与集团管控模式。

一般而言，业务相关性越高，战略资源整合要求越高，企业文化融合度越低，组织发展越不成熟，选择运营管理中心功能定位的可能性就越大，集团管控的集权化程度就越高（见图 5-9）。

1.集团战略
集团战略会对集团功能定位与管控模式未来的演变产生深远影响，是最核心的影响要素，主要考虑集团产业的相关性和资源整合要求

2.企业文化
企业文化也会影响控股集团授权的信心，进而决定功能定位与管控模式的选择

3.发展阶段
控股集团、产业集团、分/子公司所处的发展阶段也会产生影响，一般在初期可采取集权管理、分步授权的方式

图5-8 功能定位与管控模式的影响要素

注：就企业文化而言，应重点分析产业集团、分/子公司高管对控股集团价值观的认同程度等。因为该方面的情况影响到委托代理的风险与成本，从而影响控股集团授权的信心和管控模式的选择。

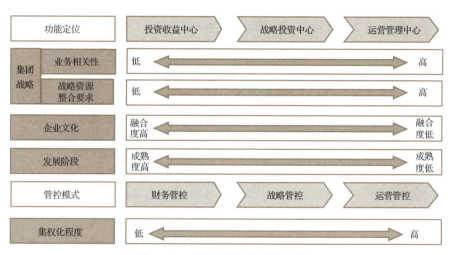

图5-9 功能定位与管控模式选择

控股集团功能定位与管控模式审视的业务相关性分析如图5-10所示。

控股集团功能定位与管控模式审视的战略资源整合要求分析见图5-11。

控股集团功能定位与管控模式审视的企业文化分析见图5-12。

控股集团功能定位与管控模式审视的发展阶段分析见图5-13。

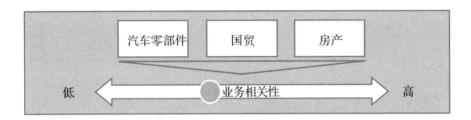

> ➤控股集团主要涉足汽车零部件、国贸与房产三大业务板块，其中
> 国贸与房产同其他业务属于非相关多元化，业务相关性不高；而汽
> 车零部件与国贸属于上下游关系，具有一定的业务协同性
>
> **分析**
>
> ➤业务相关性还体现在战略扩张上，未来控股集团汽车零部件业务
> 有可能会采取资本运营的方式完成扩张，同时国贸业务国际化进程
> 将会开始，非相关多元化产业规模将会扩大

> ➤控股集团产业无论是从现状还是未来三年发展来看，整体的业
> 务相关性不高，尤其是房产与汽车零部件/国贸之间基本没有业务
> 上的协同性，其内部运作也存在很大差异；同时规模的逐步扩大
>
> **结论**
>
> 也要求控股集团建立起一个战略管控型总部，并建立汽车零部件
> 业务与国贸业务的协同机制

图 5-10　业务相关性分析

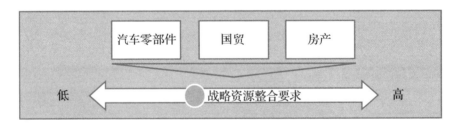

> ➤在各产业间由于业务相关性不高，战略资源的共享程度（仅仅指三
> 大产业之间，不包括各产业集团内部）较低。而在资金的集中管理
>
> **分析**
>
> 上，上市公司资金只能在体内循环。因此从整体看，战略资源的整
> 合要求不高，控股集团主要通过资本运作进行产业内部整合

> ➤产业之间绝大部分战略资源共享要求不高的特性，决定了控股集
> 团没有必要建立运营型总部来直接实施管控，控股集团有条件将主
>
> **结论**
>
> 要精力集中在整个集团的重大决策及战略管理方面

图 5-11　战略资源整合要求分析

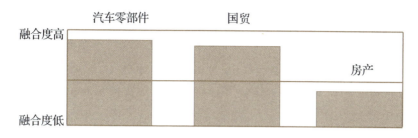

分析	➤ 汽车零部件集团高管、中层及分/子公司高管绝大部分在控股集团有很长时间的汽车零部件产业工作经历，甚至部分人员的职业生涯基本上都是在控股集团度过的。他们对公司核心价值观也有很强烈的认同感，与控股集团融合度高。国贸集团经营团队中除部分中层属于新招聘外，大部分从汽车零部件集团调来，整体文化融合度较高。房产集团与控股集团融合度不高。
结论	➤ 暂不考虑其他因素，其中汽车零部件集团与国贸集团选择分权式功能定位风险较低。

图 5-12　企业文化分析

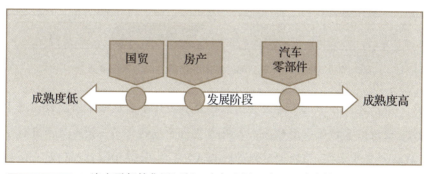

分析	➤ 汽车零部件集团历经20余年发展，实现了稳定快速增长，目前已经是行业龙头企业，进入了成熟期；房产集团成立时间较短，上市后实现资本社会化，目前处于成长阶段；国贸集团依托于汽车零部件产品开发国际市场，实施国际化战略，目前还处于探索阶段
结论	➤ 对处于不同发展阶段的业务，控股集团应选择不同的参与度：房产还处于成长阶段，国贸处于探索阶段，对它们的管控力度需要加强；而对汽车零部件，由于产业发展成熟度较高，可以采取逐步授权的方式进行管控

图 5-13　发展阶段分析

综上所述，控股集团可结合汽车零部件产业规模的变化，强化控股集团"战略投资中心"的功能定位，逐步实现对汽车零部件集团的管控模式向"战略管控型"为主转变（见图5-14），即重点管理汽车零部件集团战略经营计划、内外部投资、与国贸集团的战略协同等。

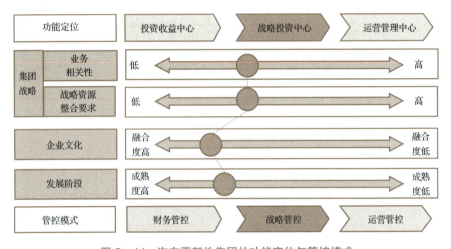

图5-14　汽车零部件集团的功能定位与管控模式

房产集团可考虑随着经营团队能力和文化融合度的不断提升，逐步改变目前依靠控股集团领导个人魅力实施管控的状态。控股集团定位于"战略投资中心"，采取"战略管控模式"（见图5-15）；加强对土地投资、项目策划等的控制，并通过战略与经营计划的质询监督、财务审计力度的加强，减少因文化融合而可能产生的代理风险。

国贸集团是控股集团国际化战略的"桥头堡"，在初期阶段需要控股集团在战略实施、国际市场开拓等方面提供有效指导和支持。国贸集团定位于"战略投资中心"，采取"战略管控模式"进行管理（见图5-16），重点通过战略经营计划管理，控制其海外公司和办事处设立、与汽车零部件集团战略协调。

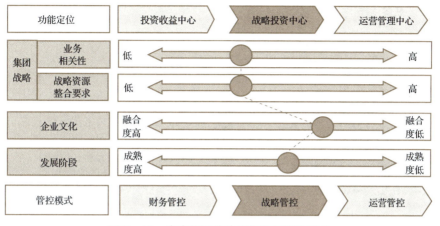

图 5-15 房产集团的功能定位与管控模式

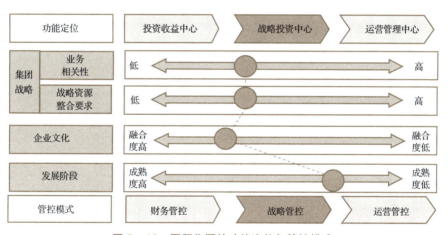

图 5-16 国贸集团的功能定位与管控模式

五、中层以上管理者对控股集团各层级功能定位与权责分工的看法以及相关分析

问题：控股集团在三层面的职能与权责分工（　　）。

A. 很明确，各管理职能边界很清晰

B. 基本清晰，但有不合理或模糊不清的地方

C. 比较混乱

D. 其他：_____

结果如图 5－17 所示。

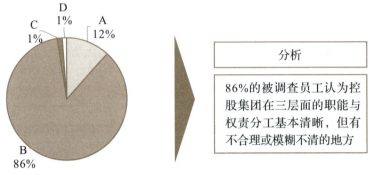

图 5－17　控股集团在三层面的职能与权责分工情况

问题：目前控股集团管控权责情况为（　　　）。

A. 控股集团集权过度

B. 产业集团集权过度

C. 控股集团分权过度

D. 产业集团分权过度

结果如图 5－18 所示。

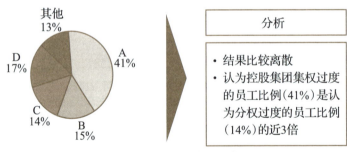

图 5－18　控股集团管控权责分析

通过对调查问卷结果进行统计，对控股集团各层级功能定位与权责分工的看法如图 5－19 所示。

下面依次对图 5－19 中提到的功能定位与权责分工进行讨论。

战略管理现状及存在的问题如表 5－4 所示。

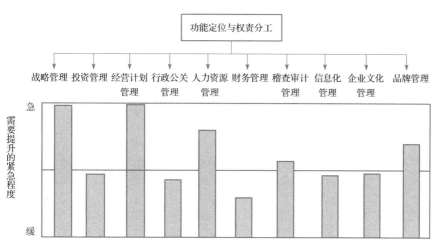

图 5 - 19　各功能定位与权责分工需要提升的紧急程度

表 5 - 4　战略管理现状及存在的问题

层面	现状描述	存在的问题
控股集团	• 由控股集团成立规划工作小组，制定战略发展规划；控股集团董事会拥有最终审批权限 • 对战略规划进行滚动修订	• 战略方向、目标及关键战略举措比较明确，但缺乏详细的战略行动计划 • 对业务战略描述很多，部门职能战略涉及得很少 • 目前在战略过程监督、评估方面职能缺失，战略的实施需要进一步落实到经营计划中，通过经营分析会对战略实施过程进行分析和改进 • 没有相应的牵头部门确定总体思路和框架，对产业集团战略缺乏指导建议，战略规划中各部分缺乏系统的整合
产业集团	• 产业集团组织下属分 / 子公司参与控股集团战略规划的制定，提出相关的建议 • 产业集团内部每月召开经营分析会	与上面大致相同

注：控股集团对三大产业集团的战略管理方式基本相同。

对于一个未来以战略管控为主的集团公司总部，战略管理职能尤其需要加强，这也是规模化发展集团管控能力提升的必经之路。战略管理的推荐关注指数为★★★★★。

投资管理现状及存在的问题见表5-5。

表5-5 投资管理现状及存在的问题

层面	现状描述	存在的问题
控股集团	• 汽车零部件：所有对外投资行为由控股集团负责，控股集团统一开展对外投资活动；一定额度以上的技改投入由控股集团审批，产业集团实施 • 房产：控股集团职能部门对土地获取的决策支持相对较少 • 国贸：分/子公司、办事处等事项由控股集团领导审批	• 房产集团目前主要是控股集团高管以房产集团董事长身份参与管理，分散了最高领导者的精力 • 控股集团尚未对房产集团重大决策的控制审批提供有效支持
产业集团	• 汽车零部件：分/子公司提出设备购置或技改需求；汽车零部件集团对一定限额的设备购置或技改需求进行审核；工程装备部确定是否可以进行内部调配，不能调配则进入招投标程序	• 工程装备部对设备购置或技改参与深度不够，参与节点靠后

房产集团可随着其经营层"代理风险"的减少，扩大其在土地决策、项目策划、资金管理等方面的权限；汽车零部件集团内部的投资项目管理问题可通过流程优化来解决。投资管理的推荐关注指数为★★。

经营计划管理现状及存在的问题如表5-6所示。

表5-6 经营计划管理现状及存在的问题

层面	现状描述	存在的问题
控股集团	• 控股集团下达年度经营目标与重点工作要求	• 与战略管理相同，控股集团没有相应的职能部门负责经营计划管理（制订、监督、评估）

续表

层面	现状描述	存在的问题
控股集团	• 半年召开一次经营分析会；控股集团高管以产业集团董事身份定期参与各产业集团例会和经营分析会	• 对业务部门或单位的经营绩效考核目前以经济指标考核为主，对职能部门工作的考核相对偏弱 • 经营计划管理缺乏不利于从整体上协调产业集团之间的经营活动，尤其是不利于汽车零部件集团和国贸集团的战略协同 • 经营分析会进行现状通报，缺乏分析与改进环节，同时控股集团对战略的关注度不够
产业集团	• 产业集团对年度经营目标与计划进行细化与分解，落实到各个分/子公司 • 产业集团每月召开经营分析会，参与对象为产业集团中层以上干部及分/子公司高层管理者，主要针对财务分析报告进行质询，分析报告直接呈送控股集团高管	• 目前经营分析侧重于财务指标分析，对职能部门工作计划的执行关注度不够 • 月度经营分析属于通报性质

经营计划管理与战略管理是相互关联的，中长期战略只有分解到年度经营计划并辅以绩效考核才能真正落地。经营计划管理的推荐关注指数为★★★★★。

行政公关管理现状及存在的问题见表5-7。

表5-7 行政公关管理现状及存在的问题

层面	现状描述	存在的问题
控股集团	• 报告的重大事项由控股集团组织处理 • 合同、法务工作由控股集团实施分类管理 • 控股集团对外进行公共关系协调 • 控股集团总部及大三角厂区的行政后勤工作由控股集团总裁办公室统一管理 • 网站宣传等由控股集团组织开展并监督 • 统一制定控股集团层面的制度，接受产业集团制度报备	• 在访谈与问卷调查中很多高层管理者提及期望控股集团利用自身平台优势，进一步加大公关支持力度 • 日常信息简报制度需完善

续表

层面	现状描述	存在的问题
产业集团	• 产业集团中两个上市公司的信息披露按上市公司规定操作 • 在生产经营活动及与之相关的活动中发生的重大事项、重大失误、突发危机事件、重大安全事故、重大诉讼案件等，必须在第一时间向控股集团总裁报告 • 产业集团编制自己的制度要向控股集团报备，分/子公司编制制度要向产业集团报备	• 重大事项报告制度须进一步明确重大事项定义以及汇报的程序 • 报备制度执行不力，分/子公司、产业集团有时报备，有时不报备

除信息披露外，控股集团对三大产业集团行政公关的管理方式基本相同，对行政、后勤、公关支持进行流程优化，优化时重点需要考虑上述问题。行政公关管理的推荐关注指数为★★。

人力资源管理现状及存在的问题见表5-8。

表5-8　人力资源管理现状及存在的问题

层面	现状描述	存在的问题
控股集团	• 控股集团对三大产业集团人力资源的管理方式基本相同，对异地分/子公司的人力资源管理存在微小差异 • 人力资源实行集中统一管理，直接深入到分/子公司 • 制定全集团人力资源管理政策 • 进行后备人员的考察、考评、培养及管理 • 进行员工调职、调薪、晋升及职称评定等人事工作 • 实行定编管理，子公司中层以上人员及产业集团、控股集团人员的招聘活动统一由控股集团总裁办公室负责 • 定期督查所属分/子公司贯彻执行人事政策、劳动用工制度的情况	• 控股集团承担了太多的事务性工作，一些战略性人力资源管理工作如人力资源规划、绩效管理、人才培养和梯队建设等未能有效开展，导致创造的价值有限 • 对分/子公司实际情况的了解及要求有限，集中并不意味着事务性工作的集中，集中太多容易导致人力资源决策失误

续表

层面	现状描述	存在的问题
产业集团	• 产业集团没有人力资源管理职能，但有一定人事决策权限在产业集团、分/子公司之间进行分配	• 产业集团缺乏人力资源管理职能，无法对用人决策提供支持

针对表5-8提到的问题，建议考虑以下几种处理方法：一是推行分级管理，强化产业集团与分/子公司的人力资源管理职能，控股集团逐步聚焦于战略型人力资源，将部分事务性工作的权限下放；二是在控股集团独立出人力资源部，在三年内仍采用目前的集中管理模式（不属于最优方案）。人力资源管理的推荐关注指数为★★★★。

财务管理现状及存在的问题见表5-9。

表5-9　财务管理现状及存在的问题

层面	现状描述	存在的问题
控股集团	财务集中管理模式 • 预决算管理及财务分析 • 会计核算 • 组织资产管理 • 融资及资金计划审批 • 税收管理（本地统一操作） • 产业集团财务总监通过委派产生，对产业集团财务进行监管，对财务部门进行监督和业务指导	
产业集团	• 预决算管理及财务分析 • 会计核算 • 资产管理 • 资金使用 • 税收管理（报表） • 产业集团财务总监对分/子公司财务总监进行委派	• 产业集团内部目前正在加强资金统一集中管理，以提高资金的使用效率，防止资金沉淀

注：控股集团对三大产业集团财务的管理方式基本相同（在费用审批上区分异地与本地）。

控股集团财务管理相对比较规范，集中管理模式有利于财务风险控制，但目前需要关注经营计划与财务预算在管理上的对接。财务管理的推荐关注指数为★★。

稽查审计管理现状及存在的问题见表 5-10。

表 5-10　稽查审计管理现状及存在的问题

层面	现状描述	存在的问题
控股集团	<ul><li>经营活动日常监督</li><li>控股集团本部、三大产业集团本部以及本地分/子公司总经理的费用支出审计</li><li>专项审计、货币资金审计、离任审计、内部基建工程审计</li><li>干部监管</li><li>重大制度执行情况监控</li><li>每个分/子公司至少每两年开展一次管理审计</li><li>招标监管</li><li>案件稽查与处理</li></ul>	<ul><li>稽查审计管理能够有效促进公司管理水平的提升，但由于人员较紧缺，每个分/子公司管理审计工作只能做到每两年开展一次，频次需要进一步提高</li><li>财务总监承担财务活动的监督职责，在监督独立性上还显不足，需要加强日常财务审计工作，提高审计频次，建立风险控制机制</li></ul>
产业集团	<ul><li>配合控股集团进行稽查审计管理</li></ul>	

针对上述问题，需要增加管理审计、财务审计频次，以减少经营管理风险。稽查审计管理的推荐关注指数为★★★。

信息化管理现状及存在的问题见表 5-11。

表 5-11　信息化管理现状及存在的问题

层面	现状描述	存在的问题
控股集团	<ul><li>控股集团目前没有信息管理部门</li></ul>	<ul><li>从未来战略发展来看，如果汽车零部件集团 ERP 实施成熟，同时其他产业集团对信息化提出更多、更高的要求，由汽车零部件集团进行整个控股集团的信息化管理可能不够</li></ul>
产业集团	<ul><li>由汽车零部件集团信息管理部负责整个控股集团的信息化工作，管理电脑设备，进行统一调配和采购</li><li>房产集团和国贸集团没有相应的信息化管理职能及部门</li></ul>	<ul><li>目前控股集团委托汽车零部件集团信息管理部承担全集团的信息管理工作，会增加协调成本</li></ul>

针对上述问题，应根据汽车零部件集团 ERP 实施进程及其他产业信息化需求的变化，选择适当时机成立控股集团的信息管理部门。信息化管理的推荐关注指数为★。

企业文化管理现状及存在的问题见表 5-12。

表 5-12 企业文化管理现状及存在的问题

层面	现状描述	存在的问题
控股集团	• 总裁办公室负责企业文化的建设及宣传的统筹工作，建立了覆盖全集团的宣传网络，各产业集团和分 / 子公司有兼职的宣传负责人	• 需进一步提高企业文化建设专业化水平，加强对控股集团核心理念、制度文化、行为文化的宣传，推动形成共同的心理契约，提高企业凝聚力
产业集团	• 配合控股集团通过多种形式、多种途径进行企业文化建设，每月做好各自企业文化宣传工作	

针对上述问题，需要对企业文化建设进行战略层面的思考与规划，例如企业文化如何适应国际化战略推进并有所传承；新兼并企业人员融合计划；等等。企业文化管理的推荐关注指数为★★。

品牌管理现状及存在的问题见表 5-13。

表 5-13 品牌管理现状及存在的问题

层面	现状描述	存在的问题
控股集团	• 总裁办公室负责制作企业宣传画册和宣传片，统一企业视觉识别系统的使用，以建立公司品牌形象	• 控股集团层面缺乏品牌战略规划（例如企业视觉识别系统、品牌风格等） • 总裁办公室品牌管理职能偏弱
产业集团	• 汽车零部件集团的产品品牌由各分 / 子公司负责进行推广 • 房产集团统一进行品牌市场推广工作	• 汽车零部件集团管理职能中品牌管理职能偏弱，需完善和强化

针对上述问题，控股集团层面要加强品牌战略规划，统一品牌标准，由各产业集团监督或执行。品牌管理的推荐关注指数为★★。

通过上述分析，可得出组织能力审视的综合性结论，如图 5-20 所示。

1.功能定位及管控模式	• 目前控股集团各层面功能定位与集团管控模式相对清晰 • 实际功能发挥上，控股集团和产业集团（主要指汽车零部件集团）与定位不符，中间层面功能弱化 • 汽车零部件集团两级半管控架构不一定能满足三年后的战略需要
2.管理职能与权责体系	• 在各项管理制度中对权责进行了划分，但人为因素往往导致实际与制度规定不符 • 部分管理职能在控股集团与产业集团层面都未履行，如控股集团战略与计划监督和管理；汽车零部件集团营销、技术资源、战略物资管理等 • 部分职责集中过度，影响了管控活动效率，同时不利于专业技能的积累与提升（如人力资源管理）
3.组织架构	• 集团组织架构设置符合精简的原则，但强调精简不能以牺牲组织的核心职能为代价 • 部门设置有待进一步优化，以为管控职能的充分发挥奠定组织基础
4.管控流程与制度	• 管控流程与制度体系缺乏整体规划，管控流程不清晰，有些工作按惯例操作，没有制度化和流程化 • 流程与制度执行需进一步强化，需要通过办公信息化与责任机制来解决流程与制度的落地问题

图 5-20 组织能力审视结论

5.2 日常追踪

除了组织能力审视以外，在战略执行环节我们还需要开展日常追踪，对公司年度业务计划乃至战略规划的实践与完成情况进行追踪。追踪手段可以分为报告追踪、会议追踪、闭环追踪。

5.2.1 报告追踪

报告追踪是指通过定期或不定期的经营分析报表、报告对战略执行进行追踪，按照时间维度分为日报、周报、月报、季报追踪（见图 5-21）（半年报与年报分别属于战略评估、战略分析的内容）。

一般来说日报由系列表格组成，主要对公司的生产、批售、零售与库存的动态数据进行追踪、监控，分为每日产销情况、库销比、日走势分析等部分。

监控周期	主要目的	监控内容	报告内容	对比维度
日	即时、准确发布公司产销存数据	生产、批售、零售、库存	每日产销情况、库销比、日走势分析等	计划完成率、同比
周	回顾公司上周经营情况，及时通报重要问题事项，及时预警	生产、批售、零售、库存、行业产销数据、重要问题事项	生产经营情况、重点产品情况、竞争对比、重点工作周追踪、下周工作要求与建议等	计划完成率、同比、库销比
月	为确保季度目标实现，通过全面分析与评价公司经营状况，明确下月度重点工作及要求	生产、批售、零售、库存、行业产销数据、行业竞争对比	月度经营情况（总体情况、主要指标完成情况、行业对比情况、总结评价）、成绩与问题、下一步工作（下月度目标）	计划完成率、同比、环比
季	为确保全年经营目标与计划实现，全面回顾评价季度经营状况并明确下季度重点工作及要求	生产、批售、零售、库存、行业产销数据、其他KPI数据、重点工作、绩效考核、行业竞争对比	公司战略地图红黄绿白灯与平衡计分卡红黄绿白灯、KPI同比与环比分析（含外部对比）、行动计划追踪分析	计划完成率、同比、环比

图 5 - 21　某公司报告追踪的主要内容

周报则由单独的分析报告及系列表格组成，针对每周生产、批售、零售、库存、行业产销数据、重要问题事项进行通报，呈现每周生产经营情况、重点产品情况、竞争对比、重点工作周追踪、下周工作要求与建议等。

月报也由单独的分析报告及系列表格组成，主要是为了确保季度目标实现，通过全面分析与评价公司经营状况，明确下月度重点工作及要求，对生产、批售、零售、库存、行业产销数据进行分析，也可以进行行业竞争对比。

|案　例|

某公司月度经营分析报告模板

某公司月度经营分析报告模板分为四个组成部分，分别是月度经营指标完成情况、月度经营指标差距分析、月度关键任务差距分析、下月计划调整。

一、月度经营指标完成情况

月度经营指标完成情况分析表见表 5-14。

表 5-14　月度经营指标完成情况分析表

维度	衡量指标名称	年度指标值	月度指标值	累计完成值	累计完成值仪表盘	月度完成值	月度完成值仪表盘
财务	税后净利润（万元）						
	主营业务收入（万元）						
客户	ABC 销量（万盒）						
	APP 销量（万盒）						
	DFF 销量（万盒）						
客户	EDD 销量（万盒）						
	本部 EE 销售收入（万元）						
	云南 EE 销售收入（万元）						
内部运营	技术评价阶段目标达成率						
	生产线智能制造普及率						
	药品生产质量管理规范（GMP）合格率						
	预算执行偏差率						

续表

维度	衡量指标名称	年度指标值	月度指标值	累计完成值	累计完成值仪表盘	月度完成值	月度完成值仪表盘
学习成长	信息化系统建设计划达成率						

注：①月度分析主要看月度指标值的达成情况。②聚焦关键指标，重点支撑经营暗点与亮点的识别与分析，全面量化分析的指标数据可作为附件，若汇报时需要可随时调出。③仪表盘中颜色由浅及深分别代表黄色、绿色、红色。

二、月度经营指标差距分析

进行月度经营指标差距分析，首先要根据月度经营指标完成情况分析表识别出出现严重偏差的指标（可使用表5-15）。

表5-15 月度经营指标差距识别表

序号	差距识别	差距说明	差距根因	下一步计划	整改工作令情况
1	APP销量（万盒）				
2	云南EE销售收入（万元）				
3	GMP合格率				
4	预算执行偏差率				

注：①汇总差距说明，展现针对上月度业绩差距的改进方案。②对于部分指标，是否需要发出整改工作令，应当在本表最后一列说明。

如有必要，还需要配置图表对部分指标进行详细说明，表5-16能够帮助我们。

表5-16 月度经营指标差距分析表

1.APP销量与收入指标的差距详解

指标	月度目标值	月度实际值	月度达成率	年度目标值	累计实际值	累计达成率
APP销量						
APP收入						

续表

2. APP 销量指标驱动因素分析

APP 销售受到以下因素影响：

（1）医院成功开发数量（该指标又受到医院有效拜访数量影响）、医院竞品销量情况

（2）全国药房进入数量（该指标受到区域经销商开发数量、区域合格经销商比例影响）、药房竞品销量情况

3. APP 销量指标差距动因分析

（1）客户成功开发数量。截至 1 月 30 日，APP 成功进入 329 家医院；按照医院床位数统计，月需求量为 300 万盒

（2）竞品销量。主要竞争对手通过专家学术会议，在西南、西北地区的医院形成了较好的品牌效应，1 月的销量突破 247 万盒

4. 下一步改进行动

（1）下月开始，要求提高销售人员平均有效拜访数量，加大分管区域内的三甲医院的拜访力度，约见院长、科室主任等关键决策人；平均有效拜访数量纳入销售员月度业绩考核指标

（2）下月需要加快建立专家体系与学术会议推广机制

责任人：   时间要求：

注：①本环节主要选择指标月度完成值仪表盘中亮红灯的指标进行分析。②差距详解主要呈现短周期的走势，例如最近 1 个月走势；同时不仅仅分析月度达成率，还分析累计达成率。③指标差距分析的关键是找到影响指标达成的因素，一般是驱动指标或行动计划。④下一步改进行动如果出现调整，应当检查并进行公司战略图卡表、绩效合约的同步调整。

三、月度关键任务差距分析

月度关键任务差距分析见表 5 - 17。

表 5 - 17　月度关键任务差距分析表

序号	行动计划名称	季度节点要求描述与本月进展	任务达成情况	问题分析	下一步改进计划
1	企业文化建设	季度节点要求见行动计划表本月进展：按照时间节点要求推进中，目标客户美誉度、企业文化体系成熟度、企业文化认知度待评估			

续表

序号	行动计划名称	季度节点要求描述与本月进展	任务达成情况	问题分析	下一步改进计划
2	一致性评价推进	季度节点要求见行动计划表 本月进展：目前进度滞后，进展缓慢			
3	智能制造提升	季度节点要求见行动计划表 本月进展：原计划未完成；计划纠偏，推迟至2021年6月30日完成			
4	培训体系建设计划	季度节点要求见行动计划表 本月进展：按照时间节点要求推进中，提前达成半年度目标		推进无偏差	继续按行动计划执行
5	信息一体化实施	季度节点要求见行动计划表 本月进展：按照时间节点要求推进中，信息资本准备度待评估			
……	……	……		……	……

注：本表"任务达成情况"中由浅及深（白色除外）分别代表黄色、绿色和红色。

四、下月计划调整

下月计划调整情况见表5-18。

表5-18 下月计划调整情况

维度	衡量指标名称	2021年全年	2月	……	7月	8月	9月	10月	11月	12月	行动计划
财务	税后净利润（万元）			……							
	主营业务收入（万元）			……							

续表

维度	衡量指标名称	2021年全年	2月	……	7月	8月	9月	10月	11月	12月	行动计划
客户	ABC 销量（万盒）			……							
	APP 销量（万盒）			……							
	DFF 销量（万盒）			……							
	EDD 销量（万盒）			……							
	本部 EE 销售收入（万元）			……							
	云南 EE 销售收入（万元）			……							
内部运营	技术评价阶段目标达成率			……							
	生产线智能制造普及率			……							
	GMP 合格率			……							
	预算执行偏差率			……							
学习成长	信息化系统建设计划达成率			……							

注：①月度经营分析报告后，呈现调整后全年度剩余月度的指标值与行动计划。②月度指标值与行动计划调整是为了确保年度目标达成，而不是随意降低年度目标值。③如果涉及资源配置的调整，需要单独附表说明。

季报是为了确保全年经营目标与计划实现，全面回顾评价季度经营状况并明确下季度重点工作及要求。季报一般采取典型的平衡计分卡报告格式，由战略地图红黄绿白灯、平衡计分卡红黄绿白灯、KPI 同比与环比分析、行动计划追踪分析四个部分构成。季报不仅仅要对生产、批售、零售、库存、行业产销数据进行分析，还要对其他 KPI 数据、重点工作的季度完成情况进行分析，同时季报还重视数据的行业竞

争对比。一些公司还会在季报中对关键岗位的季度绩效考核情况进行
通报。

|案 例|

某控股集团季度战略回顾报告模板

某控股集团在战略闭环管理中，其季度战略回顾报告既对内外部环
境季度变化重点进行分析，也植入平衡计分卡报告。平衡计分卡报告主
要有四个追踪界面，即战略地图红黄绿白灯、平衡计分卡红黄绿白灯、
KPI 同比与环比分析、行动计划追踪分析。

一、战略地图红黄绿白灯

用战略地图红黄绿白灯可直接在战略地图上展现各个战略目标执
行的进展情况。这种报告既可以手工编制，也可以通过软件来实现。
红、黄、绿、白灯与目标设置的计分方法有关，所表明的状态一般如
图 5-22 所示。

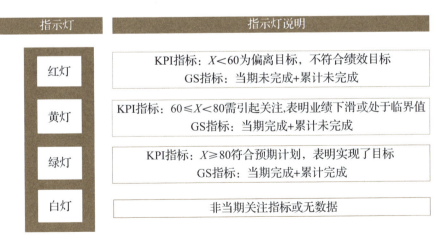

指示灯	指示灯说明
红灯	KPI指标：$X < 60$为偏离目标，不符合绩效目标 GS指标：当期未完成+累计未完成
黄灯	KPI指标：$60 \leqslant X < 80$需引起关注，表明业绩下滑或处于临界值 GS指标：当期完成+累计未完成
绿灯	KPI指标：$X \geqslant 80$符合预期计划，表明实现了目标 GS指标：当期完成+累计完成
白灯	非当期关注指标或无数据

图 5-22 战略地图红黄绿白灯状态说明

某控股集团战略地图（季度）红黄绿白灯情况如图 5-23 所示。

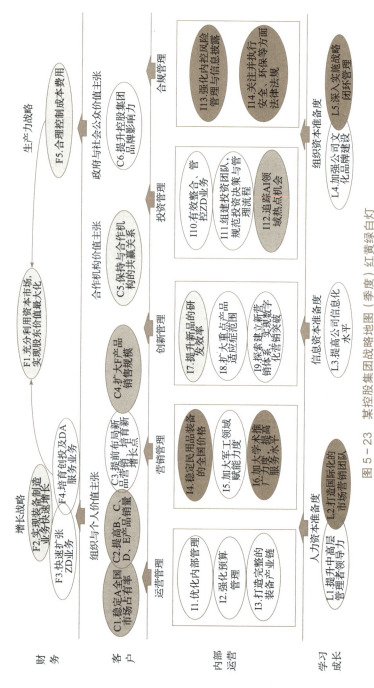

图 5 - 23 某控股集团战略地图（季度）红黄绿白灯

注：本图中的白色和由浅及深的三种颜色分别代表白灯、黄灯、红灯和绿灯。

二、平衡计分卡红黄绿白灯

平衡计分卡红黄绿白灯的界面展现功能能够进一步表明战略目标、指标在季度的达成状态（见表 5-19）。

表 5-19 某控股集团平衡计分卡（季度）红黄绿白灯（部分）

维度	战略目标	当期状态	核心衡量指标	当期状态	主要责任人
财务	F1. 充分利用资本市场，实现股东价值最大化	黄灯	净利润	黄灯	
	F2. 实现装备制造业务快速增长	黄灯	主营业务收入	黄灯	
	F3. 快速扩张 ZD 业务	白灯	ZD 收入增长率	白灯	
	F4. 培育创投及 DA 服务业务	白灯	DA 服务投资额	白灯	
	F5. 合理控制成本费用	黄灯	成本费用率	黄灯	
			研发费用率	白灯	
客户	C1. 稳定 A 全国市场占有率	红灯	A 产品销量	黄灯	
			A 产品市场占有率	红灯	
	C2. 提高 B、C、D、E 产品销量	红灯	B 产品销量	黄灯	
			C 产品销量	红灯	
			D 产品销量	红灯	
			E 产品销量	红灯	
	C3. 提前布局新品营销、培育新增长点	白灯	F 新品销量	白灯	
			G 新品销量	白灯	
	C4. 扩大 F 产品销售规模	红灯	国内 F 产品销售收入	红灯	
			海外 F 产品销售收入	红灯	
	C5. 保持与合作机构的共赢关系	黄灯	供应商供货影响生产次数	绿灯	
			研发节点及时完结率	红灯	
	C6. 提升控股集团品牌影响力	白灯	行业品牌排名	白灯	

三、KPI 同比与环比分析

KPI 同比与环比分析是对平衡计分卡中核心衡量指标达成状况的深入分析，它包括当期数据的分析和累计数据的分析。KPI 分析还应当重点挖掘指标异动产生的原因及下一步的改进措施，如成本费用超过预算标准的原因分析，下一步成本费用控制的改进举措，等等。KPI（季度）同比与环比分析示例见图 5-24。

	一季度	二季度	三季度	四季度	全年累计
2020年					
2021年					
同比					
环比					
季度目标达成情况					
年度目标达成情况					
挑战值					
目标值					
淘汰值					

跟 进 行 动
1. F产品实施集团营销管控。
2. 重新调整营销组织架构与岗位。
3. 调整产品的销售政策并实施。

责任人：

图 5-24 KPI（季度）同比与环比分析

四、行动计划追踪分析

行动计划追踪分析（见表 5-20）是针对战略图卡表中的行动计划表的追踪分析，重点追踪本季度关键节点的进展情况，要进行行动计划进展异常的原因分析。

表 5-20 行动计划（季度）追踪分析

编号	关键节点	时间	计划要求	责任部门	协同部门	预算（万元）	责任人
1	中试	20××.1—20××.3	目标陈述：完成四批次中试 成功标志：成功完成四批次中试报告	研发部			
2	大客户签订	20××.4	目标陈述：签订10个目标大客户合同 成功标志：成功签订10个目标大客户合同	销售中心			

续表

编号	关键节点	时间	计划要求	责任部门	协同部门	预算（万元）	责任人
3	备案	20××.6	目标陈述：向集团备案 成功标志：向集团成功备案	研发部			
4	市场测试	20××.8－20××.11	目标陈述：完成市场测试 成功标志：完成市场测试并取得预期销售目标	销售中心		7 800 000	

5.2.2　会议追踪

会议追踪是指通过定期或不定期的经营分析会议对战略执行进行监控。其按照时间频度一般有三种形式：周经营分析例会、月度经营分析会、季度战略回顾会（见图 5－25）（半年战略审视会、年度战略总结会则分别属于战略评估、战略分析的内容）。

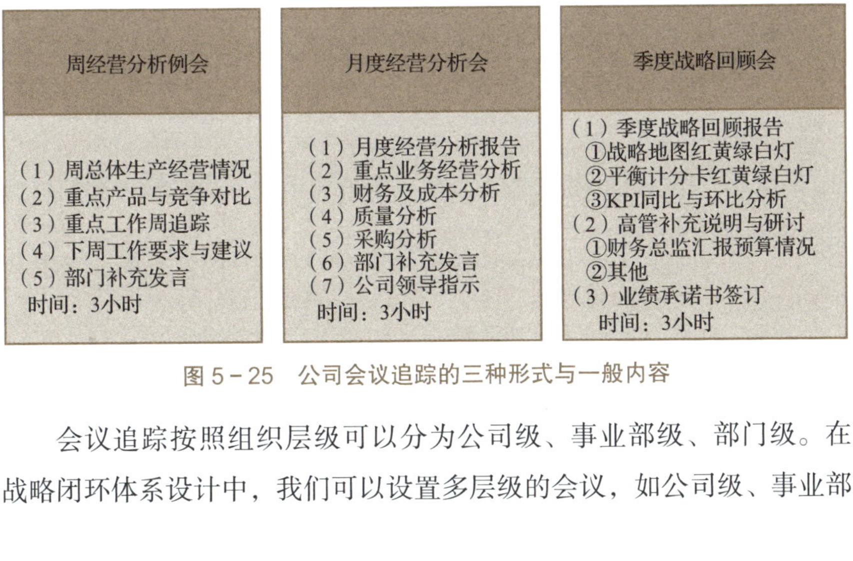

图 5－25　公司会议追踪的三种形式与一般内容

会议追踪按照组织层级可以分为公司级、事业部级、部门级。在战略闭环体系设计中，我们可以设置多层级的会议，如公司级、事业部级、部门级等，越到基层越倾向于短周期分析。无论周会议还是月度、季度会议，在会议前、会议中及会议后都需要注意以下问题。

（1）多层级的会议越到基层越倾向于短周期分析，但无论如何会议目的都有两点：通报经营状况、解决红灯问题。

（2）提前下发会议通知，给会议足够的准备时间（月度提前 1 周，季度提前 2 周，半年提前 3 周）并编制高质量的分析报告。

（3）聚焦部分红灯问题，应提前做好相关准备。会议前战略管理部门与利益相关部门的沟通准备十分重要，最好会议前就大致方向达成共识，甚至形成解决方案。

（4）会议不是部门业绩的吹嘘表彰大会，要避免做表面文章、吹业绩、报告充斥大话空话。

（5）在会议中要注意会议时间有限，除了需要通报总体经营状况外，要把会议讨论的重点放在红灯问题上。

（6）要求聚焦红灯问题是为了抓主要矛盾并确定解决方案，会议组织者应当提醒参会者减少指责，运用工具（如差距分析法、鱼骨图等）引导分析。

（7）避免议而不决的现象。虽然有些问题不一定要当场拍板，但是会后一定要及时发布决议（因此报告最后一个部分有提请决策的议题）。

（8）会后一个工作日内发布会议纪要。

（9）对于会议中或会议后提出的整改要求，要通过闭环追踪彻底将问题解决。

（10）闭环追踪问题如果普遍存在于公司内部，战略管理部门应当组织资源进行改进。

| 案　例 |

M 控股集团多层级季度战略回顾会

M 控股集团规划了多层级季度战略回顾会，以达到对战略执行分层控制的目的。表 5-21 是该控股集团多层级季度战略回顾会规划表。

表 5-21　M 控股集团多层级季度战略回顾会规划表

层级	层级名称	发起者	受邀者	组织者
1	集团层	集团总裁班子	集团高层，子集团负责人、财务总监，集团职能部门负责人	集团战略管理部
2	子集团层	子集团负责人	子公司总经理、财务总监，子集团部门负责人	子集团战略管理部
	集团职能层	集团职能部门负责人	子公司总经理、部门负责人	集团职能部门负责人
3	子公司层	子公司总经理	子公司部门负责人	子公司计划运营部

　　季度战略回顾会一般着眼于年度经营目标与计划的达成，为促进中长期战略意图的实现而召开。其中，M 控股集团集团层季度战略回顾会是由集团高层，子集团负责人、财务总监，集团职能部门负责人共同参加的，除了通报集团总体战略执行情况、分析偏差以外，还要对各子集团、子公司、部门战略地图、平衡计分卡与行动计划的执行情况进行质询并提出改进意见，属于集团高层管理会议。M 控股集团认为集团层季度战略回顾会的效果往往对组织未来发展有着直接的影响，所以如何组织一场有效的集团层季度战略回顾会非常重要。在实际操作中，M 控股集团将该过程分为五步（见图 5-26）。

　　第一步是会议准备。集团战略管理部在进行会议准备时需要注意两个方面的重点工作：一是战略回顾会议程，会议的每一个环节都应当在议程中体现；二是通知相关单位准备会议资料，例如集团战略管理部事先准备集团季度战略回顾报告，相关子公司准备子公司季度战略回顾报告，等等。

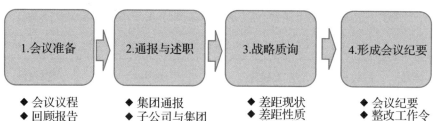

图 5-26　M 控股集团集团层季度战略回顾会召开程序

第二步是通报与述职。会议进程中一般首先由集团战略管理部通报集团季度战略执行情况。通报内容一般围绕集团层面战略地图、平衡计分卡、行动计划的季度达成展开；通报结束后由子公司与集团职能部门进行当期季度战略回顾报告述职，述职内容要包括 KPI 与行动计划的实施偏差分析与改进措施。

第三步是战略质询。在相关子公司与集团职能部门完成述职后，集团高层领导开始就其 KPI 与战略行动计划的完成情况进行质询。质询的内容主要包括差距现状、差距性质、差距原因、补救措施等内容，集团高层可以按照上述思路不断地问子公司："为什么……？"例如："为什么没有达成目标？""为什么是这个原因导致没有达成目标？"。

第四步是形成会议纪要。召开季度战略回顾会要做好会议记录，因为无论是出于经营管理信息参考的需要，还是后期业绩考核的需要，会议进程、会议主要结论、KPI 与考核分数都应当记录在册，并在会议结束后整理归档。同时在会议中，M 控股集团针对某些决议事项发出整改工作令。整改工作令一旦发出就由集团战略管理部在会后追踪，必须形成闭环。

5.2.3　闭环追踪

所谓闭环追踪是对年度业务计划进行监控的重要手段之一，它可以促进战略与重点运营问题的持续改进，以支持卓越战略执行的最终实现。闭环追踪在实践中一般分为六个步骤（见图 5 - 27）。

图 5 - 27　闭环追踪的六个步骤

（1）明确问题。通过运营分析、报告、会议、内外部审计等找出年度业务计划在执行中存在的问题。

（2）界定责任。明确年度业务计划在执行中问题的主要责任部门或牵头解决部门，发出整改工作令，责任部门须在问题提出后 3 日内（视问题紧急程度有所调整）提交整改方案。

（3）落实整改。年度业务计划执行中的问题整改须按整改方案对应时间节点开展，并纳入整改部门相关责任人的月度绩效考核指标，指标权重不得低于 5%。

（4）整改验证。问题整改完毕，由责任部门或人员提出验证申请，经营计划管理部门组织验证，责任部门应提交整改证据。

（5）考核评价。经营计划管理部门就整改时间、整改效果、整改过程配合情况等对责任部门做出综合评价，并予以奖惩。

（6）分析总结。问题整改并得到解决后，经营计划管理部门牵头组织总结整改经验，落实方法、工具等，提出预控措施，以防类似问题再次产生。

|案　例|

某控股集团闭环追踪运行要点

某控股集团闭环追踪的流程、流程图与说明、表单模板如下。

一、闭环追踪流程概述

第一步是确定需要整改的战略与运营问题。控股集团通过战略与运营分析报告、日常运营检查等多种途径发现并确定需要整改的战略与运营问题。

第二步是提出战略与运营问题整改要求。如果该战略与运营问题涉及业务归口管理部门，应通知业务归口管理部门共同对整改单位提出整改要求；如果该战略与运营问题不涉及业务归口管理部门，战略规划部直接对整改单位提出整改要求。

第三步是针对战略与运营问题进行整改。各单位根据战略与运营整改工作令要求进行战略与运营问题整改；战略规划部监督战略与运营问题整改并每周填写监控表单。

第四步是组织战略与运营问题整改检查。如果该战略与运营问题涉及业务归口管理部门，可通知业务归口管理部门对整改工作令要求的落实情况进行联合检查；如果该战略与运营问题未涉及业务归口管理部门，可由战略规划部直接对整改工作令要求的落实情况进行检查。

第五步是得出战略与运营问题整改检查结论。根据检查结果得出关于整改效果的结论并提出奖惩建议。

第六步是战略与运营问题整改结论归档与使用。战略与运营问题整改结论存档备查；如属于上级单位整改要求，则上报上级单位；提交人力资源部作为奖惩参考。

二、闭环追踪流程图与说明

闭环追踪流程图见图 5-28。

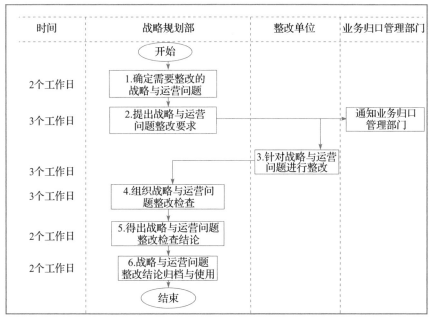

图 5-28 闭环追踪流程图

闭环追踪流程说明见表 5-22。

表 5-22 闭环追踪流程说明

序号	活动名称	执行者	执行时间	输入物	参考文件	交付品
1	确定需要整改的战略与运营问题	战略规划部	2 个工作日			整改问题清单
2	提出战略与运营问题整改要求	战略规划部 / 业务归口管理部门	3 个工作日			战略与运营整改工作令
3	针对战略与运营问题进行整改	整改单位	3 个工作日			战略与运营整改工作令推进情况表
4	组织战略与运营问题整改检查	战略规划部	3 个工作日			
5	得出战略与运营问题整改检查结论	战略规划部	2 个工作日			战略与运营整改工作令汇报资料

续表

序号	活动名称	执行者	执行时间	输入物	参考文件	交付品
6	战略与运营问题整改结论归档与使用	战略规划部	2 个工作日			

三、闭环追踪表单模板

在实践中可使用闭环追踪表单模板。表 5-23 为战略与运营整改工作令示例。

表 5-23　战略与运营整改工作令示例

编号：战发字〔20××〕041 号
日期：20×× 年 × 月 × 日

整改问题			
承办单位（人）		协办单位	

战略规划部联系人：　　　　　　　　　　　　　　　电话：

主送：　　　　　　　　　　　　　　　抄送：

整改工作令内容：

承办结果：

领导审查意见：

检查部门跟踪结果：

第六章

战略评估

战略评估是战略闭环的第五个环节，主要分为战略评价、战略审计、执行修订、综合评价（业绩评价、能力评价）、回报激励等。

战略评价是指定期与不定期对战略进行量化评估，了解战略决策的环境是否发生重大变化，战略执行结果是否达到了预期目标，及时发现战略实施中存在的问题并进行纠偏，以提高战略决策与战略执行的科学性。战略审计则能够从第三方角度帮助公司提高从战略到执行管理的严谨性、科学性、合规性，提升战略执行效率与效益，进一步促进公司战略目标的实现。执行修订是在战略执行实际结果与设定的目标产生明显偏差，或者预判原有战略规划的实施环境发生重大变化时，针对原有的战略意图、业务设计、关键任务进行的修正。综合评价包括业绩评价和能力评价。其中，业绩评价是指在一定的周期内对中高层管理者业绩指标达成情况进行考核，是落实战略执行责任的重要手段；能力评价是对公司内的经理人、技术专家、关键岗位员工的能力进行评价，以检查人才梯队与战略执行要求的适配性。回报激励则是为了调动公司内部团队战略执行的积极性而实施的短、中、长期激励，以充分体现公司以奋斗者为本的核心价值观。

战略评估的上述各个部分一般由不同部门主导。战略评价由战略管理部门主导，战略审计由审计部门主导，执行修订由战略管理部门主导，业绩评价、能力评价、回报激励的主导部门是人力资源部门。

6.1 战略评价

6.1.1 战略评价内容

战略评价既包含定期的如年中、战略中期评价，也包含不定期的战略评价。战略评价是一个系统性评价，主要包括环境评价、规划评价、执行评价、闭环评价这四个部分（见图 6-1）。战略评价是一个逆向评价过程，评价的起点是执行评价，然后是闭环评价与环境评价，最后是规划评价。

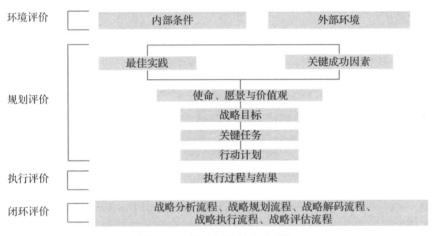

图 6-1　战略评价的内容框架

执行评价有两个主要方面：一是战略目标评价，尤其是上半年或上一个周期经营目标实现状况的评价。一般来说包括主要财务目标（如总体营收、利润、成本费用率、存货周转率、应收账款）的实现评价、市场目标（如行业排名、总体市场份额、各产品市场目标、新战略客户开发、老战略客户保有）的实现评价、管理目标（研发、工艺、设备、生产、质量、安全、风控、人才、文化等方面）的实现评价。战略目标实现情况评价可采用两种方式：其一，度量目标值与实际值的差异；其二，分析目标值与实际值差异的原因，开展环境评价，评价外部的政策环境、市场环境、竞争环境发生了哪些没有预料到的变化，同时评估内部的能力与资源是否能够支持战略目标的实现。

二是关键任务执行情况的分析评价。关键任务是实现战略目标的手段、措施、方法等，因此我们需要逐条评价最初确定的关键任务是否得到有效实施，实施效果如何，并分析实施偏差产生的原因。关键任务偏差的原因分析应更多地着眼于公司内部，尤其是战略闭环体系、组织能力建设、流程优化、资源配置、考核激励、人才队伍、企业文化氛围等与战略是否匹配，存在哪些问题或障碍。

在分析执行偏差的原因时，如果从环境与闭环体系等处都找不到原因，就要进一步开展规划评价，评价最初的战略制定是否存在问题，具体包括战略目标与关键任务是否符合实际，最初的战略研究、分析、预测是否准确合理，等等。

6.1.2　战略评价流程

战略评价在实践中分为启动战略评价、收集评价材料、撰写评价报告、组织研讨会议、修改并发布评价报告等五个操作环节。以中期（半年）战略评价为例，一般操作流程如下。

（1）启动战略评价。在战略闭环体系设计中，战略评价的主导部门是战略管理部门，因此每年年中，战略管理部门开始启动中期的战略评价工作。

（2）收集评价材料。业务单位和职能部门分别收集并分析评价资料，组织开展执行评价、闭环评价、环境评价、规划评价并形成中期战略评价报告。

（3）撰写评价报告。战略管理部门根据业务单位、职能部门战略评价报告，撰写公司战略评价报告。

（4）组织研讨会议。战略管理委员会指导战略管理部门组织中期战略回顾研讨会议，对公司战略评价报告进行研讨，并提出修改意见。

（5）修改并发布评价报告。战略管理部门、业务单位、职能部门根据战略管理委员会的会议要求修改公司战略评价报告，报告修改完成并经审核通过后，由战略管理部门发布。

战略评价流程的五个操作环节走完后会输出战略评价报告，该报告一般分为经营目标评价、战略环境评价、问题及对策建议三个部分。如果公司引入了战略地图，经营目标评价就可以使用战略图卡表作为呈现载体，所不同的是时间为半年或者更长的战略评价周期。

| 案 例 |

某控股集团战略评价流程

一、战略评价职能分工

某控股集团战略评价活动涉及控股集团战略管理委员会、战略管理部、业务单位、职能部门、经营公司（分/子公司）等，其主要职能分工如下。

（1）战略管理委员会：组织召开战略研讨会，评估控股集团战略规划、业务战略规划、职能战略规划；审议控股集团重要战略项目。

（2）战略管理部：为战略管理委员会服务的常设机构，协助组织召开战略管理委员会会议；执行控股集团层面战略评价；组织业务单位、职能部门、经营公司的战略评价。

（3）业务单位：执行业务战略评价。业务单位指事业部、事业管理部，如发动机事业部、挖掘机事业管理部、合资合作部、国际贸易事业部。

（4）职能部门：执行职能战略评价。职能部门如公司总部的财务部、人力资源部。

（5）经营公司：执行经营公司战略评价。经营公司指具有独立法人身份的分/子公司。

二、战略评价流程说明

我们可用战略评价流程图（见图6-2）来说明战略评价流程。

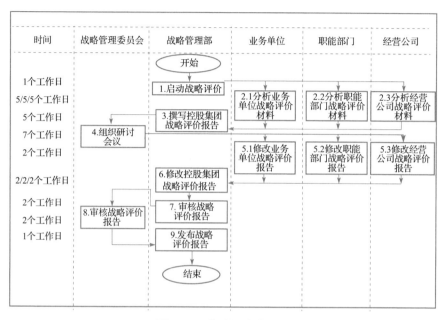

图6-2 战略评价流程图

我们也可以用表6-1来说明战略评价流程。

表6-1 战略评价流程表

序号	活动名称	执行者	执行时间	输入物	参考文件	交付品
1	启动战略评价	战略管理部	1个工作日			通知
2.1	分析业务单位战略评价材料	业务单位	5个工作日	业务战略数据		战略评价报告
2.2	分析职能部门战略评价材料	职能部门	5个工作日	职能战略数据		战略评价报告
2.3	分析经营公司战略评价材料	经营公司	5个工作日	经营公司战略数据		战略评价报告
3	撰写控股集团战略评价报告	战略管理部	5个工作日	控股集团战略数据		战略评价报告

续表

序号	活动名称	执行者	执行时间	输入物	参考文件	交付品
4	组织研讨会议	战略管理委员会	7个工作日	战略评价报告		修改意见
5.1	修改业务单位战略评价报告	业务单位	2个工作日	修改意见		战略评价报告
5.2	修改职能部门战略评价报告	职能部门	2个工作日	修改意见		战略评价报告
5.3	修改经营公司战略评价报告	经营公司	2个工作日	修改意见		战略评价报告
6	修改控股集团战略评价报告	战略管理部	2个工作日	修改意见		战略评价报告
7	审核战略评价报告	战略管理部	2个工作日			战略评价报告审核意见
8	审核战略评价报告	战略管理委员会	2个工作日			战略评价报告审核意见
9	发布战略评价报告	战略管理部	1个工作日			战略评价报告

6.2　战略审计

6.2.1　战略审计内容

与战略评价不同的是，战略审计的实施部门是审计委员会下的审计部门。部分公司会委托外部的审计机构来实施。战略审计包括事前、事中和事后审计。事前审计是对战略规划的基础、程序进行审查；事中审计是在不断变化的环境中，对战略执行进行实时监控，考虑原定战略的适当性；事后审计则是对战略执行的效果进行总体评价，为以后的战略规划与执行提供参考。战略审计的主要内容有战略环境审计、战略规划审计、战略执行审计、战略体系审计，如图 6‐3 所示。

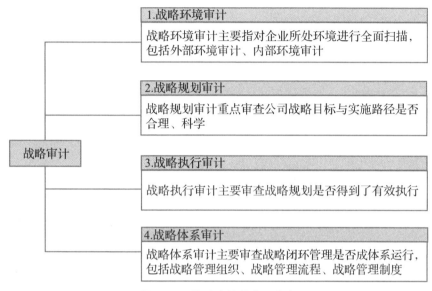

图 6‐3　战略审计的主要内容

1. 战略环境审计

战略环境是公司战略决策的依据，分为外部环境审计与内部环境审计。战略环境审计需考虑以下几点：

（1）公司战略是否建立在外部环境全面分析的基础上。如审计公司战略是否充分分析了所在国的产业政策、经济发展状况、社会文化、科技进步、市场信息、客户信息、竞争对手信息、供应商信息等。

（2）公司战略是否建立在内部环境全面分析的基础上。要审计在公司战略制定时，是否对内部的资源与能力，如人、财、物等有形资源，信息、企业文化、企业形象等无形资源进行过有效的分析。

（3）公司战略是否建立在与内外部环境适配的基础上。即审查公司战略与宏观环境、产业环境、内部环境是否相匹配。

2. 战略规划审计

战略规划审计重点审查公司战略目标与实施路径是否合理、科学。战略目标审计要审查其目标结构与内容的合理性，战略实施路径审计则主要审查实施路径是否合理。

（1）审查战略目标的内容是否具有全面性。如是否既有财务目标，又有市场目标、管理目标。战略目标的内容至少应包括：公司主要财务目标，如销售收入、利润等；市场目标，如市场占有率、行业排名等；管理目标，如平均生产周期、客户投诉等。

（2）审查增长战略是否与公司商业周期相匹配。如公司是否明确了获取客户资源、努力开展融资、尽力获取人才等关键任务，是否为应对快速增长的需求而采取了有效的竞争手段。

（3）审查利润战略是否与公司商业周期相匹配。如公司是否在产品与市场的成熟阶段制定了利润战略，公司是否将经营重心从客户开发和筹集资金转向利润的获取。

（4）审查聚焦战略是否与公司商业周期相匹配。如公司是否在行业衰退阶段压缩经营规模、减少投资，聚焦于具有最大优势的业务领域。

（5）审查转型战略是否与公司商业周期相匹配。如在公司产品与市场的瓶颈期，公司是否考虑调整商业模式，是否考虑产品与市场的调整。

（6）审查退出战略是否与公司商业周期相匹配。如公司是否制订了详尽的退出方案，是否减少了资源投放。

3. 战略执行审计

审计人员要审查战略规划是否得到了有效执行，一般重点审查以下几个方面。

（1）审查战略、年度业务计划、预算、绩效目标的匹配性。审查公司战略是否与年度业务计划保持一致，是否有效地结合年度业务计划要求进行预算平衡，组织各层级的绩效目标是否与预算保持匹配。

（2）审查公司战略与组织能力的匹配性。审查公司战略与管控模式、功能定位、权责体系、运行流程、组织架构、部门设置等的匹配性。

（3）审查公司战略与执行监控的匹配性。审查公司是否为解决战略执行中出现的问题建立了一个确定纠正措施和权变计划的管理机制。

（4）审查公司战略与激励机制的匹配性。审查公司是否明确了促进战略目标实现的激励机制，以此来激励公司团队为了战略目标的实现而奋斗。

（5）审查公司战略实施效果。例如审查增长战略是否带来公司市场份额的增加；审查利润战略是否带来公司利润的增长；审查聚焦战略是否带来公司核心能力与外部市场的适配性；审查转型战略是否使公司进行调整；审查退出战略是否能让公司最大限度地收回投资。

4. 战略体系审计

战略体系审计主要审查战略闭环管理是否成体系运行，包括战略管理组织、战略管理流程、战略管理制度等三个方面。

（1）审查战略管理组织。审查公司战略管理组织是否为战略管理过程提供了组织保障。

（2）审查战略管理流程。审查战略分析、战略规划、战略解码、战略执行、战略评估等流程是否缺失，战略管理流程的设计是否与公司实际情况相匹配。

（3）审查战略管理制度。审查公司是否形成了固定的战略管理制度，是否能够及时更新制度，制度决策过程是否严谨，等等。

6.2.2 战略审计流程

战略审计在实践中分为启动战略审计、收集战略审计材料、分析战略审计材料并质询、撰写战略审计报告、审批战略审计报告、发布战略审计报告等六步。一般操作过程如下。

第一步是启动战略审计。下发通知，审计部门启动战略审计，成立审计小组。

第二步是收集战略审计材料。审计小组进驻审计现场，收集战略审计材料；被审计单位提供战略审计材料。

第三步是分析战略审计材料并质询。审计小组分析战略审计材料，就战略审计材料内容进行质询；被审计单位接受质询。

第四步是撰写战略审计报告。审计小组召开内部小组会议，撰写公司战略审计报告。

第五步是审批战略审计报告。审计委员会对公司战略审计报告进行研讨，并提出修改意见。

第六步是发布战略审计报告。审计小组在审计委员会确认后发布战略审计报告。

|案 例|

某控股集团战略审计流程

一、战略审计职能分工

某控股集团战略审计活动涉及控股集团审计委员会、审计部、审计小组、被审计单位，其主要职能分工如下。

（1）审计委员会：组织对公司战略审计报告进行研讨，并提出修改意见。

（2）审计部／审计小组：收集、分析战略审计材料，就材料内容进行质询；撰写和发布战略审计报告。

（3）被审计单位：提供战略审计材料；接受质询。

二、战略审计流程说明

战略审计流程图如图6-4所示。

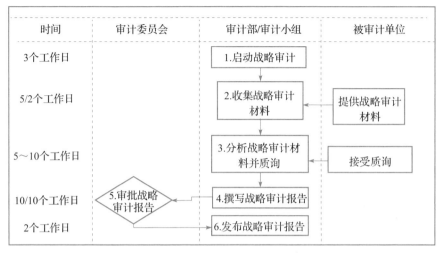

图 6-4　战略审计流程图

战略审计流程描述见表 6-2。

表 6-2　战略审计流程描述表

活动名称	执行者	执行时间	输入物	参考文件	交付品
启动战略审计	审计部	3 个工作日			审计通知
收集战略审计材料	审计小组	通知后 5 个工作日			材料搜集清单
提供战略审计材料	被审计单位	进驻现场后 2 个工作日			战略审计材料评估报告
分析战略审计材料并质询	审计小组	5～10 个工作日	审计材料		会议纪要
接受质询	被审计单位				
撰写战略审计报告	审计小组	10 个工作日	审计材料、审计会议纪要		战略审计报告
审批战略审计报告	审计委员会	10 个工作日	战略审计报告		战略审计报告审批意见
发布战略审计报告	审计部	2 个工作日			战略审计报告

6.3 执行修订

6.3.1 执行修订类型

执行修订从范围上看可分为局部修订、职能修订、总体修订。

（1）局部修订。当战略发生了影响因素的非颠覆性变化，只需要进行局部修订。局部修订不影响总体战略或职能战略实践的延续性，如对总体战略中的某些关键任务进行修订。

（2）职能修订。当战略发生了部分职能领域影响因素的颠覆性变化时，需进行职能修订。例如人力资源环境发生了重大变化时，需对人才战略进行修订，调整选育用留的策略，以确保总体战略实现。

（3）总体修订。当战略发生了影响因素的全局颠覆性变化，需对公司战略进行总体修订。例如调整公司业务组合战略、资源配置方向等。

执行修订按照发生频次可分为临时修订、年度滚动修订、中期修订。

（1）临时修订是指因战略执行的基础发生了重大变化而进行的修订。

（2）年度滚动修订是为确保中期战略达成而以年度为周期进行的修订。

（3）中期修订是在战略周期的中期进行的修订，如五年战略中期的修订。

无论是临时修订，还是年度滚动修订，抑或是中期修订，都是由各单位或战略管理部门结合工作实际情况和能力，对战略目标、资源分配情况、计划安排的合理性等提出具体调整意见。

执行修订按照修订的时间周期可以分为运营修订与战略修订。

（1）运营修订属于短周期修订，是指在战略执行过程中针对月度、季度目标与计划的修订。该修订是为了确保中长期战略目标与计划实现，所以不调整中长期战略目标与计划。

（2）战略修订属于中长期修订，是指战略执行过程中针对中长期战略目标与计划的修订。该修订属于重大战略调整。

按不同标准划分的执行修订如表 6-3 所示。

表 6-3 按不同标准划分的执行修订

类型		诠释
按范围划分	局部修订	当战略发生了影响因素的非颠覆性变化时，只需要进行局部修订
	职能修订	当战略发生了部分职能领域影响因素的颠覆性变化时，需进行职能修订。例如人力资源环境发生了重大变化时，需对人才战略进行修订
	总体修订	当战略发生了影响因素的全局颠覆性变化，需对公司战略进行总体修订
按发生频次划分	临时修订	是指因战略执行的基础发生了重大变化而进行的修订
	年度滚动修订	是为确保中期战略达成而以年度为周期进行的修订
	中期修订	是在战略周期的中期进行的修订，如五年战略中期的修订
按时间周期划分	运营修订	属于短周期修订，是指在战略执行过程中针对月度、季度目标与计划的修订
	战略修订	属于中长期修订，是指战略执行过程中针对中长期战略目标与计划的修订

6.3.2　执行修订流程

不同类型的执行修订在流程上会存在一定差异，但也有几个方面的共性流程节点。我们在这里仅对战略修订进行探讨。战略修订在实践中分为启动执行修订、提出修订建议、修订年度业务计划、修订财务预算、报董事会审批、修订绩效指标、下发调整文件等七个步骤。

第一步是启动执行修订。启动执行修订者可以是公司高层领导、战略管理部门、执行单位或部门。启动执行修订者要根据公司经营状况、行业形势及竞争对手的信息发起修订。

第二步是提出修订建议。发起单位提出战略修订建议。由于涉及年度业务计划、中长期战略的调整，因此无论是谁发起战略修订，都必须要有充分、翔实的数据分析说明，要结合单位经营状况及产品细分市场的形势提出单位战略调整的意见，报送战略管理部门、总经理办公会审议通过。

第三步是修订年度业务计划。战略修订正式开始后，发起单位要根据原有年度业务计划情况，修订年度业务计划并形成初稿，报送战略管理部门、总经理办公会审议通过。

第四步是修订财务预算。发起单位财务部门要结合原有财务预算，根据修订后的年度业务计划初稿，重新调整财务预算，报送财务中心、总经理办公会审议通过。

第五步是报董事会审批。战略文件、年度业务计划、财务预算等经过总经理办公会等审议通过后，要经由战略决策委员会、预算管理委员会提案，报董事会最终审批。通过则进入下一步骤，不通过则退回前面的步骤。

第六步是修订绩效指标。根据董事会最终审批的战略文件、年度业务计划、财务预算文件，调整中高层管理者个人的年度绩效指标。

第七步是下发调整文件。战略管理部门以正式文件的形式，将审批通过的战略文件、年度业务计划、财务预算、绩效指标的最终文件下发给公司经营单位及职能部门。

|案　例|

某控股集团执行修订

某控股集团将执行修订分为运营修订与战略修订。这两种执行修订的审批流程存在一定差异：前者只需要分管领导审批（见表6-4）、总经理办公会备案即可发布；后者则要求有详尽的战略分析报告，要经过战略决策委员会提案、董事会审批才可以发布（见表6-5）。

表6-4　运营修订审批表

报送部门：	经手人：	报送时间：	编码：

运营修订概要：			
	负责人签名：	年　　　月　　　日	
战略管理部审核意见：			
	负责人签名：	年　　　月　　　日	
副总经理审核意见：			
	签名：	年　　　月　　　日	
总经理审核意见：			
	签名：	年　　　月　　　日	

表6-5　战略修订审批表

报送部门：	经手人：	报送时间：	编码：

战略修订概要：			
	负责人签名：	年　　　月　　　日	
战略管理部审核意见：			
	负责人签名：	年　　　月　　　日	
总经理审核意见：			
	签名：	年　　　月　　　日	
战略决策委员会提案：			
	签名：	年　　　月　　　日	
董事会最终审批意见：			
	签名：	年　　　月　　　日	

6.4　综合评价

在卓越战略闭环管理中，公司中高层管理者综合评价也是战略评估环节的重要内容之一。所谓综合评价是指对中高层管理者进行两个维度的评价，即业绩评价与能力评价。业绩评价是指依据中高层管理者签订的个人业绩承诺书对业绩指标完成情况所做的评价，按照时间频度一般分为季度、年度、任期考核；而能力评价则是指对中高层管理者个人能力与素质的评价，可分为发展评价与晋升评价。

中高层管理者综合评价在战略闭环管理过程中具有以下几个方面的实践意义：

（1）确保评价公正、客观：综合评价从业绩评价与能力评价两个维度建立了一套科学的评价标准和流程，使中高层管理者的业绩和能力能够得到公正、客观的评价，避免主观臆断和不公平现象的出现。

（2）提高公司管理水平：通过综合评价可以发现组织管理存在的问题和短板，有助于完善组织管理制度和流程，提高组织的管理水平。

（3）激励中高层管理者：综合评价将中高层管理者的业绩与各种激励工具挂钩，能够有效地激励管理者不断努力，主动提高执行力与创新力，进而为公司发展做出更大的贡献。

（4）提升中高层管理者的能力：综合评价对中高层管理者进行人才画像，进行能力建模并以此为标准进行定期与不定期的评价，能够发现中高层管理者的优势和劣势，有助于有针对性地提高他们的能力与水平。

（5）优化人才队伍：综合评价通过对中高层管理者的业绩与能力进行考核、评价，可以发现中高层管理者队伍总体的优劣势，有助于优化人才队伍。

|案 例|

华润集团经理人业绩评价与能力评价

华润集团经理人业绩评价与能力评价是 6S 管理体系的两个重要内容，也是具有华润特色的综合评价。业绩评价结果跟年终奖金挂钩，同时业绩与能力的综合评价结果会形成职业发展报告，为经理人的调动、晋升、降职提供重要依据。

华润经理人业绩评价包括自上而下解码战略的 KPI，也包括自下而上创新战略的 OKR。KPI 占 60% 而 OKR 占 40%，其内容在年度业务计划书制定时就已经同时确定，并被纳入经理人的绩效合约。业绩评价指标主要为定量评价指标，定量评价的分数将会被排名、强制分布。

华润经理人能力评价包含个人领导力、组织效能、氛围与动力三个方面；主要为行为评价；评价结果按分数进行等级划分。在实际操作中，华润集团采用 360 度评价方式，对个人领导力、组织效能、氛围与动力三个方面的细分指标进行打分。其中个人领导力评价使用华润集团领导力素质模型。该模型有三大类别的八个素质指标。三大类别即赢得市场领先、创造组织优势、引领价值导向。八个素质指标分别是：为客户创造价值、战略性思维、主动应变；塑造组织能力、领导团队、跨团队协作；正直坦诚、追求卓越。其中，为客户创造价值、战略性思维、主动应变属赢得市场领先类，塑造组织能力、领导团队、跨团队协作属创造组织优势类，正直坦诚、追求卓越属引领价值导向类。八个素质指标都将行为划分为四个层级并进行每一层级行为的要项描述。我们以第三类引领价值导向为例详细阐述。

（1）正直坦诚。

定义：做人坦诚，敢于讲真话，处事公正，坚持原则，关心公司利益，不畏强权。

维度：行为的难易程度、所承受的外界压力的大小。

层级四：不畏权威，敢于犯颜直谏。

- 为公司整体或长远利益考虑，即使可能危及个人利益或面临巨大压力，也勇于提出和坚持个人的不同意见。
- 当上级的言行失当，可能危害组织的利益或违背组织的原则时，敢于直谏。

层级三：直面冲突，坚持原则。

- 面临冲突和分歧时，不回避矛盾，敢于表明并坚持个人观点，能够客观公正地做出决策。
- 面对利益诱惑时，坚守职业道德，不为所动。

层级二：处事公正，诚实可信。

- 待人处事公平公正。
- 言行一致，遵守对他人的承诺。

层级一：遵守规则，坦率真诚。

- 遵循组织规则，做事规范。
- 坦率真诚，说真话，说实话，少有顾虑，能当面主动分享信息、观点和评价。

（2）追求卓越。

定义：勇于不断挑战自我，设定更高、更具挑战性的目标，突破与超越过去的成绩，积极主动地追求更加卓越的业务结果。

维度：所设定目标的难度、自我挑战的程度。

层级四：挑战看似不可能的任务，超越自我。

- 在看似不可能完成任务的情况下，仍勇于承担风险，同时积极投入必要的精力与资源，认真分析风险点与详细计划，全力行动，以求最大限度达成所追求的目标。
- 不迷信权威，不受制于自己已经取得的成就，勇于突破及超越自我。

层级三：迎难而上，主动设定或达成挑战性目标。

● 主动为自己设定具有挑战性的目标并积极采取具体行动去实现目标。

● 勇于迎难而上，主动达成公司所设定的挑战性目标，发挥模范带头作用。

（此处所说的挑战性目标是指在努力的状态下达成的可能性也只有80%左右的目标。）

层级二：不满足于现状，持续改进以提高工作效率和质量。

● 不满于现状，主动思考工作中仍能提高的地方，并积极采取行动。

● 通过对工作程序、规章制度或工作方法等做出具体的改进，提高工作效率和质量，超越预期的业绩目标。

层级一：乐业敬业，坚持高质量完成工作。

● 乐于接受工作安排或任务，愿意付出额外时间完成工作。

● 对于常规的事务性工作，不厌其烦，高标准、高质量完成。

华润集团领导力素质模型主要应用于华润的中高层管理者的招聘选拔、培训发展、绩效管理、薪酬管理、后备干部培养等领域，对中高层管理者领导力提出了能力与素质要求。

6.5 回报激励

在战略闭环体系设计中，核心人才的回报激励工具可以与业绩评价、能力评价挂钩。从时间维度看，核心人才的回报激励工具可以分为以下几大类别：

一是短期激励工具。短期激励工具有调薪激励、绩效奖金、日常授权、专项奖励、荣誉称号等。

二是中期激励工具。主要包括晋升晋级、岗位分红、项目分红、项目跟投、利润分享等。

三是长期激励工具。大致可分为业绩股票、股票期权、科技成果入股、虚拟股权、新三板股权、限制性股票、股票增值权等。

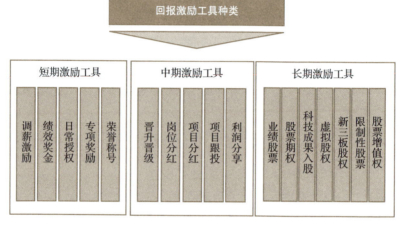

图6-5 核心人才的回报激励工具

在上述激励工具中，调薪激励与绩效奖金是最常见、最基础的。如果公司属于集团型企业，子公司的经营班子成员、其他核心人才可能由集团统一管理。

我们在这里需要强调的是，回归分析技术在核心人才薪酬激励设计中发挥了至关重要的作用。它可以帮助我们在集团公司薪酬的外部市场竞争力与财务承受能力之间取得平衡。因为薪酬的外部市场竞争力与财务承受能力是互相制约的，片面地强调任何一个因素都不是好的解决方案：只强调外部市场竞争力，忽视财务承受能力将会使得集团薪资成本超出可承受范围，影响公司发展；而只强调财务承受能力，忽视外部市场竞争力将会使得集团的薪酬失去竞争优势，长此以往会不利于人才梯队的建设。

|案　例|

某控股集团核心人才激励方案

某控股集团总部曾经积极帮助各个子公司推进调薪激励、绩效奖金、日常授权、专项奖励、荣誉称号、晋升晋级等激励手段，近期对各个子公司核心人才激励又提出了新要求，有四个要点。

（1）强调高质量发展。

①控股集团总部为了促进资产的增值与保值，确保公司利润目标实现，要求各子公司保持高质量发展。

②为落实高质量发展，总部对每一项目（业务）的毛利率规定了下限，但控股集团总部并没有根据每个子公司的业务属性做出进一步规定。

（2）允许尝试项目跟投。

①项目跟投主要用于鼓励创业投资企业、创业投资管理公司等新产业、新业态、新商业模式类子公司，但是具体的标准较为模糊。

②总部原则上同意各个子公司实施项目跟投计划，但是要求本着风险共担的原则实施，并且不得与其他中期激励手段同时使用。

（3）实施市场化激励。

①市场化激励主要与短期的调薪激励、绩效奖金挂钩，中期激励选择了利润分享。

②总部明确了子公司利润分享总额，对核心人才与其他员工的分配由各子公司自行制订方案。

（4）鼓励上市后长期激励。

①某控股集团总部鼓励子公司推动首次公开募股（IPO），同时在上市过程中推动"混资本"，鼓励员工持股。

②某控股集团总部鼓励利用合伙企业作为持股平台，落实长期激励手段。

根据控股集团总部针对子公司核心人才激励的四个要点，装备制造子公司进行了调研，进一步了解了员工特别是核心人才对激励组合方案的基本看法，其中调薪激励、绩效奖金、项目跟投、利润分享、股权激励得到了80%以上受访者的青睐。因此，装备制造子公司最终选择了13个回报激励工具形成组合方案（见图6-6），其中调薪激励、绩效奖金、日常授权、市场化激励、荣誉称号、晋升晋级、高质量发展奖励、新业务项目跟投、利润分享等激励工具可以立刻进行调整与升级，法人项目跟投可以尝试实施，限制性股票、股票期权、股票增值权未来根据装备制造子公司上市计划推进情况进行选择性实施。

图6-6 装备制造子公司回报激励组合方案

短期激励方案中建议参考控股集团总部框架性要求关注调薪激励、绩效奖金、日常授权、市场化激励、荣誉称号（见图6-7），重点考虑不断优化调薪激励与绩效奖金，加大绩效考核与调薪激励、绩效奖金的关联度。

中期激励方案中建议重点考虑高质量发展奖励、利润分享，谨慎尝试新业务项目跟投（见图6-8），但特别提醒不要忽略晋升晋级的激励作用。

长期激励方案中建议在近期尝试利用合伙企业平台实施法人项目跟投激励，在未来上市后还可以选择限制性股票、股票期权、股票增值权等激励工具（见图6-9）。

	方案设计与实施的依据、要求	适用范围	主要激励对象
调薪激励	• 根据控股集团总部薪酬管理制度的要求，结合激励工具箱操作指引实施薪酬增长 • 根据总部薪酬总额控制要求，处理绩效考核与薪酬增长的关系	• 装备制造子公司的所有科室	• 全员
绩效奖金	• 根据控股集团总部绩效与薪酬管理制度的要求，结合激励工具箱操作指引实施绩效奖金的挂钩 • 处理好绩效考核与绩效奖金的关系	• 装备制造子公司的所有科室	• 全员
日常授权	• 梳理权责划分表，积极向员工放权，同时积极推进干部任期制与契约化管理	• 装备制造子公司所有部门与科室	• 中层管理者
市场化激励	• 市场化激励属于当期激励，按照控股集团总部最终批准的市场化激励的相关文件实施 • 根据存量业务、增量业务等进行激励	• 装备制造子公司销售中心、市场部等业务部门	• 销售人员、市场人员，也可以包含其他各科室员工
荣誉称号	• 根据控股集团总部优秀员工评比的政策要求，细化落实相关实施文件 • 根据绩效考核结果，开展优秀员工的评比与选拔	• 装备制造子公司的所有科室	• 全员

图 6 - 7　短期激励方案概要

	方案设计与实施的依据、要求	适用范围	主要激励对象
晋升晋级	• 开展装备制造子公司内部岗位价值评估，打破身份与等级束缚，给予有能力的员工更多的晋升空间 • 根据岗位价值评估结果，向控股集团总部申报晋升员工相应的职位与等级，理顺全体员工尤其是核心人才的职业发展通道	• 装备制造子公司的所有科室	• 中层管理者、基层员工
高质量发展奖励	• 根据控股集团总部提出的高质量发展要求，结合激励工具箱操作指引进行方案设计 • 在确保装备制造子公司年度目标利润实现的前提下，根据业务属性确定高质量发展的评判标准	• 智能机器人、高端装备制造业务	• 智能机器人、AI技术研究院核心技术人才、管理团队
新业务项目跟投	• 参考控股集团总部项目跟投指导性意见，结合激励工具箱操作指引进行方案设计 • 针对业务发展前景具有较大不确定性的新项目、新业务、新模式，根据"风险共担原则"制定并实施非法人公司模式的项目跟投方案	• 智能机器人、高端装备制造业务	• 全员
利润分享	• 规范控股集团总部超额利润分享相关文件，结合激励工具箱操作指引实施 • 在控股集团总部要求的框架内，梳理高中基层员工分配比例与实施方案	• 装备制造子公司的各部门、各科室	• 中高层管理者、各科室的业务骨干

图6-8 中期激励方案概要

	方案设计与实施的依据、要求	适用范围	主要激励对象
法人项目跟投	• 法人项目跟投持股数量：核心岗位不超过30%；股权比例：单一员工持股比例不超1%，总量不超30%；持股对价：同股同价；持股平台：建议采用合伙企业	• 装备制造子公司的所有科室	• 中高层管理者、各科室的业务骨干
限制性股票	• 激励对象按照股权激励计划规定的条件，获得转让等部分权利受到制限的本公司股票 不得转让和偿债，收益增长幅度不得高于业绩指标的增长幅度（以业绩目标为基础）	• IPO准备与申报期间，针对装备制造子公司各科室	• 中高层管理者、各科室的业务骨干
股票期权	• 上市公司授予激励对象在未来一定期限内以预先确定的价格购买本公司一定数量股票的权利 股票期权不得转让、用于担保或偿还债务	• IPO准备与申报期间，针对装备制造子公司各科室	• 中高层管理者、各科室的业务骨干
股票增值权	• 上市公司授予激励对象在一定的时期和条件下，获得规定数量的股票价格上升所带来的收益的权利 股权激励对象不拥有这些股票的所有权，也不拥有股东表决权、配股权。股票增值权不得转让、用于担保或偿还债务	• IPO准备与申报期间，针对装备制造子公司各科室	• 中高层管理者、各科室的业务骨干

图 6-9　长期激励方案概要

图书在版编目（CIP）数据

战略闭环：从战略到执行实战全案 / 秦杨勇著.
北京 ： 中国人民大学出版社，2025.1. -- ISBN 978-7
-300-33207-9
Ⅰ. F272.1
中国国家版本馆 CIP 数据核字第 2024FX4110 号

战略闭环——从战略到执行实战全案

秦杨勇　著

Zhanlüe Bihuan——cong Zhanlüe dao Zhixing Shizhan Quan'an

出版发行	中国人民大学出版社			
社　　址	北京中关村大街 31 号		邮政编码	100080
电　　话	010 - 62511242（总编室）		010 - 62511770（质管部）	
	010 - 82501766（邮购部）		010 - 62514148（门市部）	
	010 - 62515195（发行公司）		010 - 62515275（盗版举报）	
网　　址	http://www.crup.com.cn			
经　　销	新华书店			
印　　刷	北京联兴盛业印刷股份有限公司			
开　　本	720 mm × 1000 mm　1/16		版　　次	2025 年 1 月第 1 版
印　　张	22.25 插页 2		印　　次	2025 年 1 月第 1 次印刷
字　　数	284 000		定　　价	99.00 元